JN493989

성인학습 및 상담

박주영 · 한경옥 · 강옥경 · 이진경 · 전진숙

KNOWLEDGE COMMUNITY 공동체

❙ 머리말 ❙

21세기 정보사회는 급격한 기술혁신과 사회변화로 인해 성인들에게 지속적인 학습과 적응을 요구하고 있다. 이러한 변화 속에서 평생학습은 개인의 경쟁력 확보와 삶의 질 향상을 위한 필수적 과제로 대두되었다. 현대사회를 살아가는 성인들에게 평생학습의 중요성은 그 어느 때보다 강조되고 있다. 이들은 직업, 가족, 인간관계, 건강 등 다양한 영역에서 전환과 위기를 동시에 경험하는 시기에 놓여 있다. 이에 따라 평생학습 차원에서 지속적인 학습뿐만 아니라 정서적 · 심리적 성장을 위한 상담의 중요성이 함께 부각되고 있다. 이러한 시대적 요구에 따라 성인학습과 평생교육은 더 이상 선택이 아닌 생존과 번영을 위한 필수 요소가 되었으며, 개인의 자아실현과 사회의 지속 가능한 발전을 위한 핵심 동력으로 인식되고 있다.

성인학습 파트에서는 성인학습의 개념과 역사적 배경, 현대사회에서의 필요성과 철학적 기초를 탐구하여 성인학습에 대한 깊이 있는 이해를 제공한다. 성인학습자의 다차원적 특성과 생애발달 단계별 특징을 분석하여 학습자 중심의 접근 방법을 모색하고, 안드라고지, 자기주도 학습, 전환 학습, 경험학습, 학습전이 등 주요 성인학습 이론들을 소개하며 이들이 실제 학습 현장에서 어떻게 적용될 수 있는지를 제시한다.

상담 파트에서는 성인학습자들이 겪는 다양한 삶의 과제인 진로전환, 관계의 어려움, 자기이해, 감정조절, 상실 경험 등에 대해 상담 이론과 기법이 어떻게 실제 현장에서 적용되고 있는지를 체계적으로 서술하였다. 이 교재에서 다루는 상담 이론은 단순한 개념 제시에 그치지 않고, 실제 사례 중심의 적용과 활동, 워크시트를 통해 성인학습자 및 실무자들이 현장에서 바로 활용할 수 있도록 구성되어 있다.

이 교재는 성인학습과 상담의 제도적 기반과 실천적 방법론을 다루어 이론과 실제를 유기적으로 연결하고자 하였다. 국내·외 성인학습 기관의 사례 분석을 통해 정책적 시사점을 도출하고, 실무자들이 학습 동기부여부터 피드백 및 평가까지의 전 과정을 현장에서 활용할 수 있도록 하였다. 이는 저자들이 진행해 온 현장 경험을 바탕으로, 다양한 가족상담, 위기개입, 심리검사 및 회복적 대화 프로그램의 이론과 실제를 유기적으로 연결하고자 한 노력의 결과이다.

특히 성인학습 상담은 단순한 학습 코칭이 아닌, 인간 이해와 변화의 깊은 여정을 함께하는 과정임을 이 교재는 강조한다. 학습자의 내면 탐색과 자아 성장, 그리고 이를 가능하게 하는 상담자의 전문성과 윤리의식을 함께 담고자 하였다. 무엇보다도 성인학습은 단순한 지식 습득을 넘어 인간의 전인적 성장과 사회적 기여를 가능하게 하는 변화의 여정이다. 상담은 사람과의 관계에서 따뜻한 만남이고, 배움은 곧 삶의 변화임을 기억하며 이 교재를 구성하였다.

이 교재는 성인학습의 이론적 토대부터 실제 적용까지를 체계적으로 다루는 동시에, 심리상담의 실제를 균형 있게 구성함으로써 성인학습자들을 위한 통합적 접근을 시도하였다. 성인학습과 상담을 학습하고자 하는 학생, 상담사, 교육자, 평생교육사, 교육정책 담당자뿐만 아니라 성인학습자 여러분의 학습과 평생교육 실천 현장에 의미 있는 도움이 되기를 기대한다.

2025년 8월

저자 일동

차 례

CHAPTER 01

성인학습의 이해

1. 성인학습의 의의와 등장배경
2. 성인학습의 구체적 필요성
3. 성인학습의 철학적 기초

01 CHAPTER

성인학습의 이해

개 요

성인학습은 성인기에 이루어지는 모든 형태의 학습활동을 포괄하는 개념으로, 전통적인 아동 중심의 교육학과 구별되는 성인교육학의 핵심 영역이다. 19세기 후반 산업화와 함께 체계적으로 발달하기 시작했으며, 린데만과 놀즈의 이론적 기여를 통해 학문적 기초가 마련되었다. 21세기 현대사회는 급속한 기술 발전과 사회 변화로 인해 성인학습의 필요성이 더욱 강조되고 있으며, 평생학습역량 개발이 핵심 과제로 대두되고 있다. 성인교육의 철학적 기초는 인문주의, 진보주의, 행동주의 등 다양한 철학적 전통에 뿌리를 두고 있어 다면적 접근을 가능하게 한다.

학습목표

1. 성인학습의 개념과 의의를 이해하고 현대사회에서의 필요성을 설명할 수 있다.
2. 평생학습역량의 다섯 가지 영역(앎, 행함, 공생, 실존, 생성)을 구분하여 설명할 수 있다.
3. 성인교육의 철학적 기초(인문주의, 진보주의, 행동주의)의 특성과 교육방법을 비교 분석할 수 있다.

핵심어

성인학습, 안드라고지, 평생학습역량, 인문주의 교육, 조작적 조건화

1. 성인학습의 의의와 등장배경

1) 성인학습의 개념과 의의

성인학습(adult learning)은 성인기에 이루어지는 모든 형태의 학습활동을 포괄하는 개념이다. 단순히 연령에 의한 구분을 넘어서 학습자의 심리적, 사회적 성숙도와 자기주도적 학습능력을 바탕으로 이루어지는 학습활동이다.

전통적인 아동 중심의 교육학(pedagogy)과 구별되는 성인교육학(andragogy)의 핵심 영역으로서, 성인학습은 학습자의 경험과 실용성을 중시하며 문제해결 중심의 학습을 지향한다. 성인학습의 개념적 정의는 학자들마다 다소 상이하게 제시하고 있으나, 공통적으로 성인의 발달적 특성과 학습자로서의 독특한 위치를 강조하고 있다. 특히 현대 평생교육 사회에서 성인학습은 개인의 지속적인 성장과 사회의 발전을 연결하는 핵심 매개체로서 그 중요성이 더욱 부각하고 있다. 이러한 성인학습은 형식교육, 비형식교육, 무형식교육의 모든 영역에서 다양한 형태로 전개되며, 학습자의 필요와 상황에 따라 유연하게 적용되는 특성을 가지고 있다.

성인학습의 의의는 다음과 같은 다차원적 측면에서 논의될 수 있다. 첫째, 개인적 차원에서 성인학습은 개인의 지속적인 성장과 자아실현을 가능하게 하는 핵심 기제로 작용한다. 급변하는 현대사회에서 성인들은 새로운 지식과 기술을 습득하고 기존의 역량을 업데이트해야 하는 지속적인 학습의 필요성에 직면하고 있다. 이러한 상황에서 성인학습은 개인이 변화하는 환경에 능동적으로 적응하고, 자신의 잠재력을 최대한 발휘할 수 있는 기회를 제공한다. 또한 성인학습을 통해 개인은 자신의 정체성을 재정립하고, 삶의 의미와 목적을 새롭게 발견할 수 있으며, 이는 전 생애에 걸친 발달과 성숙을 촉진하는 중요한 동력이 된다. 특히 중년기 이후의 성인들에게는 새로운 도전과 경험을 통해 삶의 활력을 되찾고, 노년기를 준비하는 데 필수적인 자원으로 기능한다.

둘째, 사회적 차원에서 성인학습은 사회 구성원들의 역량 개발을 통해 사회 전체의 경쟁력 향상과 지속가능한 발전에 기여한다. 특히 지식기반사회로의 전환과 함께 인적자원의 질적 향상이 국가경쟁력의 핵심 요소로 대두되면서, 성인학습의 사회적 중요성은 더욱 증대되고 있다. 성인학습을 통해 사회 구성원들은 변화하는 산업구조와 기술 환경에 적응할 수 있는 능력을 개발하고, 이는 사회 전체의 혁신 역량과 생산성 향상으로 이어진다. 또한 성인학습은 사회적 이동성을 촉진하고, 계층 간 격차를 줄이는 데 기여함으로써 사회 통합과 공정성을 강화하는 역할을 수행한다. 민주주의 사회에서는 성숙한 시민의식과 참여 능력을 갖춘 시민을 양성하는 데 성인학습이 중요한 기여를 하며, 이는 건전한 민주주의 발전의 토대가 된다. 더 나아가 글로벌 사회에서 문화 간 이해와 소통 능력을 증진시키는 데도 성인학습이 핵심적인 역할을 담당하고 있다.

셋째, 문화적 차원에서 성인학습은 세대 간 지식과 경험의 전수, 문화의 계승과 발전을 촉진하는 역할을 수행한다. 성인학습자들은 단순한 지식의 수용자가 아니라 자신의 경험과 지혜를 바탕으로 새로운 지식을 창조하고 문화를 재생산하는 주체로서 기능한다. 이러한 관점에서 성인학습은 사회의 지적 자본(intellectual capital) 축적과 문화적 다양성 증진에 중요한 기여를 하고 있다. 특히 전통문화의 보존과 전승, 새로운 문화의 창조와 발전에 성인들의 학습 활동이 중요한 역할을 담당하고 있으며, 이는 문화의 지속성과 창조성을 동시에 확보하는 데 기여한다. 또한 다문화사회에서는 서로 다른 문화적 배경을 가진 성인들이 상호 학습을 통해 문화적 이해를 증진하고, 새로운 융합 문화를 창조하는 데 성인학습이 중요한 매개 역할을 하고 있다. 이러한 문화적 차원의 성인학습은 인류 문명의 발전과 문화적 풍요로움을 증진시키는 데 필수적인 요소로 인식되고 있다.

넷째, 경제적 차원에서 성인학습은 개인과 사회의 경제적 발전에 핵심적인 기여를 하고 있다. 개인적 차원에서는 성인학습을 통해 직업 능력을 향상시키고 새로운 기술을 습득함으로써 소득 증대와 경제적 안정을 도모할 수 있다. 특히 기술 변화가 급속히 이루어지는 현대사회에서는 지속적인 학습을 통한 역량 개발이 개인의 경제적 생존과 번영에 필수적인 요소가 되고 있다. 사회적 차원에서는 성인학습을 통한 인적자원의 질적 향상이 국가의 경제 성장과 경쟁력 강화에 직접적으로 기여하고 있다. 특히 혁신 주도 경제에서는 창의적이고 전문적인 인력의 확보가 경제 발전의 핵심 요소이며, 이를 위해서는 성인들의 지속적인 학습과 역량 개발이 필수적이다. 또한 성인학습은 새로운 산업과 비즈니스 모델의 창출을 촉진하고, 이는 경제의 다양성과 지속가능성을 강화하는 데 기여한다.

이상과 같이 성인학습은 개인적, 사회적, 문화적, 경제적 차원에서 다면적인 의의를 지니며, 현대 평생학습사회의 핵심 동력으로 작용하고 있다. 특히 급속한 사회 변화와 기술 발전, 인구 고령화, 직업의 유동성 증가 등으로 특징지어지는 21세기 사회에서 성인학습의 중요성은 더욱 확대되고 있다. 성인학습은 단순히 개인의 지식 습득이나 기술 향상에 머무르지 않고, 개인의 전인적 발달과 사회의 지속가능한 발전을 동시에 추진하는 핵심 기제로서 기능한다.

따라서 성인학습에 대한 체계적이고 과학적인 이해는 성인교육 전문가뿐만 아니라 정책 입안자, 조직 관리자, 그리고 성인학습자 자신에게도 필수적인 과제이다. 성인학습의 특성과 원리를 올바르게 이해하고 이를 바탕으로 효과적인 학습 환경과 프로그램을 설계할 때, 성인학습의 잠재력이 최대한 발휘될 수 있으며, 이는 궁극적으로 개인과 사회의 번영으로 이어질 것이다. 이러한 맥락에서 성인학습을 이해하기 위한 핵심 이론들을 살펴보고, 이들이 성인학습의 실제에 어떻게 적용될 수 있는지 이해할 필요가 있다.

2) 성인학습의 역사적 등장배경

성인학습에 대한 관심과 연구는 19세기 후반부터 본격적으로 시작되었으나, 그 개념적 토대와 실천적 기반은 인류 문명의 발달과 함께 형성되어 왔다. 고대 그리스의 소크라테스식 문답법이나 중세의 길드 교육 시스템 등은 성인학습의 초기 형태로 볼 수 있다. 그러나 현대적 의미의 성인학습은 산업화와 도시화가 본격화되면서 체계적으로 발달하기 시작했다. 고대 그리스 시대부터 성인들을 위한 교육적 시도들이 있었는데, 특히 아테네의 아고라에서 이루어진 철학적 토론과 시민교육은 성인학습의 원형으로 간주될 수 있다. 소크라테스의 대화법은 학습자의 경험과 사고를 바탕으로 한 질문과 토론을 통해 진리를 탐구하는 방법으로, 현대 성인교육의 핵심 원리인 참여적 학습과 비판적 사고의 원조 격이라 할 수 있다. 중세 시대에는 길드 시스템을 통한 도제 교육이 성인학습의 중요한 형태였으며, 이는 실무 중심의 학습과 경험적 지식의 전수라는 측면에서 현대 성인학습의 특성과 많은 공통점을 가지고 있다.

19세기 말과 20세기 초, 산업혁명의 진전과 함께 새로운 기술과 지식에 대한 성인들의 학습 욕구가 급증했다. 이 시기의 사회적 변화는 전통적인 농업 사회에서 산업 사회로의 전환을 의미한다. 이러한 변화는 성인들에게 새로운 기술과 지식의 습득을 요구했다. 특히 공장 시스템의 도입과 기계화의 진전은 기존의 수공업 기술자들에게 새로운 기술 습득의 필요성을 제기하였으며, 이는 체계적인 성인교육 프로그램의 개발로 이어졌다. 또한 도시화의 진전과 함께 농촌에서 도시로 이주한 성인들은 새로운 환경에 적응하기 위한 다양한 학습 활동에 참여했다. 이러한 사회적 필요는 야간학교, 성인교육센터, 기술교육기관 등의 설립으로 구체화되었으며, 이는 현대 평생교육 시스템의 기초가 되었다. 더불어 민주주의의 확산과 시민권의 확대는 성인들에게 정치적 참여와 시민으로서의 책임을 요구했고, 이를 위한 시민교육과 정치교육의 필요성이 대두되었다.

특히 미국에서는 1926년 에드워드 린데만(Eduard Lindeman)이 『성인교육의 의미(The Meaning of Adult Education)』를 출간하면서 성인학습의 독특한 특성과 원리를 체계적으로 제시했다. 린데만은 성인학습이 생활경험을 중심으로 이루어져야 하며, 학습자의 필요와 관심에 기반해야 한다고 주장했다. 그는 성인교육을 "생활과 연결된 교육"으로 정의하면서, 성인학습의 실용성과 문제

해결 지향성을 강조했다. 린데만의 이론은 당시 지배적이었던 아동 중심의 교육학에 대한 대안으로 제시되었으며, 성인학습자의 독특한 특성과 요구를 인정하는 새로운 교육 패러다임의 출발점이 되었다. 또한 그는 성인교육이 민주주의 사회의 발전에 필수적이라고 보았으며, 이는 성인교육의 사회적 가치와 의미를 부각시키는 데 중요한 기여를 했다. 린데만의 이론은 이후 성인교육학의 발전에 지대한 영향을 미쳤으며, 현재까지도 성인학습 이론의 기초로 인용되고 있다.

1960년대와 1970년대에는 말콤 놀즈(Malcolm Knowles)의 안드라고지(andragogy) 이론이 등장하면서 성인학습 연구의 새로운 전기를 맞았다. 놀즈는 성인학습자의 독특한 특성을 체계화하고, 성인교육의 원리와 방법론을 정립함으로써 성인학습 분야의 이론적 기초를 마련했다. 그는 아동을 대상으로 하는 페다고지(pedagogy)와 구별되는 성인교육학으로서 안드라고지를 제창하면서, 성인학습의 고유한 특성과 원리를 명확히 정의했다. 놀즈의 안드라고지 이론은 성인학습자의 자기주도성, 경험의 중요성, 학습준비도, 문제 중심적 학습, 내재적 동기 등을 핵심 요소로 제시했으며, 이는 성인교육 실천에 구체적인 지침을 제공했다. 또한 그는 성인교육자의 역할을 지식의 전달자에서 학습의 촉진자로 재정의하면서, 성인교육 방법론의 혁신을 이끌었다. 놀즈의 이론은 전 세계적으로 성인교육의 이론과 실천에 광범위한 영향을 미쳤으며, 현재까지도 성인학습 연구의 핵심 이론으로 자리 잡고 있다.

이후 1970년대부터는 평생교육 개념의 확산과 함께 성인학습에 대한 국제적 관심이 크게 증가했다. 유네스코(UNESCO)를 중심으로 한 국제기구들이 평생교육의 중요성을 강조하면서, 성인학습은 평생교육 체계의 핵심 구성 요소로 인식되기 시작했다. 1972년 유네스코의 「포르 보고서(Faure Report)」는 "학습사회(learning society)"의 개념을 제시하면서, 모든 개인이 생애에 걸쳐 학습할 수 있는 사회 시스템의 구축을 강조했다. 이러한 국제적 움직임은 각국에서 성인교육 정책의 수립과 제도적 기반의 마련을 촉진했다. 또한 1976년 나이로비에서 개최된 제19차 유네스코 총회에서 채택된 「성인교육 발전에 관한 권고」는 성인교육의 권리와 기회 보장을 위한 국제적 기준을 제시했다. 이러한 국제적 노력은 성인학습의 중요성에 대한 전 세계적 인식 확산과 함께 각국의 성인교육 정책 발전에 중요한 영향을 미쳤다.

현대에 들어서는 지식정보사회로의 전환, 인구 고령화, 경제구조의 변화 등이 성인학습의 중요성을 더욱 부각시키고 있다. 특히 코로나19 팬데믹 이후 디지털 전환이 가속화되면서 성인들의 디지털 리터러시 향상과 온라인 학습 역량 개발의 필요성이 크게 대두되고 있다. 이러한 사회적 변화는 성인학습의 새로운 패러다임과 방법론 개발을 촉진하고 있다. 21세기의 성인학습은 전통적인 형식교육의 틀을 넘어서 비형식교육과 무형식교육을 포함하는 통합적 접근을 요구하고 있으며, 개인의 다양한 학습 필요와 상황에 맞는 맞춤형 학습 시스템의 구축이 중요한 과제로 대두되고 있다. 또한 인공지능과 빅데이터 기술의 발전은 개인화된 학습 경험의 제공과 학습 효과의 극대화를 가능하게 하는 새로운 기회를 제공하고 있으며, 이는 성인학습의 미래 발전 방향을 제시하고 있다.

3) 현대사회에서의 성인학습의 필요성

21세기 현대사회는 급속한 기술 발전, 글로벌화의 심화, 인구구조의 변화 등으로 인해 전례 없는 변화를 경험하고 있다. 이러한 변화의 흐름 속에서 성인학습의 필요성은 다음과 같은 다차원적 측면에서 더욱 강조되고 있다.

현대사회의 특징을 한마디로 표현한다면 '변화의 상수화'라고 할 수 있으며, 이는 과거와 달리 변화가 일회적이거나 점진적이 아닌 지속적이고 급진적인 양상을 보이고 있음을 의미한다. 이러한 환경에서 성인들은 한 번 습득한 지식과 기술로는 평생을 살아갈 수 없으며, 끊임없는 학습을 통해 변화에 적응하고 새로운 기회를 창출해야 하는 상황에 직면하고 있다. 따라서 성인학습은 선택이 아닌 생존과 번영을 위한 필수 조건이 되었으며, 이는 개인적 차원뿐만 아니라 사회적, 국가적 차원에서도 중요한 의미를 가진다.

(1) 기술적 차원

4차 산업혁명으로 대표되는 기술 혁신은 기존의 직업과 산업구조를 근본적으로 변화시키고 있다. 인공지능, 빅데이터, 사물인터넷, 로봇공학, 생명공학, 나노기술 등의 신기술은 새로운 직업을 창출하는 동시에 기존 직업의 소멸을 가속화하고 있다. 세계경제포럼의 연구에 따르면, 향후 10년 내에 현재 존재하는 직업의 상당 부분이 자동화되거나 크게 변화할 것으로 예측되고 있다. 이에 따라 성인들은 변화하는 기술 환경에 적응하고 새로운 역량을 개발하기 위해 지속적인 학습에 참여해야 하는 상황에 직면하고 있다. 특히 디지털 네이티브 세대와 달리 디지털 기술에 익숙하지 않은 기성세대들에게는 디지털 리터러시 학습이 사회적 참여와 경제활동을 위한 필수 요건이 되고 있다. 또한 기술의 융합과 복합화가 진행되면서 단일 기술 영역의 전문성만으로는 경쟁력을 확보하기 어려워지고 있으며, 이는 다학제적 지식과 융합 사고 능력의 개발을 요구하고 있다.

(2) 경제적 차원

지식기반경제로의 전환이 인적자원의 질적 향상을 국가경쟁력의 핵심 요소로 만들고 있다. 전통적인 제조업 중심의 경제구조에서 서비스업과 지식산업 중심의 경제구조로 변화하면서, 창의성과 전문성을 갖춘 인력에 대한 수요가 급증하고 있다. 이러한 변화는 성인들에게 자신의 전문성을 지속적으로 업그레이드하고 새로운 분야의 지식을 습득할 것을 요구하고 있다. 또한 경제활동 기간의 연장과 다중경력(multi-career)의 일반화로 인해 성인들은 전 생애에 걸쳐 여러 차례의 직업 전환과 역할 변화를 경험하게 되며, 이를 위한 재교육과 재훈련의 필요성이 크게 증가하고 있다. 특히 평균 수명의 연장과 함께 은퇴 연령이 늦어지고 있는 현실에서, 60대 이후에도 경제활동을 지속하기 위한 새로운 역량 개발의 필요성이 대두되고 있다. 또한 긱 이코노미(gig economy)의 확산과 플랫폼 경제의 성장은 개인이 독립적으로 경제활동을 수행할 수 있는 능력의 개발을 요구하고 있으며, 이는 기업가정신, 자기관리 능력, 네트워킹 기술 등의 학습 필요성을 증대시키고 있다.

(3) 사회적 차원

인구 고령화와 사회구조의 복잡화가 성인학습의 새로운 영역을 창출하고 있다. 평균 수명의 연장과 출산율 감소로 인한 인구 고령화는 고령자들의 사회적 참여와 활동적 노화(active aging)에 대한 관심을 증대시키고 있다. 이에 따라 은퇴 후 제2의 인생을 준비하기 위한 학습, 건강한 노후생활을 위한 학습, 세대 간 소통을 위한 학습 등 다양한 형태의 성인학습 프로그램이 개발되고 있다. 또한 다문화사회로의 전환, 사회적 갈등의 증가, 환경문제의 심각화 등은 성인들에게 사회통합과 지속가능한 발전을 위한 시민교육의 필요성을 제기하고 있다. 특히 이민자와 다문화 가정의 증가는 상호 문화 이해와 소통을 위한 학습의 중요성을 부각시키고 있으며, 이는 사회 통합과 갈등 해결을 위한 중요한 과제가 되고 있다. 또한 사회적 불평등의 심화와 계층 갈등의 증가는 사회 정의와 공정성에 대한 교육의 필요성을 제기하고 있으며, 이는 성인들이 비판적 시민으로서의 역량을 개발하는 데 중요한 동기가 되고 있다.

(4) 개인적 차원

자아실현과 삶의 질 향상에 대한 성인들의 욕구가 증가하면서 학습에 대한 관심이 높아지고 있다. 매슬로우(Maslow)의 욕구위계이론에서 제시한 바와 같이, 기본적인 생존 욕구가 충족된 현대사회의 성인들은 자아실현과 개인적 성장을 위한 학습에 더욱 적극적으로 참여하고 있다. 특히 개인의 취미와 관심사를 깊이 있게 탐구하고, 새로운 경험을 통해 삶의 의미를 찾고자 하는 성인들이 증가하면서 다양한 형태의 평생학습 활동이 활성화되고 있다. 또한 현대사회의 스트레스와 정신건강 문제의 증가는 성인들로 하여금 심리적 웰빙과 정신건강을 위한 학습에 관심을 갖게 하고 있다. 명상, 요가, 상담, 치료 등의 분야에서 성인학습 프로그램이 활발히 개발되고 있으며, 이는 개인의 정신적 성장과 삶의 질 향상에 중요한 기여를 하고 있다. 더불어 개인화된 사회에서 인간관계의 질적 향상을 위한 소통 기술, 감정 관리, 갈등 해결 등의 학습 필요성도 증가하고 있다.

2. 성인학습의 구체적 필요성

현대사회의 특징 중 하나는 급속한 변화와 불확실성이다. 기술의 발전, 산업구조의 변화, 글로벌 경쟁의 심화 등으로 인해 개인들은 지속적인 학습과 역량 개발의 필요성에 직면하고 있다. 세계경제포럼(World Economic Forum)에서 발표한 「미래의 일자리 보고서」에 따르면, 향후 10년 내에 전체 근로자의 50% 이상이 재교육(reskilling)이나 역량 향상(upskilling)이 필요할 것으로 예측되고 있다.

이러한 예측은 단순히 통계적 수치를 넘어서 현대인들이 직면한 현실적 과제를 여실히 보여주고 있으며, 개인의 성장과 사회적 적응에 중요한 시사점을 제공하고 있다. 특히 디지털 전환의 가속화, 인공지능과 자동화 기술의 발전, 코로나19 팬데믹으로 인한 생활 방식의 변화 등은 기존의 지식과 기능만으로는 대응하기 어려운 새로운 도전을 제시하고 있다. 따라서 성인들은 자신의 현재 역량을 객관적으로 평가하고, 미래 변화에 대비한 체계적인 학습 계획을 수립해야 하는 상황에 직면하고 있다.

1) 평생학습역량 개발의 필요성

현대사회를 살아가는 성인학습에 필요한 핵심 역량으로 주목받고 있는 평생학습역량은 개인과 사회의 발전에서 중요한 역할을 한다. 평생학습역량이란 지식정보사회 · 평생학습사회에서 현대인에게 요청되는 하나의 역량으로 설명될 수 있다. 전 생애 동안, 삶의 모든 영역에서 지속적인 학습을 가능하게 하여 끊임없이 창출되는 지식습득을 촉진하고, 이를 활용하여 새롭게 직면하는 다양한 상황에서 능동적으로 대처할 수 있게 한다.

따라서 평생학습역량은 특정한 일을 수행하는 것과 관련된 역량의 개념으로 특정 사항이나 조건의 일을 잘하기 위한 미시적·조작적 개념의 역량이 아니라 삶 전체에서 현대인에게 요청되는 역량의 일종으로 보며, 지식사회를 살아가는 현대인이 평생학습의 참여를 통해 평생학습자로서 생활하고 실천하는 역량을 말한다(전은선, 2012).

UNESCO(1996)는 평생학습역량을 앎을 위한 학습(learning to know), 행함을 위한 학습(learning to do), 공생을 위한 학습(learning to live together), 실존을 위한 학습(learning to be), 생성을 위한 학습(learning to generative)의 5개 영역으로 제시하고 있다. 여기에 역량의 구성요소인 지식(knowledge), 기술(skill), 경험(experience), 태도(attitude)의 요소가 각각 포함되어 '학습이나 경험을 통해 획득되는 능력'으로 평생학습역량을 정의하고 있다(한경옥, 2014).

이러한 다섯 가지 평생학습역량은 성인학습자들이 전 생애에 걸쳐 삶의 다양한 영역에서 평생학습을 통하여 학습되고 획득되며, 개개인의 생애 발달과업을 성공적으로 수행할 수 있는 역량이 될 수 있다. 평생학습역량은 UNESCO(1996)와 UNESCO(2010, 전은선, 2012 재인용)의 평생학습이론을 바탕으로 구성된 평생학습역량의 하위 요소들로 다음과 같이 구분하여 설명된다(한경옥, 2014).

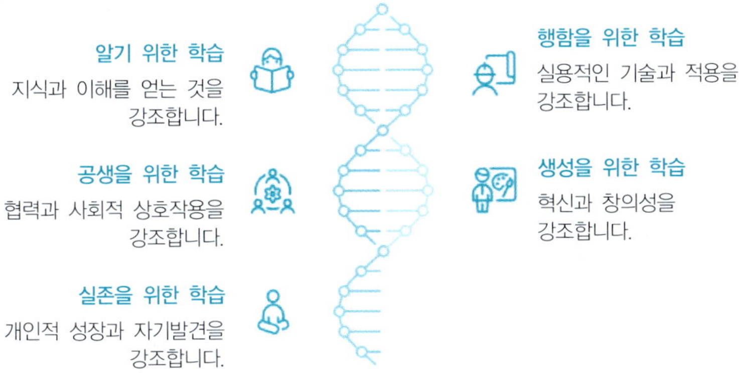

|그림 1-1| 평생학습의 핵심요소

2) 평생학습역량의 5가지 영역

(1) 앎을 위한 평생학습역량

앎을 위한 평생학습은 새로운 지식을 이해하고 알아가며 깨닫는 자체의 행위와 관련이 있는 지식습득을 위한 학습으로, 충분하고 광범위한 일반지식을 소수의 주제까지 깊이 있게 적용할 수 있도록 조합하는 데 쓰인다. 이는 또한 학습하기 위한 학습이라고 할 수 있으며, 자신의 문제를 분석하고 평가하는 사고력을 지니게 하는 학습이다(UNESCO, 1996).

앎을 위한 평생학습역량은 개개인의 삶에 질적 · 양적 의미를 부여하고 지식습득을 효과적으로 수행할 수 있도록 하는 전 생애에 필요한 학습의 역량이며, 개인이 일관되게 마음에 품고 있거나 원하는 어떤 것과 일상적인 생활에서의 문제를 해결하기 위한 객관적인 지식습득과 학습방법을 터득하게 하는 평생학습역량이다.

(2) 행함을 위한 평생학습역량

행함을 위한 평생학습은 학습을 통해 습득한 정보를 바탕으로 개인이 처리하는 행위를 촉진시키며, 인간적 자질, 효과적인 관계를 위한 능력, 시민으로서의 참여능력 등 사회문제와 자신의 문제해결을 가능하게 하는 학습이다. 행함을 위한 평생학습은 직업기술을 습득할 뿐 아니라 보다 넓게는 여러 상황에 대처하고 팀을 이루어 일할 수 있는 능력을 얻는 데 쓰이는 학습이다(UNESCO, 1996).

행함을 위한 평생학습역량은 외적 행동으로 나타나고 관찰되며, 개인의 일상적인 삶과 직업능력을 효과적으로 수행할 수 있도록 평생학습을 촉진시키며, 개인의 사회적인 역할 수행 및 의사소통 능력이나 사회적 관계 형성을 위한 자질의 습득을 가능하게 하는 평생학습역량이다.

(3) 공생을 위한 평생학습역량

공생을 위한 평생학습은 세대 간의 격차와 사람들 간의 다양성, 상호의존성, 개별성 등에 대한 인식을 위한 것이며 여기에는 타인의 인정 및 대화와 토론 등이 포함된다. 따라서 공생하기 위한 학습은 인류의 다양성과 다국적 문화를 이해하며 갈등을 극복하고 협력함으로써 사회적 통합을 기하고 세대 간의 이해를 통한 인본주의적 모든 활동으로 사회적 자본을 축적하게 하는 평생학습이다(UNESCO, 1996).

공생을 위한 평생학습역량은 이렇듯 공동체 속에서 함께 살아가기 위한 방법이 특히 요청되는 교육적 과제로서, 인간이 가져야 할 기본예절과 공동체 의식, 타 지역 문화와 가치관에 대한 문화 상대주의적 태도를 육성하며 자기 개념(self concepts)에 대한 이해와 타인의 문화에 대한 가치 인정과 존재를 확인함으로써 더불어 살아가게 하는 평생학습역량이다.

(4) 실존을 위한 평생학습역량

실존을 위한 평생학습은 개인의 인성을 보다 잘 성장시키고 보다 향상된 자율성, 판단력, 책임감을 가지고 행동할 수 있게 해주며 기억력, 추리력, 미적 감각, 체력, 의사소통 기술 등 평생학습의 기능이 총체적으로 나타나는 학습으로 다양한 잠재력을 통한 개인의 전인적 발달을 가능하게 하는 평생학습이다(UNESCO, 1996).

실존을 위한 평생학습역량은 실천과 수행의 차원에서 자신의 문제를 파악하여 스스로 해결해 나가며 그 모든 과정을 책임지며 개인으로서, 가족과 공동체 일원으로서, 시민으로서 그 역할을 수행할 수 있도록 하는 평생학습역량이다.

(5) 생성을 위한 평생학습역량

생성을 위한 평생학습은 수용만을 위한 학습이 아닌 학습을 통해 자신에게 적합한 지식창출을 가능하게 하는 평생학습이다(UNESCO, 2010).

생성을 위한 평생학습역량은 지식의 사회적 구성 과정을 포함한다. 개인이 효과적으로 평생학습을 수행할 수 있도록 지식과 학습을 통한 재구조화로 기존 지식에서 벗어나 새로운 환경 및 일에서 자신에게 적합한 새로운 지식을 생성해 나간다. 이를 바탕으로 효율적으로 모든 생활을 영위해 나가게 하는 평생학습역량이다.

3) 사회적 역할 변화에 따른 학습 필요성

성인기는 다양한 사회적 역할을 동시에 수행해야 하는 시기이다. 직업인, 배우자, 부모, 자녀, 시민 등의 역할을 동시에 담당하면서 각 역할에서 요구되는 지식과 기술을 습득해야 한다. 또한 생애주기의 변화에 따라 새로운 역할을 수행하거나 기존 역할에서의 책임이 변화하면서 지속적인 학습의 필요성이 발생한다.

현대사회에서 성인들이 경험하는 역할의 복잡성은 과거에 비해 훨씬 증가하고 있으며, 이는 각 역할에서 요구되는 역량의 다양성과 전문성을 의미한다. 예를 들어, 과거의 부모 역할이 주로 양육과 훈육에 집중되었다면, 현대의 부모는 자녀의 학습 지도, 진로 상담, 디지털 기기 사용 지도, 정서적 지지 등 훨씬 다양하고 전문적인 역량을 요구받고 있다. 마찬가지로 배우자로서의 역할도 전통적인 성 역할의 경계가 모호해지면서 더욱 복잡하고 다층적인 양상을 보이고 있다. 이러한 역할의 복잡성은 성인들에게 지속적인 학습과 적응을 요구하고 있으며, 이는 개인의 성장과 가족의 안정, 사회의 발전에 중요한 영향을 미치고 있다.

특히 현대사회에서는 전통적인 성 역할의 변화, 가족구조의 다양화, 사회참여 기회의 확대 등으로 인해 성인들이 경험하는 역할 변화가 더욱 복잡하고 다양해지고 있다. 예를 들어, 여성의 사회진출 확대로 인한 일-가정 양립의 문제는 단순히 시간 관리의 문제를 넘어서 역할 정체성, 우선순위 설정, 스트레스 관리, 가족 내 역할 분담 등의 복합적 과제를 제시하고 있다. 이를 해결하기 위해서는 시간 관리 기술, 효율적인 업무 처리 방법, 가족 내 소통 기술, 스트레스 관리 방법 등을 학습해야 한다. 또한 맞벌이 부부의 증가로 인해 가사와 육아의 분담, 가족 내 의사결정 과정, 경제적 역할 분담 등에 대한 새로운 접근법을 학습해야 하는 상황이다. 이러한 변화는 기존의 경험이나 세대 간 전수되는 지혜만으로는 대응하기 어려우며, 체계적인 학습과 훈련을 통해서만 효과적으로 관리할 수 있다.

또한 시민으로서의 역할 수행을 위한 학습의 필요성도 증대되고 있다. 민주주의 사회에서 시민들은 정치적 참여, 사회적 책임, 환경보호, 인권존중 등 다양한 시민적 덕성을 갖추어야 한다. 특히 정보화 사회에서는 정보의 진위를 판별하고 비판적으로 사고할 수 있는 미디어 리터러시 능력이 시민교육의 핵심 요소로 대두되고 있다. 가짜 뉴스의 확산, 정보 조작, 여론 조작 등의 문제가 심각해지면서, 시민들은 신뢰할 수 있는 정보원을 식별하고, 정보의 편향성과 한계를 인식하며, 다양한 관점을 고려하여 균형 잡힌 판단을 내릴 수 있는 능력을 개발해야 한다. 또한 디지털 시민권(digital citizenship)의 개념이 등장하면서, 온라인 공간에서의 윤리적 행동, 디지털 예절, 개인정보 보호, 사이버 보안 등에 대한 학습도 중요한 시민교육의 영역이 되고 있다.

4) 개인적 성장과 자아실현을 위한 학습

성인학습의 동기는 외적 요인뿐만 아니라 내적 동기에 의해서도 크게 좌우된다. 많은 성인들이 자신의 잠재력을 실현하고 개인적 만족을 얻기 위해 학습에 참여한다. 이러한 학습은 직업적 필요나 사회적 요구와 직접적인 관련이 없을 수도 있지만, 개인의 삶의 질 향상과 정신적 건강 증진에 중요한 기여를 한다. 현대사회에서 물질적 풍요가 증가하고 기본적인 생존 욕구가 충족되면서, 성인들은 더 높은 차원의 욕구인 자아실현과 개인적 성장에 관심을 갖게 되었다.

이러한 변화는 학습의 목적과 방향에도 중요한 영향을 미치고 있으며, 성인교육의 내용과 방법에 새로운 접근을 요구하고 있다. 특히 개인의 고유한 관심사와 재능을 발견하고 개발하는 것이 중요한 학습 목표가 되고 있으며,

이는 표준화된 교육과정보다는 개인 맞춤형 학습 프로그램의 필요성을 증대시키고 있다. 또한 학습 자체가 주는 즐거움과 만족감이 중요한 동기가 되면서, 학습의 과정과 경험이 결과만큼이나 중요하게 인식되고 있다.

개인적 성장을 위한 학습은 다양한 형태로 나타난다. 예술, 문학, 음악 등의 문화예술 분야 학습을 통해 창조적 표현능력을 개발하고 심미적 경험을 확장하는 학습이 대표적인 예이다. 많은 성인들이 그림 그리기, 악기 연주, 글쓰기, 춤추기 등의 예술 활동을 통해 자신의 내면을 표현하고 창조의 기쁨을 경험하고 있다. 이러한 예술 활동은 단순한 취미를 넘어서 자기표현의 수단이자 정서적 치유의 방법으로 활용되고 있으며, 개인의 정신건강과 삶의 만족도 향상에 중요한 기여를 하고 있다. 또한 예술 활동을 통해 새로운 사람들과의 만남과 교류가 이루어지면서 사회적 네트워크의 확장과 소속감 증진에도 도움이 되고 있다. 특히 은퇴 후의 성인들에게는 새로운 정체성을 형성하고 삶의 목적을 찾는 데 예술 활동이 중요한 역할을 하고 있다.

철학, 종교, 심리학 등을 통해 인생의 의미와 가치를 탐구하는 학습도 개인적 성장의 중요한 영역이다. 현대사회의 복잡성과 불확실성이 증가하면서 많은 성인들이 삶의 의미와 목적에 대한 깊이 있는 성찰을 추구하고 있다. 철학적 사고를 통해 존재의 의미, 가치의 기준, 윤리적 판단 등에 대해 탐구하고, 종교적 또는 영성적 추구를 통해 초월적 의미와 평안을 찾고자 한다. 또한 심리학적 지식을 통해 자신의 성격, 행동 패턴, 감정의 메커니즘 등을 이해하고 개선하려는 노력도 활발히 이루어지고 있다. 이러한 학습은 개인의 내적 성장과 정신적 성숙을 촉진하며, 삶의 어려움과 스트레스에 대처하는 능력을 강화하는 데 도움이 된다. 특히 중년기의 위기나 인생의 전환점에서 이러한 학습은 새로운 삶의 방향을 설정하고 정체성을 재정립하는 데 중요한 역할을 한다.

특히 중년기 이후의 성인들에게는 발달과업의 성취와 관련된 학습의 필요성이 크다. 에릭슨(Erikson)의 심리사회적 발달이론에 따르면, 중년기의 주요 발달과업은 생산성(generativity) 대 침체성(stagnation)의 갈등을 해결하는 것이다. 이는 자신의 경험과 지혜를 다음 세대에 전수하고 사회에 기여하고자 하는 욕구로 나타나며, 이를 위한 학습 활동에 참여하게 된다. 멘토링, 자원봉사, 교육 활동, 사회적 기업 참여 등을 통해 자신의 지식과 경험을 사회에 환원하고자 하는 학습이 이에 해당한다. 또한 노년기를 준비하기 위한 학습도 중요한 발달과업이 되고 있다. 건강 관리, 재정 관리, 여가 활동, 인간관계 유지 등 노년기의 삶의 질을 좌우하는 다양한 영역에서의 학습이 필요하며, 이는 성공적인 노화(successful aging)를 위한 필수 조건이 되고 있다.

현대사회에서 개인적 성장을 위한 학습은 또한 정신건강과 웰빙의 관점에서도 중요하게 인식되고 있다. 스트레스 관리, 감정 조절, 명상과 마음챙김, 긍정심리학 등의 분야에서 다양한 학습 프로그램이 개발되고 있으며, 이는 개인의 정신적 건강을 증진하고 삶의 만족도를 높이는 데 기여하고 있다. 특히 코로나19 팬데믹 이후 정신건강에 대한 관심이 증가하면서, 자기 돌봄(self-care), 회복력(resilience) 증진, 트라우마 치유 등의 학습이 중요한 영역으로 부상하고 있다. 또한 개인의 강점과 재능을 발견하고 개발하는 강점 기반 학습, 개인의 가치와 목표를 명확히 하는 라이프 코칭 등도 개인적 성장을 위한 중요한 학습 방법으로 인식되고 있다.

3. 성인학습의 철학적 기초

1) 철학의 이해

(1) 철학과 성인교육의 관계

철학은 변화되는 인간에 대한 질문으로 계속되며, 사회와 문화의 변화는 새로운 철학사상을 요구한다. 이러한 변화에 묻고 답하는 과정에서 새로운 설명과 이론이 나타나고, 그들의 역할을 수행하기 위해 다양한 원리들과 관련된다.

성인교육철학에 대한 연구는 우리에게 개인적, 문화적 과거에 대한 통찰력을 얻게 해주고 그들의 기호와 판단능력을 향상시킨다. 성인교육에서 철학적 이슈에 대한 끊임없는 반성은 비판적 사고방법을 발전시키고 개인이 더 나은 질문을 하게 하며, 그들의 현재 한계를 넘어 교육자의 비전을 확장해 준다.

(2) 교육철학의 장점

히엠스트라(Hiemstra, 1988)가 제시한 교육철학의 장점은 다음과 같다.

첫째, 철학은 인간관계에 대한 이해를 증진한다.

둘째, 철학은 긍정적인 인간 상호작용과 관련된 다양한 요구에 민감하다.

셋째, 철학은 인간 가치를 이해하고 구별, 분리하는 준거 틀을 제시한다.

넷째, 철학은 성인학습의 유연성과 일관성을 증진한다.

이처럼 교육철학은 성인교육 실천에 있어 방향성과 체계적 접근을 제공하는 핵심적 기반이 된다.

2) 인문주의 성인교육

(1) 고대 그리스의 철학적 기초

플라톤은 최고의 이상을 무엇이 진(眞)이며 가치 있는지를 아는 철인왕(哲人王)을 길러내는 데 두었다. 교육목표는 문법과 수사학, 자연과학, 역사와 문학 그리고 논리학과 철학을 연구하는 것으로, 엄격한 지적 훈련을 통과해야만 완수될 수 있었다.

소크라테스는 교수방법론에 있어서 문답법을 통해 덕의 본질을 탐구했다. 자기 어머니의 직업을 빗대어 자신의 교육방법을 산파술이라고 불렀으며, 진리는 배우는 사람이 산출해 내는 것이지 스승이 대신하여 낳아줄 수는 없다는 의미로 사용했다.

아리스토텔레스는 습관을 형성하게 하는 도덕교육과 실천적 지성교육을 개발하게 하는 예술과 신중한 교육, 그리고 이론적인 교육 등에 대해 주의 깊은 연구를 하였다. 그에게 있어서 지혜는 진리에 대한 명상이자 이상적인 삶을 가능하게 하는 것으로, 지혜는 행복과 동일한 개념이었다.

(2) 문예부흥시대와 근대로의 발전

인문주의 전통은 1450년에서 1850년까지 유럽대륙에 우세한 사상으로 고전적 인본주의 교육철학의 핵심요소가 되었다. 에라스무스, 토마스 모어, 이그나티우스 로욜라의 교육 목적은 문화인 양성이었으며, 특히 문예부흥 운동은 예술문화에 대한 깊은 이해를 주장했다.

미국에서는 남북전쟁 이후 쇼타쿠아(Chautauqua)운동이 가장 현저한 인문주의 교육운동으로 나타났다. 이는 독서 안내 프로그램으로 종교적인 성향을 근간으로 하여 그 위에 인문주의 교육이 결합된 형태였다.

(3) 인문주의 교육의 목적과 특성

인문주의 교육의 목적은 다음 네 가지로 구분된다.

① 지혜를 수반하는 합리적 또는 지적 교육

② 도덕적 가치가 있는 도덕교육

③ 종교적 차원의 종교교육

④ 인간의 미적 감각(aesthetic sense)의 계발

(4) 인문주의 교육방법

플라톤이 제시한 인문주의 이론적 이해의 습득을 위한 방법은 다음과 같다.

첫째, 대화에서 개념의 의미를 명료화하고 지식의 종합을 꾀하는 변증법

둘째, 직관과 명상이나 내관(內觀)

셋째, 고전서들을 비판적으로 읽고 토론하면서 평가해 가는 방법

교사는 전달하는 것으로 끝나는 것이 아니라 진리를 가르치고 이를 활용할 창의성을 학습자가 습득하도록 하여야 한다.

(5) 인문주의 성인교육의 평가

- 공헌 : 독서의 바른 방법을 가르치고 읽은 내용을 가지고 토의하는 과정을 통하여 비판력과 의사표현의 능력을 함양한다.
- 비판 : 인문주의 교육은 학습자의 요구와 관심을 인식하지 못하고 과거의 지혜와 전통에 집착하는 경향이 있다.

3) 진보주의 성인교육

(1) 진보주의 성인교육의 역사적 배경

진보주의의 최초는 16세기 존 코메니우스(John Comenius)로, 아동교육을 위해 독서보다는 오히려 자연을 모방하도록 주장했다. 루소의 『에밀』(1762)에서는 12세까지 아동의 학습은 경험으로부터 비롯되어야 한다고 주장했으며, 루소가 옹호한 아동들의 자연적인 자유와 자발성은 페스탈로치와 프뢰벨의 실제 교육실험에서도 강조되었다.

(2) 듀이의 기여

듀이(Dewey)는 실용주의 철학을 근거로 미국에서 진보주의를 교육철학으로 꽃피운 사람이다. 그는 아동의 자연적 발달에 초점을 둔 학습자 중심 교육을 주장하므로 전통적 인문주의의 주제 중심 학습을 공격하였고 교육 과정에서 학습자 경험의 역할을 강조했다.

1930년대 경제공황 이후 진보주의 초기의 개인주의적 성향은 사회개혁을 위한 교육 이론으로 전환되었다. 진보주의 운동의 최고 이상은 민주주의를 위한 교육이었으며, 듀이는 민주주의를 위한 교육이란 여러 사람이 공동문제를 해결하기 위해 협동하는 행동에 가담하는 것이라고 정의했다.

(3) 진보주의 교육원리

첫째, 진보주의의 주요 공헌은 교육 개념에 대한 확장이다.

둘째, 학습은 학습자의 흥미와 요구에 직접적으로 관련되어야 한다.

셋째, 교수-학습의 방법은 교재를 통한 학습보다 문제 해결 학습이 더 바람직하다.

넷째, 교사의 역할은 지시가 아니라 안내이다.

다섯째, 학교는 경쟁을 통한 학습이 아니라 협력을 통한 학습을 강조한다.

여섯째, 성인교육은 사회변화의 도구이다.

(4) 진보주의 성인교육 프로그램

20세기 초 산업화와 함께 유럽에서 미국으로의 대량 이민 현상으로 이들의 사회 적응을 위한 관심이 높아졌다. '문명화 과정'에서 성인교육의 역할은 일차적으로 성인 야간학교와 교회, 공장, 혹은 이민 수용소와 YMCA 등에서 행해졌다. 교육과정은 영어, 남자를 위한 민주주의와 자본주의 등의 시민 정신 교육, 여자를 위한 위생, 아동양육, 요리법, 가정경영 등으로 구성되었다.

지역사회와 학교가 상호협력하여 지역사회 발전을 촉진하고자 하는 것으로, 지역사회가 학교 프로그램을 돕고 학교의 시설을 지역사회가 이용하며 학교는 전 연령층에게 평생교육을 위한 교육 경험을 제공하고 지역사회의 자원을 이용하도록 하는 것이다. 여기에서부터 지역사회대학(community college)이 생기게 되어 평생교육과 성인계속교육의 연장선이 되었다.

교육이 사회변화의 도구라는 철학을 기초하여 인디아나 대학 교수들에 의해 개발된 성인들의 참여교육이다. 이 프로그램에서는 특히 성인학습자의 성격과 학습의 장에서 학습자 간의 상호관계성에 대해 모색했다.

(5) 진보주의 성인교육의 평가

진보주의 교육철학이 인문주의 교육철학이 주장하는 교양, 역사, 문학, 예술을 약화하고 과학 창조와 교육의 사회개혁 가능성을 강조했다는 비판이 있다. 또한 삶의 부정적 요소들에 대한 간과와 교육과 인간에 대한 지나친 낙관성이 지적되기도 한다.

그러나 진보주의의 실험주의는 행동주의에서 확장되었고, 학습자 중심 교육은 인간주의에서 확장되었으며 사회개혁론은 급진주의의 중심주제가 되었다. 진보주의가 성인 직업교육에 미친 공헌에 대해서는 간과할 수 없을 것이다.

4) 행동주의 성인교육

(1) 행동주의의 역사적 발전

행동주의 학습이론은 20세기 초 왓슨(Watson)에 의해 발전되었다. 왓슨 이후로는 손다이크(Thorndike), 톨만(Tolman), 파블로프(Pavlov), 거스리(Guthrie), 헐(Hull), 스키너(Skinner) 등과 같은 학자들이 행동주의를 계속해서 발달시켰는데, 그중에서도 특히 손다이크와 스키너의 공헌이 크다고 할 수 있다.

행동주의 사상의 주요 강세는 심리학의 이론으로 발전하여 교육에 응용된 행동주의(behaviorism)이다. 왓슨은 심리학이 행위의 과학이지 정신적 활동에 대한 연구가 아니라고 주장했다.

(2) 행동주의의 철학적 기반

심리학인 행동주의가 과학적 연구를 통해 결론을 내고 있지만, 행동주의는 하나의 사상체계로서 다음과 같은 철학적 전통에 기반을 두고 있다.

첫째, 철학적 실재주의(realism)는 객관적 현실이 인간의 인식과 독립적으로 존재한다고 보는 철학적 입장이다. 행동주의에서는 인간의 행동을 객관적으로 관찰하고 측정할 수 있는 실재로 간주하며, 과학적 방법을 통해 행동의 법칙을 발견할 수 있다고 본다. 경험주의 철학에 기반하여 감각 경험을 통해 얻은 데이터만을 신뢰할 수 있는 지식의 원천으로 여기며, 내성적 관찰보다는 외적으로 관찰 가능한 행동에 초점을 맞춘다.

둘째, 실증주의(positivism)는 과학적 방법론을 통해서만 확실한 지식을 얻을 수 있다고 주장하는 철학적 입장이다. 행동주의는 실증주의의 영향을 받아 인간의 행동을 자연과학의 연구 대상과 동일하게 취급하며, 가설 설정과 실험을 통한 검증 과정을 중시한다. 관찰 가능하고 측정 가능한 현상만을 연구의 대상으로 삼으며, 주관적이고 내적인 정신 상태는 과학적 연구에서 배제해야 할 요소로 본다.

셋째, 유물론, 즉 물질주의(materialism)는 모든 현상을 물질적 실체와 그 상호작용으로 설명할 수 있다고 보는 철학적 관점이다. 행동주의는 인간의 정신이나 의식도 결국 물질적 기반인 뇌와 신경계의 활동으로 환원될 수 있다고 본다. 따라서 학습과 행동 변화도 신경계의 물리적·화학적 변화로 설명할 수 있으며, 환경적 자극과 반응 사이의 물질적 연결 관계를 통해 인간 행동의 모든 측면을 과학적으로 분석할 수 있다고 주장한다.

(3) 손다이크의 시행착오 이론

손다이크는 학습이 시행착오의 과정을 통해 일어난다고 주장했다. 시행착오 이론은 결합설(connectionism) 또는 자극-반응 이론(S-R theory)이라 불리기도 한다. 손다이크는 동물실험에서 자극과 반응 사이의 결합이 반복되는 시행착오적 학습을 통하여 강해지거나 약해진다는 것을 발견하고 세 가지 학습 법칙을 제시했다.

① **효과의 법칙** : 어떤 상황(자극)과 반응 간에 연결이 이루어지고 그 반응에 만족스러울 때는 결합은 견고해지나 불만족스러운 결과일 경우는 결합이 약해진다.

② **연습의 법칙** : 꾸준한 반복연습을 통하여 일정한 목표에 도달하고 성공할 수 있다는 의미에서 빈도의 법칙이라고도 한다.

③ **준비성의 법칙** : 사람이 어떤 행동을 할 준비를 하여 보상을 받는 경우와 준비를 하지 않아 처벌을 받는 경우를 의미한다.

(4) 파블로프의 고전적 조건화

러시아의 생리학자였던 파블로프는 개의 소화과정을 연구하던 중 우연히 조건화로 불리는 학습현상을 발견했다. 고전적 조건화는 조건자극에 대한 조건반응의 결합이라고 할 수 있다.

무조건 반응을 일으키는 무조건 자극이 중성자극과 같이 제시되면 처음에는 무조건 자극에 무조건 반응을 보이던 유기체가 나중에는 중성자극에 대해서도 무조건 자극에 대해서 보였던 것과 같은 반응을 보인다는 것이다.

(5) 스키너의 조작적 조건화

행동주의 학습이론을 가장 많이 발전시킨 스키너의 학습이론은 조작적 조건화(operant conditioning)라고 불린다. 인간행동은 대부분 조작행동이며 이 행동은 결과에 의해 통제된다고 설명한다.

스키너의 중요한 기여는 고전적 조건화와 조작적 조건화를 구분한 점이다. 강화는 조작적 조건형성을 이해하는 데 필수적인 것으로, 반응빈도가 증가하는 것을 의미한다. 어떤 행동이 강화되면 유사한 환경 아래에서 그 반응은 더 자주 일어나게 될 것이고, 강화되지 않거나 보상받지 못한 행동은 더 적게 일어나다가 나중에는 사라질 것이다.

(6) 행동주의 학습이론이 성인학습 및 상담에 주는 시사점

첫째, 바람직한 행동이 재현될 수 있도록 즉각적이고 정규적인 강화를 제공해야 한다.

둘째, 강화하지 않으면 바람직하지 못한 행동은 소거될 것이다.

셋째, 경쟁적인 반응은 학습과제를 방해할 것이기 때문에 제거되어야 한다.

넷째, 학습과제에 적절한 배경을 제공하는 것은 과업을 성공적으로 수행하기 위한 선결과제이다.

다섯째, 학습과제의 모든 구성요소를 구체적으로 확인해야 하며, 이들 각 과업요소가 학습될 때까지 다양한 실습 기회가 제공되어야 한다.

여섯째, 학습자의 과업수행을 유도하기 위하여 바람직한 행동모형이 활용될 수 있다.

일곱째, 과업수행을 위한 자극은 학습자의 외부는 물론 내부에서도 일어날 수 있다.

성인교육의 철학적 기초는 인문주의, 진보주의, 행동주의 등 다양한 철학적 전통에 뿌리를 두고 있다. 각각의 철학은 성인학습자의 특성과 교육 목표, 방법론에 대해 서로 다른 관점을 제시하며, 현대 성인교육 실천에 상호 보완적인 역할을 하고 있다.

인문주의는 인간의 이성과 문화적 전통을 중시하며 비판적 사고력 함양을 강조한다. 진보주의는 학습자의 경험과 사회적 맥락을 중시하며 민주적이고 협력적인 학습을 추구한다. 행동주의는 과학적이고 체계적인 접근을 통해 효과적인 학습 환경을 조성하는 데 기여한다.

성인교육 실천가들은 이러한 다양한 철학적 기초를 이해하고, 학습자의 특성과 교육 목표에 따라 적절한 철학적 접근을 선택하여 활용할 수 있어야 한다. 이를 통해 보다 효과적이고 의미 있는 성인학습 경험을 제공할 수 있을 것이다.

참/고/문/헌

강대중(2019). 성인교육 철학의 현대적 의미와 발전 방향. **평생교육학연구**, 25(3), 1-28.

김진화(2018). 인문주의 성인교육의 현대적 적용에 관한 연구. *Andragogy Today, 21*(2), 55-78.

박성희(2020). 진보주의 교육철학이 현대 성인교육에 미치는 영향. **성인교육연구**, 26(1), 89-114.

배석영(2017). 행동주의 학습이론의 성인학습 적용 방안. **평생학습사회**, 13(4), 123-145.

송영명(2019). 성인교육 철학적 기초와 실천적 함의. **한국성인교육학회보**, 22(3), 45-67.

이기종(2018). 듀이의 경험철학과 성인교육. **교육철학연구**, 40(2), 201-225.

정지웅(2020). 소크라테스의 산파술과 현대 성인교육방법론. **평생교육 · HRD연구**, 16(1), 1-25.

최운실(2017). 플라톤의 교육사상이 성인교육에 주는 시사점. **철학과 현실**, 115, 156-172.

한경옥(2014). 중년여성의 평생학습역량 특성에 관한 연구. 동의대학교 대학원 석사학위논문.

홍아정(2019). 스키너의 조작적 조건화 이론과 성인학습 적용. **학습자중심교과교육연구**, 19(8), 891-915.

Dewey, J.(1938). *Experience and education.* New York : Macmillan.

Hiemstra, R.(1988). Translating personal values and philosophy into practical action. In R. G. Brockett(Ed.), *Ethical issues in adult education*(pp. 178-194). New York : Teachers College Press.

Knowles, M. S.(1980). *The modern practice of adult education : From pedagogy to andragogy*(2nd ed.). New York : Cambridge Books.

Lindeman, E. C.(1926). *The meaning of adult education.* New York : New Republic.

Mezirow, J.(1991). *Transformative dimensions of adult learning.* San Francisco : Jossey-Bass.

Pavlov, I. P.(1927). *Conditioned reflexes*. London : Oxford University Press.

Skinner, B. F.(1953). *Science and human behavior.* New York : Macmillan.

Thorndike, E. L.(1932). *The fundamentals of learning.* New York : Teachers College Press.

UNESCO(1996). *Learning : The treasure within.* Paris : UNESCO Publishing.

Watson, J. B.(1913). Psychology as the behaviorist views it. *Psychological Review, 20*(2), 158-177.

CHAPTER 02

성인학습자의 이해

1. 사회적 특성
2. 생물학적 특성
3. 인지적 특성
4. 심리적 특성

02
CHAPTER

성인학습자의 이해

개 요

성인학습자는 아동이나 청소년 학습자와는 구별되는 독특한 특성을 지니고 있어 이에 대한 체계적 이해가 효과적인 성인교육의 전제조건이 된다. 이 장에서는 성인학습자의 특성을 사회적, 생물학적, 인지적, 심리적 차원으로 구분하여 종합적으로 탐구한다. 사회적 특성에서는 성인학습자가 담당하는 다양한 사회적 역할과 그에 따른 학습 환경의 제약요인을 분석하고, 생물학적 특성에서는 연령 증가에 따른 신체적 변화가 학습에 미치는 영향을 살펴본다. 인지적 특성에서는 성인의 인지능력 변화와 학습 방식의 특징을 규명하며, 심리적 특성에서는 자아개념, 동기, 경험 등이 학습에 미치는 영향을 다룬다. 이러한 다차원적 접근을 통해 성인학습자 개개인의 특성을 고려한 맞춤형 교육 설계의 기초를 마련하고자 한다.

학습목표

1. 성인학습자의 사회적 특성과 역할을 파악하고 학습에 미치는 영향을 이해할 수 있다.
2. 성인학습자의 생물학적 · 인지적 변화 특성을 이해하고 학습능력과의 관계를 설명할 수 있다.
3. 성인학습자의 심리적 특성을 파악하여 동기유발과 학습효과 증진 방안을 제시할 수 있다.

핵심어

성인학습자, 다중역할, 인지능력, 학습동기, 전 생애 발달

1. 사회적 특성

성인학습의 대상자인 성인학습자의 특성을 알아볼 필요가 있다. 성인학습자의 사회적 특성은 여러 측면에서 살펴볼 수 있으나, 우선 성인학습 및 성인과 관련된 내용을 중심으로 살펴보고자 한다.

1) 연령대별 학습 특성

성인학습자의 나이는 학습 참여와 학습 방식에 중요한 영향을 미치는 요소이다. 일반적으로 성인학습자는 18세 이상의 연령층으로 구분되지만, 실제 성인교육 현장에서는 20대부터 70대까지 매우 광범위한 연령대의 학습자들이 참여하고 있다.

20대와 30대 초반의 젊은 성인들은 대학 교육을 마친 후 취업이나 경력 개발을 위한 전문 기술 습득에 관심이 높다. 이들은 새로운 기술이나 지식에 대한 적응력이 빠르고, 특히 디지털 기술을 활용한 학습에 능숙한 편이다. 온라인 강의, 모바일 학습 앱, 가상현실 교육 등 최신 기술을 적극적으로 활용하며, 짧은 시간 내에 집중적으로 학습하는 것을 선호한다. 또한 네트워킹과 협업을 중시하며, 동료 학습자들과의 상호작용을 통해 학습 효과를 높이려고 한다. 이 연령대는 학습에 대한 높은 동기와 에너지를 가지고 있지만, 경제적 제약과 취업 압박으로 인해 학습 지속성에 어려움을 겪기도 한다.

30대와 40대의 중년 초기 성인들은 직장에서의 승진이나 전문성 향상, 그리고 자녀 교육과 관련된 학습에 참여하는 경우가 많다. 이들은 실무 경험이 축적된 상태에서 학습에 참여하므로, 이론보다는 실용적이고 즉시 적용 가능한 내용을 선호한다. 리더십, 프로젝트 관리, 전문 자격증 취득 등에 관심이 높으며, 학습 내용을 업무에 직접 연결시키려는 경향이 강하다. 동시에 일과 가정의 균형을 중시하기 때문에 시간 효율성이 높은 학습 방법을 추구하며,

주말이나 저녁 시간을 활용한 학습을 선호한다. 이 연령대는 학습에 대한 목적의식이 명확하고 자기주도적 학습 능력이 뛰어나지만, 시간적 제약과 다중 역할로 인한 스트레스가 학습 방해 요인으로 작용할 수 있다.

50대와 60대의 중장년층은 은퇴 준비나 제2의 인생을 위한 새로운 분야의 학습에 관심을 보인다. 이들은 오랜 직업 경험을 바탕으로 한 풍부한 지식과 경험을 가지고 있어, 학습 과정에서 귀중한 자원 역할을 한다. 창업, 사회공헌 활동, 문화예술 분야 등 이전에 시도하지 못했던 새로운 영역에 대한 학습 욕구가 높으며, 자아실현과 개인적 성장을 중시한다. 체계적이고 깊이 있는 학습을 선호하며, 충분한 시간을 가지고 학습에 몰입할 수 있는 여건을 갖추고 있다. 그러나 급변하는 기술 환경에 대한 적응에 어려움을 느끼기도 하며, 젊은 학습자들과의 학습 속도 차이로 인한 부담감을 경험할 수 있다.

70대 이상의 고령 학습자들은 건강 관리, 취미 활동, 또는 지속적인 정신적 활동을 위한 학습에 참여한다. 이들은 학습 그 자체에서 즐거움과 보람을 찾으며, 성과나 효율성보다는 과정 자체를 중시한다. 전통 문화, 역사, 철학, 종교 등에 대한 관심이 높으며, 세대 간 지식 전수에도 적극적이다. 느린 학습 속도를 보이지만 깊이 있고 성찰적인 학습을 추구하며, 동료 학습자들과의 사회적 교류를 매우 중시한다. 신체적 제약이나 건강 문제로 인해 학습 환경에 대한 특별한 배려가 필요하지만, 인생 경험에서 우러나오는 지혜와 통찰력으로 학습 공동체에 큰 기여를 한다.

각 연령대마다 학습 목적과 선호하는 학습 방법이 다르기 때문에, 연령을 고려한 맞춤형 교육 프로그램이 필요하다. 동시에 세대 간 학습과 상호작용을 촉진하는 통합적 접근도 중요하며, 이를 통해 다양한 연령대의 성인학습자들이 서로의 경험과 지식을 공유하며 함께 성장할 수 있는 학습 환경을 조성해야 한다.

2) 인생주기별 학습 특성

성인학습자는 각자의 인생주기에 따라 서로 다른 학습 요구와 관심사를 가지고 있다. 청년기에서 성인기로 넘어가는 시기의 학습자들은 주로 직업 준비와 독립적인 생활을 위한 실용적 기술 습득에 집중한다. 이 시기에는 취업을 위한 자격증 취득, 외국어 학습, 컴퓨터 활용 능력 향상 등이 주요 학습 목표가 된다.

청년기 성인학습자들의 주요 발달과업은 직업적 정체성 확립과 사회적 독립이다. 이들은 대학에서 배운 이론적 지식을 실무에 적용하는 방법을 학습하고, 전문성 개발을 위한 기초를 다지는 데 집중한다. 멘토링, 인턴십, 실무 교육 프로그램 등을 통해 현장 경험을 쌓으려고 하며, 네트워킹과 인간관계 형성 기술에도 높은 관심을 보인다. 이 시기의 학습자들은 빠른 변화에 대한 적응력이 뛰어나고 새로운 도전에 대한 의욕이 높지만, 동시에 진로에 대한 불안감과 경제적 압박으로 인한 스트레스를 경험하기도 한다.

결혼과 출산을 경험하는 시기의 성인들은 가정 관리, 육아, 그리고 가족의 경제적 안정을 위한 학습에 관심을 가진다. 특히 육아휴직 기간 중인 여성들은 복직을 위한 역량 개발이나 새로운 분야로의 전환을 위한 학습에 참여하는 경우가 많다. 이들은 시간적 제약이 크기 때문에 단기 집중 과정이나 온라인 학습을 선호하며, 학습 내용도 즉시 적용 가능한 실용적인 것들을 우선시한다. 부모 역할에 대한 학습, 가계 관리, 건강 관리 등이 주요 관심 분야이며, 자녀 교육과 관련된 학습에도 적극적으로 참여한다.

자녀가 성장한 중년기의 성인들은 개인적 성취와 자아실현을 위한 학습에 더 많은 시간과 에너지를 투자할 수 있게 된다. 이 시기에는 예술, 문화, 취미 활동과 관련된 학습이나 평소 관심 있었던 분야의 깊이 있는 학습에 참여한다. 경력의 정점에 있는 시기이므로 리더십, 관리 기술, 전략적 사고 등 고급 수준의 전문 교육에 참여하는 비율이 높다. 또한 후배 양성과 지식 전수에도 관심을 보이며, 멘토링이나 강의 활동을 통해 자신의 경험과 지식을 나누려는 의욕을 보인다.

은퇴를 앞둔 시기나 은퇴 후의 성인들은 건강한 노후 생활을 위한 학습과 사회 참여를 통한 의미 있는 활동을 위한 학습에 관심을 보인다. 이들은 물질적 성공보다는 정신적 풍요로움과 사회적 가치 창출에 중점을 두며, 봉사활동, 사회적 기업 운영, 문화예술 활동 등에 필요한 지식과 기술을 습득하려고 한다. 평생에 걸쳐 축적된 경험과 지혜를 바탕으로 깊이 있는 성찰적 학습을 추구하며, 세대 간 소통과 지식 전승에도 적극적인 역할을 한다.

인생주기별 학습 특성을 이해하는 것은 효과적인 성인교육 프로그램 설계에 필수적이다. 각 시기마다 학습자의 관심사, 가용 시간, 학습 동기, 선호하는 학습 방식이 다르기 때문에 이를 고려한 맞춤형 교육과정이 필요하다. 또한 생애주기의 변화에 따른 연속적이고 순환적인 학습 기회를 제공하여 성인학습자들이 평생에 걸쳐 지속적으로 성장할 수 있도록 지원해야 한다.

3) 에릭슨의 심리사회적 발달단계와 성인학습

성인의 발달단계에 따른 특성은 학습 동기와 학습 내용 선택에 중요한 영향을 미친다. 에릭슨(Erikson)의 심리사회적 발달이론에 따르면, 성인기는 친밀감 대 고립감, 생산성 대 침체감, 통합성 대 절망감의 단계로 구분된다.

친밀감 대 고립감 단계에 있는 젊은 성인들은 인간관계 형성과 사회적 소속감을 위한 학습에 관심이 높다. 이들은 의사소통 기술, 대인관계 기술, 그리고 공동체 참여를 위한 학습에 적극적으로 참여한다. 연애, 결혼, 친구 관계 등 개인적 관계를 발전시키는 데 필요한 지식과 기술에 대한 학습 욕구가 크며, 동시에 직장에서의 팀워크와 협업 능력 향상에도 관심을 보인다. 이 시기의 학습자들은 소셜 네트워킹, 온라인 커뮤니티 활동, 그룹 스터디 등 사회적 상호작용이 포함된 학습 방식을 선호한다.

이 단계의 성인학습자들은 단순한 사회적 접촉을 넘어서 깊이 있는 인간관계를 형성하는 방법을 학습하고자 한다. 갈등 해결, 감정 표현, 상호 이해와 공감 능력 등을 기르는 교육 프로그램에 참여하며, 결혼 준비 교육, 부모 역할 교육, 가족 상담 등에도 높은 관심을 보인다. 또한 문화적 다양성에 대한 이해와 수용을 위한 학습에도 적극적이며, 이를 통해 더 넓은 사회적 네트워크를 형성하려고 한다.

생산성 대 침체감 단계의 중년 성인들은 다음 세대에게 무언가를 전달하고자 하는 욕구가 강하다. 따라서 이들은 전문성을 기반으로 한 교육이나 멘토링 활동, 그리고 사회적 기여를 위한 학습에 관심을 보인다.

중년기 성인학습자들은 자신이 축적한 경험과 전문성을 체계화하고 발전시키는 학습에 집중한다. 고급 전문 교육, 리더십 개발 프로그램, 경영학 석박사 과정 등에 참여하여 자신의 전문 영역에서 더 높은 수준의 역량을 개발하려고 한다. 동시에 후배나 동료들을 가르치고 지도하는 역할을 수행하면서 교수법이나 코칭 기술에 대한 학습에도 관심을 가진다. 이들은 단순히 지식을 습득하는 것을 넘어서 그 지식을 다른 사람들에게 효과적으로 전달하는 방법에 대해서도 깊이 있게 학습한다.

이 단계의 성인들은 개인적 성취를 넘어서 사회적 기여에 대한 욕구가 강해진다. 사회적 기업 운영, 자원봉사 활동, 지역사회 개발 등에 필요한 지식과 기술을 학습하며, 환경 보호, 사회 정의, 교육 개선 등의 분야에서 전문성을 개발하려고 한다. 또한 정책 연구, 사회 문제 해결 방안 모색 등에 관련된 학습에도 적극적으로 참여하여 사회 변화에 기여하고자 한다.

통합성 대 절망감 단계의 노년기 성인들은 자신의 인생을 되돌아보고 의미를 찾고자 하는 욕구가 크다. 이 시기의 학습자들은 철학적 성찰, 종교적 탐구, 또는 자서전 쓰기와 같은 자기 이해를 위한 학습에 참여하는 경우가 많다.

노년기에 접어든 성인학습자들은 자신의 삶을 통합적으로 조망하고 인생의 의미를 찾으려는 욕구가 강하다. 이들은 자서전 쓰기, 가계도 작성, 구술사 프로젝트 등을 통해 자신의 인생 경험을 정리하고 의미를 부여하는 활동에 참여한다. 종교적 또는 철학적 탐구를 통해 삶과 죽음의 의미를 성찰하며, 문학, 예술, 음악 등을 통한 정서적 표현과 치유에도 관심을 가진다.

이 시기의 학습자들은 자신이 평생에 걸쳐 축적한 지혜와 경험을 젊은 세대에게 전달하는 것을 중요하게 생각한다. 구전 문화 보존, 전통 기술 전수, 멘토링 프로그램 참여 등을 통해 세대 간 지식 전승에 기여하려고 한다. 또한 현대 기술을 익혀 젊은 세대와의 소통 방법을 배우고, 디지털 리터러시를 향상시켜 변화하는 세상에 적응하려는 노력도 보인다.

각 발달단계의 특성을 이해하는 것은 성인학습자의 내적 동기를 파악하고 적절한 학습 기회를 제공하는 데 중요하다. 교육자들은 학습자의 발달단계에 맞는 학습 목표와 내용을 설정하고, 각 단계의 발달과업을 지원할 수 있는 학습 환경을 조성해야 한다. 이를 통해 성인학습자들이 자신의 발달 과정에서 필요한 학습을 효과적으로 수행할 수 있도록 도움을 제공해야 한다.

4) 사회적 역할

성인학습자는 동시에 여러 가지 사회적 역할을 수행하며, 이러한 역할들이 학습에 미치는 영향은 매우 크다. 직장인으로서의 역할은 많은 성인학습자들에게 가장 중요한 정체성 중 하나이다. 직업과 관련된 학습 요구는 개인의 경력 발전과 직접적으로 연결되어 있어 학습 동기가 높고 지속성도 강하다. 하지만 업무로 인한 시간 제약과 피로감은 학습 참여에 어려움을 주기도 한다.

〈표 2-1〉 사회적 역할이 학습에 미치는 영향

사회적 역할	내 용
직업적 역할	개인의 정체성과 사회적 지위를 결정, 지속적인 학습의 필요성 인식, 직업 관련 학습이 선택이 아닌 필수
부모로서의 역할	자녀교육에 대한 관심이 자신의 학습 동기를 높이는 요인, 자녀돌봄으로 인한 시간 부족이 학습참여의 장벽
배우자로서의 역할	학습에 대한 가족의 지지와 이해를 좌우하는 중요한 요소, 가족의 긍정적 태도는 학습지속에 도움, 반대의 경우 학습방해의 원인
디지털 시민으로서의 역할	온라인공간에서의 올바른 소통방식, 소셜미디어를 통한 정보 공유와 의견 표현으로 책임감 있는 디지털 시민으로 학습 필요

현대사회에서 직업적 역할은 단순히 경제적 생계 수단을 넘어서 개인의 정체성과 사회적 지위를 결정하는 핵심 요소가 되었다. 성인학습자들은 직업적 성공과 전문성 향상을 위해 지속적인 학습이 필요함을 인식하고 있으며, 이는 평생학습의 가장 강력한 동력 중 하나로 작용한다. 특히 급변하는 기술 환경과 산업 구조 변화는 지속적인 재교육과 역량 개발을 요구하고 있어, 직업 관련 학습은 선택이 아닌 필수가 되었다.

부모로서의 역할 또한 성인학습에 중요한 영향을 미친다. 자녀 교육에 대한 관심은 부모 자신의 학습 동기를 높이는 요인이 되기도 하지만, 자녀 돌봄으로 인한 시간 부족은 학습 참여의 장벽이 되기도 한다.

배우자로서의 역할은 학습에 대한 가족의 지지와 이해를 좌우하는 중요한 요소이다. 가족 구성원들의 학습에 대한 긍정적 태도는 학습 지속에 큰 도움이 되지만, 반대의 경우 학습 방해의 원인이 되기도 한다.

부모로서의 역할은 성인학습자에게 독특한 학습 경험을 제공한다. 자녀의 성장과 발달을 지켜보면서 부모들은 아동 발달, 교육심리학, 효과적인 의사소통 방법 등에 대해 학습하게 된다. 특히 자녀의 학습을 돕는 과정에서 부모 자신도 새로운 지식과 기술을 습득하게 되며, 이는 세대 간 상호 학습의 좋은 사례가 된다. 또한 자녀 교육비 마련을 위한 경제적 부담은 부모의 직업 관련 학습 동기를 더욱 강화시키기도 한다.

지역사회 구성원으로서의 역할은 사회적 책임감과 시민 의식을 바탕으로 한 학습 동기를 제공한다. 이러한 다양한 사회적 역할은 성인학습자에게 풍부한 학습 맥락을 제공하는 동시에 역할 갈등으로 인한 어려움을 주기도 한다. 지역사회 문제 해결, 환경 보호, 사회봉사 활동 등에 참여하면서 성인학습자들은 시민 교육, 사회 이슈에 대한 이해, 공동체 활동 기술 등을 학습하게 된다. 이러한 학습은 개인적 이익을 넘어서 사회적 가치 실현을 목적으로 하며, 학습의 의미와 보람을 더욱 크게 느끼게 한다.

현대사회에서는 디지털 시민으로서의 역할도 중요해지고 있다. 온라인 공간에서의 올바른 소통 방식, 디지털 리터러시, 사이버 보안, 정보의 진위 판별 등에 대한 학습이 필요하다. 특히 소셜미디어를 통한 정보 공유와 의견 표현이 일상화된 상황에서 책임감 있는 디지털 시민이 되기 위한 학습은 필수적이다.

성인학습자의 다양한 사회적 역할들은 서로 영향을 주고받으며 복합적인 학습 경험을 만들어 낸다. 직장에서 배운 리더십 기술이 가정에서의 부모 역할에 도움이 되고, 지역사회 활동에서 얻은 경험이 직업적 네트워킹에 기여하는 등 역할 간 시너지 효과가 나타난다. 따라서 성인교육에서는 이러한 역할 간 연계성을 고려한 통합적 접근이 필요하며, 학습자가 자신의 다양한 역할을 조화롭게 수행할 수 있도록 지원하는 교육 프로그램을 제공해야 한다.

2. 생물학적 특성

성인기의 신체발달은 그 발달이 최고조에 이르면서 점차 감퇴하는 시기로 신체변화가 매우 다양하게 일어난다. 특히 성인기는 신체적으로 가장 건강한 시기로서, 아동기나 청소년기에 비해 만성적 질병이 가장 적은 것으로 보고되고 있다(송병자, 2008; Turk et al., 1984). 신체적 변화는 성인기의 변화 중에서 가장 적게 보고되고 있는데, 그중에서도 '노화'에 초점을 맞추는 경향이 있다. 왜냐하면 노화가 성인들의 학습 가능성(capacity to learn)과 긴밀하게 연관되어 있다고 여겨지기 때문이다. 즉, 성인들은 시력 및 청력과 같은 신체기능의 노화와 더불어 학습하는 능력 또한 저하되는 것으로 인식되는 것이 일반적이다(권대봉, 1999).

1) 신체 외양의 변화

성인기 동안 신체적 외양의 변화는 점진적으로 나타나며, 이러한 변화는 개인의 자아상과 학습 참여에 영향을 미칠 수 있다. 20대와 30대 초반까지는 신체적 외양이 가장 좋은 상태를 유지하지만, 30대 중반 이후부터는 서서히 변화가 시작된다. 피부는 탄력성을 잃기 시작하고 주름이 생기며, 특히 눈가와 입가 주변에서 노화의 징후가 먼저 나타난다. 머리카락은 색소가 감소하여 백발이 나타나기 시작하고, 모발의 밀도도 점차 감소한다. 체형의 변화도 눈에 띄게 나타나는데, 기초대사율의 감소로 인해 체중이 증가하는 경향을 보이며, 특히 복부 지방이 축적되기 쉽다. 이러한 신체적 외양의 변화는 개인의 자신감과 자아 존중감에 영향을 미칠 수 있으며, 특히 외모에 대한 사회적 기대가 높은 현대사회에서는 성인학습자의 학습 참여 의욕에도 영향을 줄 수 있다. 그러나 이러한 변화는 자연스러운 노화 과정의 일부이며, 적절한 건강관리와 운동을 통해 그 속도를 늦출 수 있다는 인식이 중요하다.

2) 근골격계통

성인기의 근골격계통 변화는 신체적 활동 능력과 학습 환경에서의 집중력에 직접적인 영향을 미친다. 30세 이후부터 근육량은 해마다 약 1%씩 감소하기 시작하며, 이는 전반적인 근력 저하로 이어진다. 특히 하체 근육의 감소가 더 빠르게 진행되어 보행 능력과 균형 감각에 영향을 줄 수 있다. 골밀도 또한 30대 후반부터 점차 감소하기 시작하여, 특히 폐경 후 여성의 경우 골밀도 감소가 가속화된다. 관절의 연골은 탄력성을 잃고 관절액이 감소하여 관절 가동 범위가 줄어들고 관절염의 위험이 증가한다. 척추의 변화로 인해 키가 약간 줄어들고 자세 변화가 나타날 수 있으며, 이는 장시간 앉아서 학습할 때의 불편함으로 이어질 수 있다. 이러한 근골격계통의 변화는 성인학습자가 학습 환경에서 느끼는 신체적 피로감을 증가시킬 수 있으므로, 적절한 휴식과 스트레칭을 포함한 학습 환경 조성이 필요하다. 규칙적인 운동과 올바른 자세 유지는 이러한 변화를 늦추고 학습 효율성을 높이는 데 도움이 된다.

3) 심혈관계통

심혈관계통의 변화는 성인기 전반에 걸쳐 점진적으로 나타나며, 학습자의 인지 기능과 집중력에 간접적인 영향을 미친다. 심장 근육의 탄력성이 감소하고 심장 박출량이 줄어들어 전체적인 심장 기능이 저하된다. 혈관의 탄력성도 감소하여 혈압이 상승하는 경향을 보이며, 동맥경화의 위험이 증가한다. 혈액순환의 효율성이 떨어지면서 뇌로의 산소 공급이 원활하지 않을 수 있는데, 이는 집중력 저하나 기억력 감퇴로 이어질 수 있다. 특히 장시간 앉아서 학습할 때 혈액순환이 더욱 저하될 수 있으므로 주의가 필요하다. 콜레스테롤 수치의 변화와 혈당 조절 능력의 저하도 나타날 수 있어, 생활습관 관리의 중요성이 증가한다. 이러한 심혈관계통의 변화를 고려할 때, 성인학습 프로그램에서는 적절한 운동 시간을 포함하고, 스트레스 관리 방법을 교육하며, 건강한 생활습관을 촉진하는 내용을 포함하는 것이 도움이 된다. 정기적인 건강 검진을 통한 조기 발견과 관리도 중요하다.

4) 호흡계통

호흡계통의 변화는 성인기 동안 서서히 진행되며, 학습 환경에서의 산소 공급과 관련하여 중요한 의미를 가진다. 폐의 탄력성이 감소하고 흉곽의 유연성이 떨어지면서 폐활량이 점차 감소한다. 기관지의 섬모 운동이 약해져서 이물질 제거 능력이 저하되고, 감염에 대한 저항력이 감소한다. 폐포의 수가 줄어들고 가스 교환 효율성이 떨어지면서 혈중 산소 포화도가 약간 감소할 수 있다. 이러한 변화는 신체 활동 시 쉽게 숨이 차게 하며, 장시간 집중이 필요한 학습 상황에서 피로감을 더 빨리 느낄 수 있게 한다. 특히 밀폐된 공간에서의 학습이나 공기 질이 좋지 않은 환경에서는 호흡기 기능 저하의 영향이 더욱 두드러질 수 있다. 따라서 성인학습 환경에서는 충분한 환기와 적절한 공기 질 관리가 중요하며, 깊은 호흡이나 간단한 호흡 운동을 학습 중간에 포함시키는 것이 도움이 될 수 있다. 금연과 규칙적인 유산소 운동은 호흡계통 기능을 유지하고 개선하는 데 효과적이다.

5) 감각기관

감각기관의 변화는 성인학습자에게 가장 직접적인 영향을 미치는 생물학적 특성 중 하나이다. 시력의 경우 40세 전후부터 노안이 시작되어 가까운 거리의 글씨를 읽기 어려워진다. 야간 시력도 저하되고 눈부심에 대한 민감도가 증가하며, 색상 구별 능력도 점차 감소한다. 청력은 30대부터 서서히 감소하기 시작하여, 특히 고주파음에 대한 청력 손실이 먼저 나타난다. 배경 소음이 있는 환경에서 말소리를 구별하는 능력도 떨어진다. 촉각, 미각, 후각 등의 감각도 연령이 증가함에 따라 예민함이 감소한다. 이러한 감각기관의 변화는 학습 자료 인식과 정보 처리에 직접적인 영향을 미친다. 작은 글씨나 저조도 환경에서의 학습이 어려워지고, 강의나 토론에서 음성 인식에 어려움을 겪을 수 있다. 따라서 성인학습 환경에서는 적절한 조명과 글씨 크기, 명확한 음향 시설을 제공하는 것이 중요하다. 또한 다양한 감각을 활용한 멀티미디어 학습 자료를 사용하고, 개인의 감각 능력에 맞는 맞춤형 학습 환경을 조성하는 것이 학습 효과를 높이는 데 도움이 된다.

3. 인지적 특성

성인기의 인지발달은 그 발달이 최고조에 이르면서 점차 감퇴하는 시기로 인지변화가 매우 다양하게 일어난다. 특히 성인기가 인지적으로 가장 성숙한 시기로서, 아동기나 청소년기에 비해 복합적 사고능력이 가장 발달한 것으로 보고되고 있다. 성인기의 변화 중에서 가장 주목받고 있는데, 인지적인 측면에서는 '지능의 변화'에 초점을 맞추고 있다. 왜냐하면 지능의 변화가 성인들의 학습 가능성과 긴밀하게 연관되어 있다고 여겨지기 때문이다. 즉, 성인들은 기억력 및 처리속도와 같은 인지기능의 변화와 더불어 학습하는 능력 또한 변화하는 것으로 인식되는 것이 일반적이다. 그러나 성인들의 인지적 변화는 한 번에 갑자기 일어나는 것이 아니며 또 인지능력의 변화가 모든 영역에서 동일하게 나타나는 것은 아니라는 연구들이 누적되면서 성인들의 학습 가능성에 대한 긍정적인 전망이 이루어지고 있다.

1) 지능의 변화

성인기의 지능 변화는 복합적이고 다차원적인 특성을 보이며, 이는 성인 학습에 중요한 시사점을 제공한다. 전통적으로 지능은 연령이 증가함에 따라 감소한다고 여겨졌으나, 현대의 연구들은 지능이 단일한 능력이 아니라 여러 구성 요소로 이루어져 있음을 보여준다. 유동성 지능(fluid intelligence)은 새로운 정보를 빠르게 처리하고 문제를 해결하는 능력으로, 20대 후반부터 점진적으로 감소하는 경향을 보인다. 이는 처리 속도의 저하와 작업 기억 용량의 감소와 관련이 있다. 반면 결정성 지능(crystallized intelligence)은 축적된 지식과 경험을 바탕으로 한 능력으로, 성인기 동안 지속적으로 증가하거나 최소한 유지되는 특성을 보인다. 이는 어휘력, 일반 상식, 전문 지식 등이 포함되며, 성인학습자들이 가진 강점 중 하나이다. 실용적 지능(practical intelligence)은 일상생활의 문제를 해결하는 능력으로, 성인기에 오히려 향상되는 경향을 보인다. 이러한 지능의 다차원적 변화를 이해하는 것은 성인학습자의 인지적 강점을 활용하고 약점을 보완하는 교육 방법을 개발하는 데 중요하다.

2) 사고방식의 변화

성인기의 사고방식은 청소년기와는 질적으로 다른 특성을 보이며, 이는 학습 접근법과 내용 이해에 영향을 미친다. 성인기에는 청소년기의 형식적 조작 사고에서 벗어나 더욱 실용적이고 맥락적인 사고로 발전한다. 성인들은 이론적 지식보다는 실제 경험과 연결된 학습을 선호하며, 추상적 개념을 구체적 상황에 적용하는 능력이 뛰어나다. 변증법적 사고(dialectical thinking)가 발달하여 모순되는 것처럼 보이는 여러 관점을 통합하고 조화시키는 능력이 향상된다. 이는 복잡한 사회적 문제나 윤리적 딜레마를 다룰 때 특히 유용하다. 또한 메타인지 능력이 발달하여 자신의 사고 과정을 인식하고 조절하는 능력이 향상된다. 성인들은 자신의 학습 스타일과 선호도를 잘 알고 있으며, 효과적인 학습 전략을 선택하고 적용할 수 있다. 경험적 사고가 강화되어 과거의 경험을 바탕으로 새로운 상황을 이해하고 판단하는 능력이 발달한다. 이러한 사고방식의 변화는 성인학습에서 경험 중심 학습, 문제 해결 학습, 성찰적 학습 등의 방법이 효과적임을 시사한다.

3) 정보처리 능력의 변화

성인기의 정보처리 능력은 여러 측면에서 복합적인 변화를 보이며, 이는 학습 과정과 학습 효율성에 직접적인 영향을 미친다. 처리 속도(processing speed)는 30세 이후부터 점진적으로 감소하기 시작하여, 새로운 정보를 빠르게 처리하는 능력이 다소 저하된다. 이는 시간 제약이 있는 학습 상황에서 어려움을 느낄 수 있음을 의미한다. 작업 기억(working memory) 용량도 연령이 증가함에 따라 감소하는 경향을 보여, 동시에 여러 정보를 처리하고 조작하는 능력이 다소 제한될 수 있다. 반면 장기 기억(long-term memory) 중에서도 의미 기억(semantic memory)은 잘 유지되어, 기존에 학습한 내용과 새로운 정보를 연결하는 능력은 오히려 향상된다. 주의력(attention)의 경우 선택적 주의는 비교적 잘 유지되지만, 분할 주의나 지속적 주의는 다소 저하될 수 있다. 그러나 성인들은 효율적인 정보처리 전략을 개발하여 이러한 변화를 보상한다. 예를 들어, 중요한 정보에 집중하고 불필요한 정보를 걸러내는 능력이 향상되며, 기존 지식을 활용하여 새로운 정보를 더 효과적으로 처리한다. 이러한 특성을 고려할 때 성인학습에서는 충분한 시간 제공, 정보의 체계적 조직, 기존 지식과의 연결 등이 중요하다.

4) 지 혜

지혜는 성인기, 특히 중년기와 노년기에 발달하는 독특한 인지적 특성으로, 단순한 지식이나 지능을 넘어서는 고차원적 사고 능력이다. 지혜는 복잡하고 불확실한 삶의 문제들에 대해 균형 잡힌 판단을 내리고, 다양한 관점을 통합하여 최적의 해결책을 찾는 능력을 포함한다. 이는 풍부한 인생 경험, 깊이 있는 성찰, 그리고 다양한 상황에 대한 노출을 통해 발달된다. 지혜로운 사고는 인지적 요소와 정서적 요소를 모두 포함하여, 논리적 분석과 직관적 통찰을 조화롭게 결합한다. 성인학습자들은 이러한 지혜를 바탕으로 학습 내용을 더욱 깊이 있게 이해하고, 실제 삶의 맥락에서 적용할 수 있는 능력을 갖추고 있다. 또한 지혜는 불확실성과 모호함을 수용하는 능력을 포함하여, 완벽하지 않은 정보 상황에서도 적절한 판단을 내릴 수 있게 한다. 젊은 학습자들과 달리 성인학습자들은 절대적 진리보다는 상황에 따른 상대적 타당성을 인정하며, 이는 더욱 유연하고 실용적인 학습 접근법을 가능하게 한다. 지혜의 발달은 성인교육에서 단순한 지식 전달을 넘어서 성찰적 사고, 비판적 분석, 그리고 통합적 이해를 촉진하는 교육 방법의 중요성을 시사한다. 따라서 성인학습 프로그램에서는 학습자들의 경험과 지혜를 존중하고 활용하는 방향으로 설계되어야 한다.

4. 심리적 특성

성인기의 심리적 발달은 개인의 내면적 성장과 성숙을 나타내는 중요한 영역으로, 성인학습자의 학습 동기와 학습 과정에 깊은 영향을 미친다. 성인기는 심리적으로 안정성과 변화가 공존하는 시기로, 기본적인 성격 특성은 상당히 안정적이면서도 삶의 경험과 환경적 요인에 따라 지속적인 발달과 변화를 경험한다. 특히 성인기의 심리적 특성은 학습에 대한 태도, 동기, 그리고 학습 지속성에 직접적인 영향을 미치기 때문에 성인교육자들이 반드시 이해해야 할 영역이다. 성인학습자들은 청소년기와는 다른 심리적 과제와 도전에 직면하며, 이러한 과제들을 성공적으로 해결하는 과정에서 학습이 중요한 역할을 한다. 또한 성인기의 심리적 발달은 단순히 개인적 차원을 넘어서 가족, 직장, 지역사회 등 다양한 사회적 맥락과 상호작용하며 이루어진다.

1) 성격의 변화

성인기의 성격 변화는 전통적으로 안정적이라고 여겨졌던 관점에서 벗어나 지속적인 발달과 변화의 가능성을 보여주는 영역이다. 코스타와 맥크래(Costa & McCrae)의 5요인 성격 모델에 따르면, 성인기 동안 성격의 기본 구조는 상대적으로 안정적이지만 각 요인의 강도나 표현 방식에서는 변화가 관찰된다. 신경성(neuroticism)은 일반적으로 연령이 증가함에 따라 감소하는 경향을 보여, 성인들이 점차 정서적으로 안정되고 스트레스에 대한 대처 능력이 향상됨을 시사한다. 이는 성인학습자들이 학습 과정에서 발생하는 어려움이나 좌절에 대해 보다 침착하고 건설적으로 대응할 수 있음을 의미한다. 외향성(extraversion)은 젊은 성인기에는 높다가 중년기 이후 점차 감소하는 경향을 보이는데, 이는 내적 성찰과 깊이 있는 관계에 대한 선호가 증가함을 나타낸다. 성실성(conscientiousness)은 성인기 전반에 걸쳐 지속적으로 증가하여, 책임감과 자기통제 능력이 향상된다.

이러한 특성은 성인학습자들이 자기주도적 학습에 더 적합하며, 장기적인 학습 목표를 설정하고 지속적으로 추진할 수 있는 능력을 갖추고 있음을 보여준다. 친화성(agreeableness)도 나이가 들면서 증가하는 경향을 보여, 타인에 대한 이해와 협력적 태도가 발달한다. 경험에 대한 개방성(openness to experience)

은 개인차가 크지만, 일반적으로 젊은 성인기에 높다가 점차 감소하는 경향을 보인다. 그러나 이는 새로운 경험 자체를 거부하는 것이 아니라 더욱 선택적이고 의미 있는 경험을 추구하는 방향으로 변화함을 의미한다. 이러한 성격의 변화는 성인학습자들이 자신의 성격적 특성을 이해하고 그에 맞는 학습 방법을 찾아가는 과정에서 중요한 참고점이 된다.

2) 자아정체감의 발달

성인기의 자아정체감 발달은 평생에 걸쳐 지속되는 과정으로, 특히 성인학습과 밀접한 관련을 가진다. 에릭슨의 심리사회적 발달이론에 따르면, 성인기는 친밀감 대 고립감, 생산성 대 침체감, 통합성 대 절망감의 단계를 거치며 자아정체감을 발전시켜 나간다. 젊은 성인기의 친밀감 대 고립감 단계에서는 타인과의 깊은 관계 형성을 통해 자아정체감을 확립해 나간다. 이 시기의 성인학습자들은 학습을 통해 자신의 가치관과 목표를 명확히 하고, 의미 있는 인간관계를 형성하려는 욕구가 강하다. 따라서 협력 학습이나 토론, 멘토링 등의 학습 방법이 특히 효과적이다.

중년기의 생산성 대 침체감 단계에서는 다음 세대에게 무언가를 전달하고 사회에 기여하고자 하는 욕구가 강해진다. 이 시기의 성인학습자들은 단순히 개인적 성취를 위한 학습보다는 사회적 기여와 연결된 학습에 더 큰 의미를 부여한다. 전문성 개발, 리더십 역량 강화, 사회적 책임과 관련된 학습에 특히 관심이 높다.

노년기의 통합성 대 절망감 단계에서는 자신의 인생을 되돌아보고 의미를 찾으려는 욕구가 강해진다. 이 시기의 성인학습자들은 지혜와 경험을 나누고, 인생의 의미와 가치에 대한 깊이 있는 탐구를 추구한다.

마르시아(Marcia)의 정체감 지위 이론도 성인기에 적용될 수 있는데, 성인들은 생애 전반에 걸쳐 다양한 역할과 상황에서 정체감의 위기와 탐색을 경험하며 지속적으로 정체감을 재구성해 나간다. 직업적 정체감, 가족 내에서의 정체감, 사회적 정체감 등 다양한 차원에서의 정체감 발달이 이루어지며, 이 과정에서 학습은 새로운 정체감을 탐색하고 확립하는 중요한 수단이 된다.

3) 도덕성의 발달

성인기의 도덕성 발달은 콜버그(Kohlberg)의 도덕성 발달 이론을 넘어서 더욱 복합적이고 맥락적인 특성을 보인다. 전통적으로 도덕성 발달은 청소년기에 완성되는 것으로 여겨졌으나, 현대의 연구들은 성인기에도 지속적인 도덕적 성장과 발달이 이루어짐을 보여준다. 성인들의 도덕적 판단은 추상적 원칙보다는 구체적 상황과 관계를 고려하는 맥락적 특성을 강하게 보인다. 길리건(Gilligan)의 배려 윤리는 성인, 특히 여성의 도덕성 발달에서 관계와 책임을 중시하는 특성을 강조한다. 성인학습자들은 도덕적 딜레마에 직면했을 때 규칙이나 원칙의 적용보다는 관련된 사람들의 감정과 필요를 고려하여 판단하는 경향이 강하다. 이는 성인교육에서 윤리적 내용을 다룰 때 사례 중심의 접근법이 효과적임을 시사한다. 또한 성인기의 도덕성은 개인적 차원을 넘어서 사회적, 정치적 차원으로 확장되는 특성을 보인다.

종교적 또는 영성적 발달도 성인기 도덕성의 중요한 측면이다. 많은 성인들이 삶의 의미와 목적에 대한 탐구 과정에서 종교적 또는 영성적 성장을 경험하며, 이는 도덕적 가치관의 형성과 발전에 영향을 미친다. 파울러(Fowler)의 신앙 발달 이론에 따르면, 성인기는 개인적 신앙에서 보편적 신앙으로 발전하는 시기로, 더욱 포용적이고 통합적인 도덕관을 발달시켜 나간다. 이러한 도덕성의 발달은 성인학습에서 단순한 지식 습득을 넘어서 가치관의 탐구와 인격적 성장을 추구하는 경향으로 나타난다. 따라서 성인교육 프로그램에서는 학습자들의 도덕적 성찰과 가치관 정립을 지원하는 내용과 방법을 포함하는 것이 중요하다.

|그림 2-1| 성인학습자의 특성

참/고/문/헌

권대봉(1999). 성인학습지도방법의 이론과 실제. 학지사.

기영화(2010). 성인학습 및 상담. 학지사.

김신일(2015). 평생교육개론. 학지사.

김애련(2013). 평생학습역량과 삶의 질. 교육과학사.

김진화(2001). 성인교육 프로그램 개발론. 교육과학사.

박성희(2008). 성인발달과 노화. 시그마프레스.

송병자(2008). 발달심리학. 시그마프레스.

양병찬(2010). 평생학습사회와 성인교육. 학지사.

이희수(2014). 성인학습자의 평생학습역량 개발방안. 한국평생교육학회지.

정민승(2012). 성인학습자의 특성과 교육방법. 한국교육개발원.

차갑부(2009). 성인학습 이론의 재조명. 양서원.

최은수(2011). 성인학습자의 학습동기와 참여지속성. 교육과학사.

한숭희(2009). 학습사회의 평생교육학. 학지사.

Baltes, P. B., & Smith, J.(2008). The fascination of wisdom : Its nature, ontogeny, and function. *Perspectives on Psychological Science, 3*(1), 56-64.

Birren, J. E., & Schaie, K. W.(Eds.)(2006). *Handbook of the psychology of aging*(6th ed.). Academic Press.

Brookfield, S. D.(1986). *Understanding and facilitating adult learning.* Jossey-Bass.

Costa, P. T., & McCrae, R. R.(1992). Four ways five factors are basic. *Personality and Individual Differences, 13*(6), 653-665.

Cross, K. P.(1981). *Adults as learners.* Jossey-Bass.

Erikson, E. H.(1963). *Childhood and society*(2nd ed.). Norton.

Fowler, J. W.(1981). *Stages of faith : The psychology of human development and the quest for meaning.* Harper & Row.

Gilligan, C.(1982). *In a different voice : Psychological theory and women's development.* Harvard University Press.

Havighurst, R. J.(1972). *Developmental tasks and education*(3rd ed.). David McKay.

Horn, J. L., & Cattell, R. B.(1967). Age differences in fluid and crystallized intelligence. *Acta Psychologica, 26*, 107-129.

Knowles, M. S.(1980). *The modern practice of adult education : From pedagogy to andragogy.* Cambridge Books.

Kohlberg, L.(1984). *The psychology of moral development : The nature and validity of moral stages.* Harper & Row.

Marcia, J. E.(1966). Development and validation of ego-identity status. *Journal of Personality and Social Psychology, 3*(5), 551-558.

Mezirow, J.(1991). *Transformative dimensions of adult learning*. Jossey-Bass.

Roberts, B. W., & Mroczek, D.(2008). Personality trait change in adulthood. *Current Directions in Psychological Science, 17*(1), 31-35.

Schaie, K. W.(1996). *Intellectual development in adulthood.* Cambridge University Press.

Sternberg, R. J.(1985). *Beyond IQ : A triarchic theory of human intelligence.* Cambridge University Press.

Turk, D. C., Rudy, T. E., & Salovey, P.(1984). Health protection : Attitudes and behaviors of LPNs, teachers, and college students. *Health Psychology, 3*(3), 189-210.

UNESCO(1996). *Learning : The treasure within. Report to UNESCO of the International Commission on Education for the Twenty-first Century.* UNESCO Publishing.

________(2010). Global report on adult learning and education. UNESCO Institute for Lifelong Learning.

World Economic Forum(2020). The future of jobs report 2020. World Economic Forum.

CHAPTER 03

성인기 발달이론

1. 초기 성인기의 발달
2. 중년기의 발달
3. 노년기의 발달

03
CHAPTER

성인기 발달이론

개 요

성인기는 단일한 발달단계가 아닌 초기 성인기, 중년기, 노년기로 구분되는 각기 다른 발달과업과 특성을 지닌 연속적 과정이다. 이 장에서는 생애발달 관점에서 성인기 각 단계의 발달 특성과 과업을 체계적으로 탐구한다. 초기 성인기에서는 독립적 생활 기반 구축, 친밀한 관계 형성, 직업 정체성 확립 등의 발달과업과 이에 따른 학습 요구를 분석한다. 중년기에서는 생산성과 창조성 발휘, 세대전승의 역할, 인생의 재평가 등의 특성과 관련된 학습 동기를 살펴본다. 노년기에서는 통합성 성취, 지혜의 발달, 성공적 노화를 위한 적응 과정을 다룬다. 각 발달단계별 특성에 대한 이해는 연령에 적합한 성인교육 프로그램 개발과 개별화된 학습 지원의 이론적 토대를 제공하며, 성인학습자의 전 생애 발달을 촉진하는 교육적 접근의 방향을 제시한다.

학습목표

1. 초기 성인기, 중년기, 노년기의 발달적 특성과 과업을 설명할 수 있다.
2. 각 성인기 발달단계별 학습 특성을 이해할 수 있다.
3. 성인기 발달이론을 바탕으로 연령별 맞춤형 학습 및 상담 전략을 수립할 수 있다.

핵심어

발달과업, 생애주기, 친밀감 대 고립감, 생산성 대 침체감, 통합성 대 절망감

1. 초기 성인기의 발달

1) 초기 성인기의 발달과업과 위기

초기 성인기는 일반적으로 18세에서 40세까지의 시기로 정의되며, 청소년기에서 중년기로 이행하는 중요한 전환기이다. 이 시기는 독립적인 성인으로서의 정체성을 확립하고 사회적 역할을 본격적으로 수행하기 시작하는 시기로, 인생의 기초를 다지는 매우 중요한 발달단계이다. 에릭슨의 심리사회적 발달이론에 따르면, 초기 성인기의 핵심 발달과업은 '친밀감 대 고립감'의 위기를 해결하는 것이다.

친밀감(intimacy)은 다른 사람과 깊고 의미 있는 관계를 형성하고 유지하는 능력을 의미하며, 이는 연인 관계뿐만 아니라 친구, 동료, 가족과의 관계에서도 나타난다. 성공적으로 친밀감을 발달시킨 개인은 사랑이라는 미덕을 획득하게 되며, 타인과의 상호 의존적이고 헌신적인 관계를 통해 정서적 만족과 안정감을 얻는다. 반면 친밀감 형성에 실패하면 고립감에 빠지게 되며, 이는 외로움, 소외감, 그리고 표면적이고 일시적인 관계에만 머무르는 결과를 가져온다.

해비거스트는 초기 성인기의 발달과업을 더욱 구체적으로 제시했는데, 배우자 선택과 결혼생활 적응, 자녀 양육, 가정 관리, 직업 시작과 발전, 시민적 책임 수행, 사회집단 형성 등을 포함한다. 이러한 과업들은 서로 밀접하게 연관되어 있으며, 한 영역에서의 성공이나 실패가 다른 영역에도 영향을 미치는 특성을 보인다.

초기 성인기는 또한 '성인됨(emerging adulthood)'이라는 독특한 발달단계를 포함한다. 아넷(Arnett)이 제시한 이 개념은 18세에서 25세경까지의 시기로, 청소년도 성인도 아닌 중간적 위치에서 자아 정체성을 탐색하고 다양한 가능성을 시도해 보는 시기이다. 이 시기의 특징은 정체성 탐색, 불안정성, 자기 중심성, 중간감, 그리고 가능성의 시대라는 다섯 가지로 요약될 수 있다. 현대사회에서는 교육 기간의 연장, 결혼 연령의 상승, 경제적 독립의 지연 등으로 인해 이 시기가 더욱 중요해지고 있다. 많은 초기 성인들이 진로 선택, 연인 관계, 가치관 정립 등에서 지속적인 탐색과 변화를 경험하며, 이는 때로는 혼란과 불안을 가져다주기도 한다. 하지만 이러한 탐색 과정은 자아 정체성을 확립하고 성숙한 성인으로 발달하기 위해 필요한 과정이기도 하다.

초기 성인기의 발달과업 수행은 개인의 미래 발달뿐만 아니라 사회 전체의 건전성에도 중요한 영향을 미친다. 이 시기에 형성된 인간관계, 가치관, 생활 습관 등은 이후 생애에 지속적인 영향을 미치기 때문에, 적절한 지원과 교육이 매우 중요하다.

2) 초기 성인기의 인지적 변화와 학습 특성

초기 성인기는 인지적 능력이 절정에 달하는 시기로 여겨진다. 이 시기에는 처리 속도, 작업 기억, 추론 능력 등 대부분의 인지 기능이 최고 수준에 이르며, 새로운 정보를 빠르게 학습하고 처리하는 능력이 뛰어나다. 하지만 초기 성인기의 인지발달은 단순히 양적 증가에 그치지 않고, 질적인 변화도 함께 일어난다.

피아제 이후의 연구자들은 형식적 조작기를 넘어선 '후형식적 사고(postformal thinking)'가 초기 성인기에 발달한다고 보았다. 후형식적 사고는 절대적이고 확실한 답을 추구하는 것에서 벗어나, 상황에 따른 상대적이고 변증법적인 사고를 특징으로 한다. 이는 복잡하고 모호한 현실 상황에서 효과적으로 문제를 해결할 수 있는 실용적 지능의 발달을 의미한다.

창의적 사고도 이 시기에 활발하게 발달하는데, 다양한 경험과 지식의 축적, 그리고 기존 관념에서 벗어나려는 의지가 결합되어 혁신적인 아이디어와 해결책을 생성할 수 있는 능력이 발달한다. 전문성 발달도 초기 성인기 인지발달의 중요한 특징이다. 특정 영역에서의 지속적인 학습과 경험을 통해 전문 지식과 기술이 축적되기 시작하며, 이는 해당 분야에서의 높은 수행 능력으로 이어진다.

초기 성인기의 학습 특성은 이러한 인지적 능력의 절정기와 밀접한 관련이 있다. 이 시기 학습자들은 빠른 학습 속도와 높은 학습 능력을 보이며, 새로운 정보를 효과적으로 처리하고 기존 지식과 통합시킬 수 있다. 추상적이고 복잡한 개념도 잘 이해할 수 있으며, 논리적 추론과 비판적 사고를 통해 깊이 있는 학습이 가능하다. 하지만 초기 성인기 학습자들의 가장 큰 특징은 목적 지향적이고 실용적인 학습 동기를 보인다는 것이다.

학습 내용이 자신의 목표나 진로에 어떻게 도움이 될지를 중요하게 고려하며, 즉시 적용 가능한 지식과 기술에 더 높은 관심을 보인다. 동료 학습과 협력 학습을 선호하는 경향도 강한데, 이는 사회적 관계 형성에 대한 욕구와 함께 나타나는 특성이다. 하지만 때로는 완벽주의적 성향이나 과도한 성취 압박으로 인해 학습 스트레스를 경험하기도 한다. 이러한 특성들을 고려할 때, 초기 성인기 학습자를 위한 교육은 명확한 목표 설정, 실용적 내용 제공, 자기주도적 학습 지원, 협력 학습 기회 제공 등의 요소들을 포함해야 한다.

3) 초기 성인기의 사회적 역할 변화와 적응

초기 성인기는 사회적 역할이 급격하게 확장되고 복잡해지는 시기이다. 청소년기까지는 주로 학생이라는 단일한 역할에 집중했다면, 초기 성인기에는 직업인, 배우자, 부모, 시민 등 다양한 역할을 동시에 수행해야 한다. 이러한 다중 역할의 수행은 개인에게 성장의 기회를 제공하는 동시에 큰 도전이기도 하다. 직업 역할의 확립은 초기 성인기의 가장 중요한 과업 중 하나이다. 이 시기에 개인은 자신의 적성과 관심사를 바탕으로 진로를 선택하고, 해당 분야에서 전문성을 개발하기 시작한다.

직업은 단순히 경제적 수입을 제공하는 것을 넘어서, 개인의 정체성과 자아 가치감, 사회적 지위를 결정하는 중요한 요소가 된다. 하지만 현대사회에서는 취업의 어려움, 불안정한 고용 환경, 빠른 기술 변화 등으로 인해 많은 초기 성인들이 진로 선택과 직업 적응에서 어려움을 겪고 있다.

연인 관계와 결혼은 초기 성인기의 또 다른 중요한 사회적 역할이다. 이 시기에 많은 사람들이 생애 파트너를 만나고 결혼을 통해 새로운 가족을 형성한다. 결혼은 개인에게 정서적 안정과 사회적 지지를 제공하지만, 동시에 상호 간의 조정과 타협, 책임감 등을 요구한다. 부모 역할도 이 시기에 시작되는 경우가 많으며, 이는 개인의 삶에 근본적인 변화를 가져온다. 자녀 양육은 새로운 기쁨과 의미를 제공하지만, 동시에 경제적 부담과 시간적 제약, 육체적 피로 등을 수반한다.

초기 성인기의 사회적 역할 수행에서 가장 큰 도전은 일과 가정의 균형을 맞추는 것이다. 특히 맞벌이 부부가 증가하면서 이러한 균형의 중요성이 더욱 커지고 있다. 많은 초기 성인들이 직업적 성취와 가족에 대한 책임 사이에서 갈등을 경험하며, 이는 스트레스와 소진으로 이어질 수 있다. 하지만 동시에 다양한 역할의 수행은 개인의 성장과 발달에 긍정적 영향을 미치기도 한다. 서로 다른 역할에서의 경험이 개인의 능력과 관점을 확장시키고, 더욱 성숙하고 균형 잡힌 인격 발달을 촉진할 수 있다.

사회적 네트워크도 이 시기에 크게 변화한다. 학창 시절의 친구들과는 거리가 멀어지기도 하지만, 직장 동료, 이웃, 자녀를 통한 관계 등 새로운 사회적 연결이 형성된다. 이러한 네트워크는 정보 교환, 정서적 지지, 실질적 도움 등을 제공하는 중요한 자원이 된다. 지역사회 참여도 이 시기에 시작되는 경우가 많으며, 이는 시민으로서의 책임감과 사회적 기여 의식을 발달시킨다. 성공적인 사회적 역할 적응을 위해서는 시간 관리 기술, 의사소통 능력, 갈등 해결 능력, 스트레스 관리 등의 기술 발달이 중요하다.

4) 초기 성인기의 신체적 변화와 건강 관리

초기 성인기는 신체적 능력이 절정에 달하는 시기로, 근력, 지구력, 반응 속도, 감각 기능 등 대부분의 신체 기능이 최고 수준에 이른다. 이 시기의 신체는 질병에 대한 저항력이 강하고 회복력이 빠르며, 높은 신체적 활동 능력을 보인다. 하지만 동시에 이 시기는 건강한 생활 습관을 확립하는 중요한 시기이기도 하다. 20대 후반부터는 기초 대사율이 서서히 감소하기 시작하며, 30대에 들어서면서 근육량과 골밀도도 점진적으로 감소하기 시작한다. 이러한 변화는 초기에는 미미하지만, 생활 습관에 따라 그 진행 속도가 크게 달라질 수 있다. 영양 관리에서는 과도한 칼로리 섭취보다는 질적으로 우수한 영양소 섭취에 집중해야 하며, 특히 칼슘, 철분, 엽산 등의 충분한 섭취가 중요하다. 흡연과 과도한 음주는 이 시기부터 건강에 누적적인 악영향을 미치기 시작하므로 주의가 필요하다. 여성의 경우 임신과 출산이라는 특별한 신체적 경험을 하게 되며, 이를 위한 적절한 준비와 관리가 필요하다. 임신 전 건강 상태 점검, 임신 중 정기 검진과 영양 관리, 출산 후 회복 관리 등이 중요하다.

현대사회에서 초기 성인들이 직면하는 주요 건강 문제 중 하나는 스트레스 관련 질환이다. 취업 경쟁, 경제적 압박, 인간관계의 복잡성, 미래에 대한 불안 등으로 인해 많은 초기 성인들이 높은 수준의 스트레스를 경험한다. 이는 불안장애, 우울증, 수면장애, 소화기 질환 등으로 이어질 수 있다. 따라서 효과적인 스트레스 관리 방법을 습득하는 것이 중요하다. 명상, 요가, 규칙적인 운동, 취미 활동 등이 스트레스 해소에 도움이 된다.

또한 적절한 사회적 지지를 받고, 필요시 전문적 도움을 요청하는 것도 중요하다. 생활 습관병의 예방도 이 시기부터 관심을 가져야 할 문제이다. 불규칙한 식사, 패스트푸드 위주의 식습관, 운동 부족, 수면 부족 등이 지속되면 비만, 당뇨병, 고혈압 등의 위험이 증가한다. 따라서 규칙적인 생활 리듬 유지와 건강한 생활 습관 형성이 중요하다. 정기적인 건강 검진을 통해 자신의 건강 상태를 점검하고, 문제가 발견되면 조기에 대처하는 것도 필요하다. 특히 가족력이 있는 질환에 대해서는 더욱 주의 깊은 관리가 필요하다.

5) 초기 성인기의 학습 동기와 평생교육

초기 성인기의 학습 동기는 매우 실용적이고 목표 지향적인 특성을 보인다. 이 시기 학습자들의 가장 큰 동기는 취업과 직업적 성공이다. 급변하는 산업 구조와 기술 발전으로 인해 새로운 지식과 기술의 습득이 필수적이 되었으며, 이는 지속적인 학습에 대한 강한 동기로 작용한다. 대학 졸업 후에도 자격증 취득, 어학 능력 향상, 전문 기술 습득 등을 위한 학습에 적극적으로 참여한다. 또한 진로 변경이나 전직을 위한 재교육에도 높은 관심을 보인다. 경제적 동기도 중요한 요인이다. 더 나은 직장, 더 높은 연봉을 위해서는 지속적인 역량 개발이 필요하다는 인식이 강하며, 이는 자기계발에 대한 투자로 이어진다. 사회적 인정과 성취에 대한 욕구도 학습 동기로 작용한다. 동료들과의 경쟁에서 뒤처지지 않기 위해, 또는 사회적으로 인정받는 전문가가 되기 위해 학습에 참여한다.

초기 성인기 평생교육은 이러한 다양하고 복합적인 학습 동기를 반영하여 설계되어야 한다. 무엇보다도 실무 중심의 실용적 교육이 중요하다. 이론보다는 실제 현장에서 적용할 수 있는 지식과 기술을 제공하고, 즉시 활용 가능한 내용을 중심으로 구성해야 한다. 또한 빠르게 변화하는 사회에 대응할 수 있도록 최신 동향과 기술을 반영한 교육 내용을 제공해야 한다.

유연한 학습 방식의 제공도 중요하다. 직장과 가정을 책임지고 있는 초기 성인들을 위해 시간과 장소의 제약을 최소화한 학습 기회를 제공해야 한다. 온라인 학습, 야간 과정, 주말 과정, 집중 워크숍 등 다양한 형태의 학습 옵션을 제공하는 것이 효과적이다. 개별화된 학습 경로의 제공도 필요하다. 학습자의 배경, 목표, 관심사에 따라 맞춤형 교육 과정을 설계하고, 개인의 학습 속도와 스타일에 맞는 지원을 제공해야 한다.

네트워킹과 멘토링 기회의 제공도 중요하다. 동료 학습자들과의 네트워킹을 통해 정보를 교환하고, 경험이 풍부한 선배들로부터 멘토링을 받을 수 있는 기회를 제공하는 것이 학습 효과를 높일 수 있다. 또한 학습과 실무를 연결하는 프로젝트 기반 학습, 인턴십, 현장 실습 등의 기회를 제공하여 학습한 내용을 실제로 적용해 볼 수 있도록 하는 것이 효과적이다. 평생학습 습관의 형성도 중요한 목표이다. 단순히 특정 지식이나 기술을 전수하는 것을 넘어서, 지속적으로 학습하는 습관과 능력을 기를 수 있도록 지원해야 한다.

2. 중년기의 발달

1) 중년기의 발달과업과 위기

중년기는 일반적으로 40세에서 65세까지의 시기로 규정되며, 이 시기는 인생의 전환점이자 재평가의 시기로 여겨진다. 에릭슨의 심리사회적 발달이론에 따르면, 중년기의 핵심 과업은 '생산성 대 침체감'의 위기를 해결하는 것이다. 생산성(generativity)은 다음 세대를 돌보고 지도하며, 사회에 의미 있는 기여를 하려는 욕구를 의미한다. 이는 단순히 자녀를 낳고 기르는 것을 넘어서, 후배들을 멘토링하고, 사회적 유산을 남기며, 문화와 가치를 전수하는 등의 광범위한 활동을 포함한다. 중년기에 이러한 생산성을 발휘하지 못하면 자기 자신에게만 몰두하는 침체 상태에 빠질 위험이 있다.

융(Jung)은 중년기를 '인생의 정오'라고 표현하면서, 이 시기에 개인의 심리적 에너지가 외부 세계에서 내면 세계로 전환되며, 물질적 성공보다는 정신적 가치와 자기실현을 추구하게 된다고 보았다. 또한 이 시기에는 그림자(shadow) 통합의 과제가 중요해지는데, 이는 지금까지 억압되었던 자신의 일부를 인정하고 받아들이는 개성화(individuation) 과정의 일부이다.

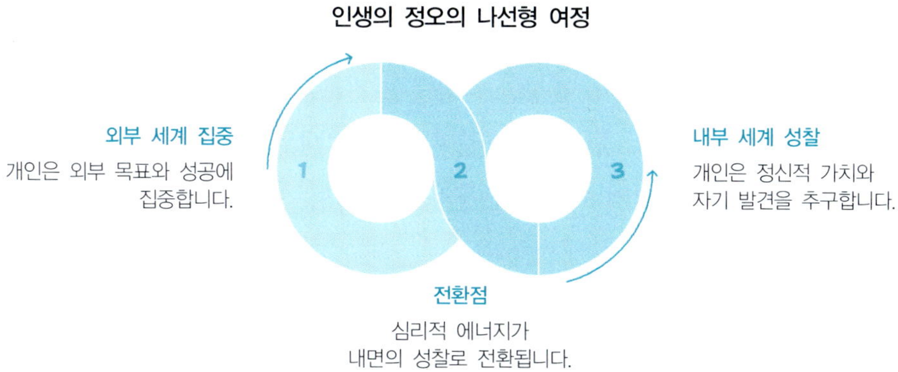

|그림 3-1| 융(Jung)의 인생의 정오

해비거스트에 의해 더욱 구체적으로 제시된 중년기의 발달과업은 시민적 사회적 책임 달성, 청소년 자녀들을 책임감 있고 행복한 성인으로 양육하기, 부모로서의 역할 발전, 경제적 생활수준 달성 및 유지, 중년기 여가활동 개발, 중년기 신체변화에 적응하기, 배우자와의 관계 적응하기 등을 포함한다.

중년기는 또한 '중년의 위기(midlife crisis)'로 불리는 심리적 혼란을 경험할 수 있는 시기이기도 하다. 레빈슨(Levinson)의 연구에 따르면, 40세 전후에 많은 사람들이 자신의 삶을 재평가하면서 깊은 회의와 불안을 경험한다. 이는 젊음의 상실, 신체적 노화의 시작, 부모의 노화와 죽음, 자녀의 독립, 직업적 성장의 한계 등 다양한 요인들이 복합적으로 작용한 결과이다.

중년의 위기는 개인의 꿈과 현실 사이의 격차를 인식하면서 시작되는 경우가 많다. 젊은 시절에 품었던 이상과 현재의 상황을 비교하면서 실망감이나 좌절감을 경험하게 된다. 또한 시간의 유한성에 대한 인식이 높아지면서 '아직 이루지 못한 것들'에 대한 조급함과 '이미 지나가버린 기회들'에 대한 아쉬움이 동시에 나타난다.

하지만 최근의 연구들은 모든 사람이 중년의 위기를 경험하는 것은 아니며, 오히려 많은 사람들이 중년기를 안정적이고 만족스러운 시기로 보낸다는 것을 보여준다. 중년의 위기를 경험하는 사람들의 경우, 이는 오히려 새로운 성장과 변화의 기회가 될 수 있다. 기존의 삶의 방식을 재검토하고, 새로운 목표와 가치를 설정하며, 진정한 자아를 발견하는 계기가 되기 때문이다. 이러한 관점에서 볼 때, 중년기의 학습은 단순히 새로운 지식이나 기술을 습득하는 것을 넘어서, 자기 이해와 인생의 의미를 탐구하는 보다 깊이 있는 과정이 될 수 있다.

2) 중년기의 인지적 변화와 학습 특성

중년기의 인지적 변화는 복합적이고 개인차가 큰 양상을 보인다. 전통적인 관점에서는 중년기부터 인지능력이 전반적으로 감소하기 시작한다고 보았지만, 현대의 연구들은 이러한 견해가 지나치게 단순하다는 것을 보여준다. 실제로 중년기의 인지적 변화는 능력별로 다른 패턴을 보인다. 처리 속도나 작업 기억과 같은 유동 지능은 감소하기 시작하지만, 어휘력이나 일반 지식과 같은 결정화 지능은 계속 증가하거나 안정적으로 유지된다. 또한 실용적 지능이나 지혜(wisdom)와 관련된 능력들은 오히려 중년기에 더욱 발달한다. 지혜는 복잡하고 불확실한 상황에서 균형 잡힌 판단을 내리는 능력으로, 인지적 요소뿐만 아니라 정서적, 사회적 요소들이 통합된 고차원적 능력이다. 중년기의 풍부한 경험과 성숙한 정서 조절 능력은 이러한 지혜의 발달에 기여한다. 또한 중년기에는 전문성이 절정에 달하는 경우가 많다. 20~30년간의 경험과 학습을 통해 축적된 영역별 전문 지식은 중년기에 가장 높은 수준에 이르며, 이는 학습에서도 큰 장점이 된다. 새로운 정보를 기존의 풍부한 지식 구조와 연결시켜 더 깊이 있게 이해할 수 있고, 복잡한 문제를 직관적으로 해결할 수 있는 능력도 발달한다.

중년기의 학습 특성은 이러한 인지적 변화와 밀접한 관련이 있다. 중년 학습자들은 처리 속도가 다소 느려질 수 있지만, 대신 더 신중하고 성찰적인 접근을 보인다. 새로운 정보를 단순히 암기하기보다는 기존 지식과 연결시켜 의미를 구성하려고 하며, 학습 내용의 실용성과 적용 가능성을 중시한다. 또한 추상적이고 이론적인 내용보다는 구체적이고 맥락적인 내용을 선호하며, 자신의 경험과 연결지을 수 있는 학습에 더 높은 동기를 보인다.

메타인지 능력은 이 시기에 매우 발달되어 있어 자신의 학습 과정을 효과적으로 관리하고 조절할 수 있다. 하지만 새로운 기술이나 방법에 대한 학습에서는 젊은 세대보다 어려움을 겪을 수 있으며, 특히 정보통신기술과 관련된 학습에서는 디지털 격차를 경험하기도 한다.

이러한 특성들을 고려할 때, 중년기 학습자를 위한 교육 프로그램은 충분한 시간과 반복 학습의 기회를 제공하고, 학습자의 경험과 전문성을 활용할 수 있는 방향으로 설계되어야 한다. 또한 중년기 학습자들은 학습의 목적과 의미를 명확하게 이해하고자 하므로, 학습 목표와 기대 성과를 분명히 제시하고, 학습 과정에서 지속적인 피드백을 제공하는 것이 중요하다.

3) 중년기의 사회적 역할 변화와 적응

중년기는 사회적 역할에서 중대한 변화를 경험하는 시기이다. 직장에서는 중간관리자나 고위직에 오르면서 더 큰 책임과 권한을 갖게 되고, 가정에서는 자녀들이 성장하고 독립하면서 부모 역할이 변화한다. 동시에 노령의 부모를 돌봐야 하는 세대이기도 하다. 이러한 다중적 역할과 책임은 중년기 성인들에게 높은 스트레스를 주기도 하지만, 동시에 풍부한 학습 기회와 동기를 제공하기도 한다.

직장에서의 리더십 역할은 부하 직원들을 지도하고 조직을 관리하는 새로운 기술들을 학습할 필요성을 만들어 낸다. 또한 빠르게 변화하는 비즈니스 환경에 적응하기 위해 새로운 지식과 기술을 지속적으로 습득해야 한다. 가정에서의 역할 변화도 새로운 학습 욕구를 만들어 낸다.

자녀들이 독립한 후 경험하는 빈 둥지 증후군(empty nest syndrome)은 새로운 취미나 관심사를 개발할 동기를 제공하며, 배우자와의 관계를 재정립하기 위한 학습 필요성도 생긴다. 또한 부모 돌봄의 역할은 건강 관리, 의료 지식, 사회복지 제도 등에 대한 새로운 학습을 요구한다. 이러한 역할 변화는 중년기 성인들에게 다층적이고 복합적인 학습 요구를 만들어 내며, 이는 평생학습의 중요성을 더욱 부각시킨다.

중년기의 학습 동기는 초기 성인기와는 다른 특성을 보인다. 외적 보상보다는 내적 만족과 자아실현에 대한 욕구가 더 강해지며, 사회적 기여와 의미 있는 활동에 대한 관심이 증가한다. 많은 중년기 성인들이 자원봉사, 시민단체 활동, 멘토링 등을 통해 사회에 기여하고자 하며, 이를 위한 학습에 적극적으로 참여한다. 또한 자녀 교육에서 해방된 후 자신만의 시간과 에너지를 투자할 수 있게 되면서, 평생의 꿈이었던 학습에 도전하는 경우도 많다. 예를 들어, 젊은 시절 경제적 이유로 포기했던 예술 활동이나 학문적 탐구에 다시 도전하거나, 새로운 직업이나 사업을 위한 준비 학습에 참여하는 것이다. 이러한 학습은 단순한 기술 습득을 넘어서 자아실현과 개인적 성장의 의미를 가진다.

4) 중년기의 경력 전환과 평생학습

현대사회에서 중년기는 경력 전환의 시기로서의 의미가 더욱 커지고 있다. 과거와 달리 평균 수명이 연장되고 정년이 늘어나면서, 한 가지 직업으로 평생을 보내는 것이 어려워졌다. 또한 기술 발전과 산업 구조의 변화로 인해 기존 직업이 사라지거나 크게 변화하는 경우가 많아, 중년기에 새로운 분야로의 전환을 모색하는 사람들이 증가하고 있다. 이러한 경력 전환은 자발적인 경우와 비자발적인 경우로 나눌 수 있다. 자발적 전환은 개인의 가치관 변화, 새로운 도전 욕구, 일과 삶의 균형 추구 등에 의해 이루어지며, 비자발적 전환은 구조조정, 산업 쇠퇴, 건강 문제 등에 의해 강요되는 경우이다.

어떤 경우든 성공적인 경력 전환을 위해서는 새로운 지식과 기술의 습득이 필수적이다. 중년기의 경력 전환 학습은 몇 가지 특징을 보인다. 첫째, 기존의 경험과 전문성을 최대한 활용하면서 새로운 영역으로 확장하는 방향을 선호한다. 예를 들어, 기술직에서 관리직으로, 대기업에서 중소기업이나 창업으로, 또는 영리 부문에서 비영리 부문으로의 전환 등이다. 둘째, 단계적이고 점진적인 전환을 선호한다. 갑작스러운 변화보다는 부분적으로 새로운 분야를 경험해 보면서 점진적으로 전환하는 방식을 택하는 경우가 많다.

중년기의 평생학습은 단순한 기술 습득을 넘어서 삶의 재설계와 의미 탐구의 과정이다. 이 시기의 학습자들은 자신의 가치관과 목표를 재평가하면서, 진정으로 의미 있는 일이 무엇인지를 탐구한다. 따라서 중년기의 평생학습 프로그램은 직업적 기술뿐만 아니라 자기 이해, 인생 설계, 의미 탐구 등의 내용을 포함해야 한다. 또한 중년기 학습자들은 시간과 자원의 제약이 있으므로, 효율적이고 집중적인 학습 방식을 선호한다. 온라인 학습, 집중 워크숍, 멘토링 프로그램 등 다양한 형태의 학습 기회를 제공하는 것이 효과적이다.

특히 동년배나 유사한 경험을 가진 사람들과의 학습 공동체 형성은 중년기 학습자들에게 매우 중요하다. 서로의 경험을 공유하고 지지하면서 함께 성장할 수 있는 환경을 제공하는 것이 중년기 평생학습의 성공 요인이다. 또한 중년기에는 가족의 지지와 이해가 매우 중요하다. 배우자와 자녀들이 학습을 지지하고 격려할 때 학습의 지속성과 효과성이 크게 향상된다. 따라서 중년기 평생학습 프로그램은 가족을 포함한 지지 체계 구축에도 관심을 가져야 한다.

5) 중년기의 신체적 변화와 학습 적응

중년기는 신체적 변화가 본격적으로 시작되는 시기이다. 시력과 청력의 감소, 반응 속도의 저하, 기억력과 집중력의 변화 등이 나타나기 시작한다. 이러한 신체적 변화는 학습에 직접적인 영향을 미칠 수 있으므로, 중년기 학습자를 위한 교육 환경과 방법에서 이를 고려해야 한다. 시력 변화에 대응하기 위해서는 충분한 조명, 큰 글씨, 명확한 대비 등을 제공해야 하며, 청력 변화에 대응하기 위해서는 명확한 발음, 적절한 음향 시설, 시각적 보조 자료 등이 필요하다. 또한 집중력 지속 시간이 짧아질 수 있으므로, 학습 세션을 적절히 나누고 휴식 시간을 제공하는 것이 중요하다. 하지만 이러한 신체적 변화가 반드시 학습 능력의 저하를 의미하는 것은 아니다. 오히려 적절한 환경과 방법이 제공된다면 중년기 학습자들은 젊은 학습자들 못지않은 학습 성과를 보일 수 있다. 중년기의 신체적 변화에 적응하기 위한 학습 전략으로는 멀티모달 학습이 효과적이다. 시각, 청각, 촉각 등 다양한 감각을 활용한 학습 방법을 제공하면 한 가지 감각의 기능 저하를 다른 감각으로 보완할 수 있다. 또한 충분한 연습과 반복의 기회를 제공하고, 학습 속도를 개인에 맞게 조절할 수 있도록 하는 것이 중요하다.

중년기의 신체적 변화는 또한 새로운 학습 동기를 만들어 내기도 한다. 건강에 대한 관심이 높아지면서 건강 관리, 운동, 영양, 스트레스 관리 등에 대한 학습 욕구가 증가한다. 또한 노화 과정을 이해하고 건강한 노년을 준비하기 위한 학습에도 관심을 보인다. 이러한 건강 관련 학습은 단순한 정보 습득을 넘어서 실제 생활 습관의 변화와 연결되어야 하므로, 행동 변화 이론을 적용한 학습 프로그램이 효과적이다.

또한 중년기에는 배우자나 부모의 건강 문제로 인해 돌봄 역할을 수행하게 되는 경우가 많아, 간병이나 돌봄 기술에 대한 학습 필요성도 생긴다. 이러한 학습은 개인적 필요뿐만 아니라 가족과 사회에 대한 책임감에서 비롯되는 경우가 많으므로, 높은 학습 동기를 보인다. 따라서 중년기를 대상으로 한 평생교육 프로그램에서는 건강과 돌봄 관련 내용을 중요하게 다루어야 한다. 또한 이러한 내용을 다룰 때는 실용적이고 즉시 적용 가능한 정보를 제공하고, 전문가와의 상담이나 지원 서비스와 연계하는 것이 효과적이다.

3. 노년기의 발달

1) 노년기의 발달과업과 위기

노년기는 일반적으로 65세 이후의 시기로 정의되며, 현대사회에서는 평균 수명의 연장으로 인해 이 시기가 20~30년에 이르는 중요한 인생단계가 되었다. 에릭슨의 심리사회적 발달이론에 따르면, 노년기의 핵심 발달과업은 '자아통합 대 절망'의 위기를 해결하는 것이다. 자아통합(ego integrity)은 자신의 인생을 전체적으로 조망하면서 삶의 의미와 가치를 발견하고, 과거의 선택과 경험들을 받아들이며 통합하는 능력을 의미한다. 이는 단순히 과거를 회상하는 것을 넘어서, 자신의 삶이 의미 있었고 가치 있었다는 확신을 갖는 것이다.

성공적으로 자아통합을 이룬 노인은 죽음에 대한 두려움 없이 삶을 마무리할 수 있으며, 지혜(wisdom)라는 미덕을 발달시킨다. 반면 자아통합에 실패하면 절망에 빠지게 되며, 시간이 부족하다는 인식과 함께 삶에 대한 후회와 분노를 경험하게 된다. 이러한 절망은 죽음에 대한 극심한 공포와 함께 나타나며, 다른 사람들에 대한 경멸과 분노로 표출되기도 한다. 해비거스트는 노년기의 발달과업을 더욱 구체적으로 제시했는데, 신체적 힘과 건강의 감퇴에 적응하기, 은퇴와 소득 감소에 적응하기, 배우자의 죽음에 적응하기, 자신과 동년배인 노인집단과 명시적 관계 형성하기, 사회적 시민적 의무 수행하기, 만족스러운 물리적 생활환경 확립하기 등을 포함한다. 이러한 발달과업들은 상호 연관되어 있으며, 하나의 과업 수행이 다른 과업들에도 영향을 미치는 복합적 특성을 보인다.

노년기는 또한 다양한 상실을 경험하는 시기이기도 하다. 신체적 기능의 저하, 배우자나 친구들의 죽음, 사회적 역할의 상실, 경제적 능력의 감소 등 여러 영역에서 동시다발적인 상실을 경험하게 된다. 이러한 상실들은 노인들에게 깊은 슬픔과 상실감을 가져다주며, 때로는 우울증이나 고립감으로 이어지기도 한다. 특히 배우자의 죽음은 노년기에 경험할 수 있는 가장 큰 스트레스 사건 중 하나로, 이에 따른 적응 과정은 개인의 정신건강과 삶의 질에 결정적 영향을 미친다. 하지만 모든 노인이 이러한 상실에 부정적으로만 반응하는 것은 아니다. 많은 연구들이 노인들의 회복력(resilience)과 적응능력을 보여주고 있으며, 적절한 지원과 자원이 있을 때 노인들이 상실을 극복하고 새로운 삶의 의미를 찾아가는 과정을 보여준다. 이러한 관점에서 볼 때, 노년기의 발달은 단순한 쇠퇴나 상실의 과정이 아니라, 새로운 도전과 성장의 기회를 포함하는 역동적 과정으로 이해되어야 한다.

성공적 노화(successful aging)의 개념이 주목받는 이유도 여기에 있으며, 이는 질병과 장애의 위험이 낮고, 높은 신체적 인지적 기능을 유지하며, 적극적인 삶의 참여를 지속하는 상태를 의미한다.

2) 노년기의 인지적 변화와 학습 특성

노년기의 인지적 변화에 대한 이해는 지난 수십 년간 크게 발전해 왔다. 과거에는 노화가 전반적인 인지능력의 쇠퇴를 가져온다고 여겨졌지만, 현재는 더욱 복합적이고 차별적인 변화 패턴이 있다는 것이 밝혀졌다. 인지능력의 변화는 크게 유동 지능과 결정화 지능으로 나누어 살펴볼 수 있다. 유동성 지능(fluid intelligence)은 새로운 정보를 빠르게 처리하고, 패턴을 인식하며, 추상적 추론을 하는 능력으로, 이는 노년기에 점진적으로 감소하는 경향을 보인다. 처리 속도의 저하, 작업 기억 용량의 감소, 주의 분할 능력의 저하 등이 대표적인 변화이다.

반면 결정성 지능(crystallized intelligence)은 축적된 지식과 경험에 기반한 능력으로, 어휘력, 일반 상식, 전문 지식 등이 포함되며, 이는 노년기에도 비교적 잘 유지되거나 오히려 증가하기도 한다. 특히 자신의 전문 분야에서는 노년기에도 높은 수준의 수행을 보이는 경우가 많으며, 이는 풍부한 경험과 축적된 지식이 인지적 변화를 보상하기 때문이다.

또한 노년기에는 지혜(wisdom)와 관련된 인지능력이 발달한다. 지혜는 복잡하고 불확실한 인생 문제에 대해 균형 잡힌 판단을 내리는 능력으로, 인지적 요소뿐만 아니라 정서적, 동기적 요소들이 통합된 고차원적 능력이다.

노년기의 학습 특성은 이러한 인지적 변화와 밀접한 관련이 있다. 노년기 학습자들은 젊은 학습자들에 비해 처리 속도가 느리고 새로운 정보를 암기하는 데 어려움을 겪을 수 있지만, 기존 지식과 경험을 활용하여 의미 있는 학습을 하는 데 강점을 보인다. 기계적 암기보다는 이해 중심의 학습을 선호하며, 학습 내용을 자신의 경험과 연결짓고 맥락화하는 능력이 뛰어나다. 또한 학습에 대한 동기가 내재적이고 선택적인 특성을 보인다.

노년기 학습자들은 자신에게 의미 있고 관심 있는 분야에 대해서는 높은 학습 동기를 보이지만, 강제적이거나 의미를 찾기 어려운 학습에 대해서는 소극적 태도를 보인다. 메타인지 능력은 매우 발달되어 있어 자신의 학습 과정을 효과적으로 모니터링하고 조절할 수 있으며, 자신의 인지적 강점과 약점을 잘 파악하고 있다. 사회적 학습을 선호하는 경향도 강한데, 동년배나 비슷한 관심사를 가진 사람들과 함께 학습할 때 더 높은 참여도와 만족도를 보인다. 시간적 여유가 있는 경우가 많아 충분한 시간을 들여 깊이 있게 학습하는 것을 선호하며, 학습 과정 자체를 즐기는 경향이 강하다. 이러한 특성들을 고려할 때, 노년기 학습자를 위한 교육 프로그램은 충분한 시간 제공, 경험 활용, 사회적 상호작용 촉진, 의미 중심 학습 등의 요소들을 포함해야 한다.

3) 노년기의 사회적 역할 변화와 적응

노년기는 사회적 역할에서 급격한 변화를 경험하는 시기이다. 가장 대표적인 변화는 은퇴로 인한 직업 역할의 상실이다. 수십 년간 유지해 온 직업적 정체성과 사회적 지위를 잃게 되면서 많은 노인들이 정체성 혼란과 목적 상실감을 경험한다. 은퇴는 단순히 일을 그만두는 것 이상의 의미를 가지며, 경제적 수입의 감소, 사회적 네트워크의 축소, 일상 구조의 변화, 자아 가치감의 저하 등 다면적인 영향을 미친다. 하지만 은퇴에 대한 반응은 개인차가 크며, 은퇴를 해방과 새로운 기회로 받아들이는 사람들도 많다. 특히 은퇴 준비가 잘 되어 있고, 은퇴 후 활동 계획이 있으며, 건강과 경제적 안정을 확보한 경우에는 은퇴를 긍정적으로 경험하는 경우가 많다. 가족 내에서의 역할 변화도 중요한 특징이다. 자녀들이 완전히 독립하면서 부모 역할이 변화하고, 손자녀가 생기면서 조부모 역할을 새롭게 맡게 된다. 조부모 역할은 노년기에 새로운 의미와 기쁨을 제공하는 중요한 역할이지만, 때로는 손자녀 돌봄에 대한 부담으로 작용하기도 한다. 배우자와의 관계도 새롭게 조정되어야 한다. 은퇴 후 함께 보내는 시간이 늘어나면서 부부 관계가 더욱 친밀해지기도 하지만, 때로는 갈등이 증가하기도 한다. 특히 남편이 먼저 은퇴하는 경우 가정 내 역할 분담의 재조정이 필요하며, 이 과정에서 부부간 협상과 적응이 중요하다.

사회적 네트워크의 변화도 노년기의 중요한 특징이다. 직장 동료들과의 관계가 약화되고, 친구들의 이사나 사망으로 인해 사회적 연결이 축소되는 경향을 보인다. 이는 사회적 고립과 외로움으로 이어질 수 있으며, 노년기 정신 건강에 부정적 영향을 미칠 수 있다. 하지만 동시에 새로운 사회적 관계를 형성할 기회도 증가한다. 종교 활동, 자원봉사, 취미 활동, 평생교육 등을 통해 새로운 사람들과 만나고 의미 있는 관계를 형성할 수 있다. 특히 동년배와의 관계는 노년기에 매우 중요한 의미를 갖는다. 비슷한 경험과 관심사를 공유하며 서로 지지하고 이해할 수 있는 관계를 통해 사회적 소속감과 정체성을 유지할 수 있다.

4) 노년기의 신체적 변화와 건강 관리

노년기는 신체적 변화가 가장 현저하게 나타나는 시기이다. 시각과 청각의 저하는 가장 흔한 변화 중 하나로, 노안, 백내장, 난청 등이 대표적이다. 이러한 감각 기능의 저하는 일상생활뿐만 아니라 학습과 사회적 상호작용에도 직접적인 영향을 미친다. 근골격계의 변화도 중요한데, 근육량과 근력의 감소, 골밀도 저하, 관절의 유연성 감소 등이 나타난다. 이는 신체적 활동 능력의 저하와 낙상 위험의 증가로 이어진다. 심혈관계와 호흡기계의 기능도 점진적으로 저하되어 체력과 지구력이 감소한다.

신경계의 변화로 인해 반응 속도가 느려지고, 균형 감각이 저하되며, 세밀한 운동 조절 능력이 감소한다. 소화기계와 내분비계의 변화로 인해 영양 흡수와 대사 기능이 저하되기도 한다. 하지만 이러한 신체적 변화는 개인차가 매우 크며, 생활 습관, 운동, 영양, 질병 관리 등에 따라 그 정도와 속도가 크게 달라진다. 최근 연구들은 적절한 운동과 건강 관리를 통해 노화로 인한 신체적 변화를 상당 부분 예방하거나 지연시킬 수 있음을 보여주고 있다. 특히 규칙적인 유산소 운동과 근력 운동은 심폐 기능과 근골격계 건강을 유지하는 데 매우 효과적이며, 인지 기능 유지에도 도움이 된다. 영양 관리도 중요한데, 충분한 단백질 섭취, 칼슘과 비타민D 보충, 항산화 영양소 섭취 등이 건강한 노화에 기여한다.

만성질환의 관리는 노년기 건강 관리의 핵심이다. 고혈압, 당뇨병, 관절염, 골다공증 등의 만성질환이 노년기에 흔하게 나타나며, 이들 질환의 적절한 관리가 삶의 질과 독립적 생활 유지에 결정적 영향을 미친다. 복용하는 약물의 종류와 개수가 증가하면서 약물 상호작용이나 부작용에 대한 주의가 필요하며, 정기적인 의료진과의 상담을 통한 체계적 관리가 중요하다. 정신건강 관리도 신체건강만큼 중요하다. 우울증과 불안장애가 노년기에 흔하게 나타나며, 이는 신체건강과도 밀접한 관련이 있다.

사회적 고립, 역할 상실, 신체적 제약 등이 정신건강에 부정적 영향을 미칠 수 있으므로, 사회적 연결 유지, 의미 있는 활동 참여, 필요시 전문적 도움 요청 등이 중요하다. 수면의 질도 노년기에 변화한다. 깊은 잠이 줄어들고 자주 깨는 경향이 있으며, 이는 인지 기능과 전반적 건강에 영향을 미칠 수 있다. 따라서 수면 위생 관리와 적절한 수면 환경 조성이 필요하다. 예방적 건강 관리의 중요성도 강조되어야 한다. 정기적인 건강 검진, 예방 접종, 암

검진 등을 통해 질병을 조기에 발견하고 예방하는 것이 건강한 노년기를 위해 필수적이다.

5) 노년기의 학습 동기와 평생교육

노년기를 보다 가치 있게 보낼 수 있는 방법 중 하나가 노인의 평생교육 참여이다(김영석 · 한경옥 · 김재은, 2018). 노인의 평생교육 참여율을 높이기 위해서는 노인의 학습 동기에 대한 이해가 필요하다. 노년기의 학습 동기는 이전 생애 단계와는 구별되는 독특한 특성을 보인다. 무엇보다도 내재적 동기가 외재적 동기보다 훨씬 강하게 작용한다. 경제적 보상이나 사회적 지위 향상과 같은 외적 동기보다는 개인적 만족, 자아실현, 호기심 충족, 의미 추구 등의 내적 동기가 학습의 주된 원동력이 된다. 많은 노년기 학습자들이 '평생 해보고 싶었던 것', '젊었을 때 기회가 없어서 못했던 것'에 대한 학습에 참여하며, 이는 자신의 미완성된 꿈을 실현하고자 하는 욕구에서 비롯된다.

시간적 여유의 확보도 중요한 학습 동기 요인이다. 은퇴 후 생긴 여유 시간을 의미 있게 보내고자 하는 욕구가 학습 참여로 이어지는 경우가 많으며, 이는 단순한 시간 때우기가 아니라 적극적인 자기계발의 의미를 가진다. 사회적 연결 욕구도 중요한 동기로 작용한다. 학습을 통해 새로운 사람들을 만나고 사회적 관계를 형성하며, 소속감과 정체성을 유지하고자 한다. 특히 배우자를 잃었거나 사회적 고립을 경험하는 노인들에게는 학습 활동이 중요한 사회적 연결의 기회가 된다. 자신이 배운 것을 다음 세대에 전수하거나 사회에 기여하고자 하는 욕구가 학습 동기로 작용하며, 이는 에릭슨의 생산성 개념과도 연결된다. 건강 관리와 관련된 학습 동기도 강하다. 건강한 노년을 위한 정보와 기술을 습득하고자 하는 욕구가 건강, 운동, 영양 등과 관련된 학습 참여로 이어진다.

세대 간 학습 프로그램도 의미가 있다. 젊은 세대와의 상호작용을 통해 새로운 지식과 기술을 배우면서 동시에 자신의 경험과 지혜를 전수할 수 있는 기회를 제공하는 것이다. 온라인 학습의 활용도 점점 중요해지고 있다. 코로나19 팬데믹을 통해 많은 노인들이 디지털 기술에 익숙해졌으며, 이를 활용한 학습 기회의 확대가 필요하다. 하지만 디지털 격차를 고려하여 충분한 기술 지원과 교육을 함께 제공해야 한다. 지역사회와의 연계도 중요하다. 지역의 자원과 시설을 활용하고, 지역사회 기여와 연결된 학습 프로그램을 개발하여 노년기 학습자들의 사회적 참여와 기여 욕구를 충족시킬 수 있다.

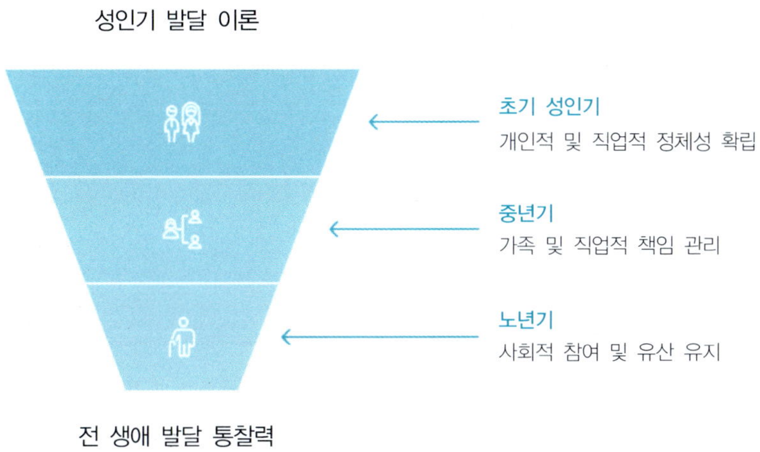

|그림 3-2| 성인기 발달단계

참/고/문/헌

권두승 · 조아미(2016). **성인학습 및 상담**. 교육과학사.

김신일 · 한숭희(2015). **평생교육론**. 학지사.

김영석 · 한경옥 · 김재은(2018). 노인의 학습동기 측정도구개발 연구. **평생교육학회**, 24(1), 85-116.

박성희(2014). **성인발달과 상담**. 교육과학사.

송명자(2016). **발달심리학**. 학지사.

신명희 · 강소연 · 김은경 · 김정민 · 노원경 · 정소영 · 정재은 · 정현선 · 황매향(2017). **발달심리학**. 학지사.

이옥형(2015). **성인 · 노인심리학**. 집문당.

정옥분(2017). **전생애 인간발달의 이론**. 학지사.

조대봉(2015). **성인학습 이론과 실천**. 교육과학사.

최은수 · 조 벽(2014). **성인학습의 이론과 실제**. 학지사.

한상길(2016). **평생교육론**. 양서원.

Arnett, J. J.(2000). Emerging adulthood : A theory of development from the late teens through the twenties. *American Psychologist, 55*(5), 469-480.

Baltes, P. B., & Staudinger, U. M.(2000). Wisdom : A metaheuristic(pragmatic) to orchestrate mind and virtue toward excellence. *American Psychologist, 55*(1), 122-136.

Erikson, E. H.(1963). *Childhood and society*(2nd ed.). Norton.

____________(1982). *The life cycle completed.* Norton.

Havighurst, R. J.(1972). *Developmental tasks and education*(3rd ed.). David McKay.

Horn, J. L., & Cattell, R. B.(1967). Age differences in fluid and crystallized intelligence. *Acta Psychologica, 26*, 107-129.

Jung, C. G.(1969). *The structure and dynamics of the psyche*(2nd ed.). Princeton University Press.

Levinson, D. J.(1978). *The seasons of a man's life*. Knopf.

Neugarten, B. L.(1968). *Middle age and aging*. University of Chicago Press.

Rowe, J. W., & Kahn, R. L.(1998). *Successful aging*. Pantheon Books.

Schaie, K. W.(2005). *Developmental influences on adult intelligence : The Seattle longitudinal study*. Oxford University Press.

Sheehy, G.(1976). *Passages : Predictable crises of adult life*. Dutton.

Vaillant, G. E.(2002). *Aging well*. Little, Brown and Company.

CHAPTER 04

성인학습의 이론

1. 안드라고지
2. 자기주도 학습이론
3. 전환 학습이론
4. 경험 학습이론
5. 학습전이 이론

04
CHAPTER

성인학습의 이론

개 요

성인학습은 단순히 기존의 학교 교육을 확장하는 것이 아니라, 성인의 생애주기와 삶의 맥락 속에서 자율적이고 실천적인 방식으로 전개되는 독자적인 학습 영역이다. 이에 따라 성인학습을 효과적으로 설계하고 지원하기 위해서는 이론적 기반에 대한 이해가 필수적이다. 이 장에서는 성인학습의 철학적 배경이자 대표적 개념인 안드라고지부터 시작하여, 자기주도 학습이론, 전환 학습이론, 경험 학습이론, 그리고 실제 적용 가능성을 높이는 학습전이 이론까지 성인학습의 주요 이론들을 체계적으로 고찰한다. 이러한 이론들은 성인학습자의 특성을 이해하고, 학습 환경을 설계하며, 학습 효과를 극대화하는 데 핵심적인 기초를 제공한다.

학습목표

1. 성인학습자의 특성과 자기주도 학습 능력을 이해한다.
2. 전환 학습과 경험 학습의 개념 및 적용 능력을 개발한다.
3. 학습한 내용을 실생활이나 직무에 효과적으로 적용할 수 있다.

핵심어

안드라고지, 자기주도 학습, 전환 학습, 경험 학습, 학습전이

1. 안드라고지

안드라고지(andragogy)는 말콤 놀즈(Malcolm Knowles)에 의해 체계화된 성인교육학으로, 아동을 대상으로 하는 페다고지(pedagogy)와 구별되는 성인학습의 독특한 이론적 체계를 제시한다. 이 용어는 그리스어 'andros'(성인 남성)와 'agogos'(이끌다)에서 유래되었으며, 성인을 대상으로 하는 교육의 과학이자 예술로 정의된다. 놀즈는 1968년 처음으로 이 개념을 미국에 소개한 이후 지속적으로 발전시켜 나갔으며, 1970년 『현대성인교육실천(The Modern Practice of Adult Education)』을 통해 안드라고지의 체계적인 이론적 틀을 제시했다. 안드라고지는 단순히 성인교육의 방법론을 넘어서 성인학습자에 대한 철학적 관점과 교육적 접근 방식을 포괄하는 종합적인 이론으로 발전해 왔다. 이 이론은 성인이 아동과는 다른 독특한 학습 특성을 가지고 있으며, 따라서 성인에게 적합한 별도의 교육 이론과 방법이 필요하다는 기본 전제에서 출발한다. 안드라고지의 등장은 전통적인 교육학이 주로 아동과 청소년을 대상으로 발전되어 왔다는 한계를 극복하고, 성인교육의 독립적인 학문적 지위를 확립하는 데 결정적인 역할을 했다.

1) 안드라고지 이론에서 바라본 성인학습자의 독특한 특성

성인의 자기개념은 의존적 인격에서 자기주도적 인격으로 변화한다. 성인은 자신의 삶과 학습에 대한 책임을 스스로 지려는 강한 욕구를 가지고 있으며, 타인에 의해 지배받거나 통제받는 상황을 거부한다. 성인학습자는 자신이 학습해야 할 내용과 방법, 시기를 스스로 결정하고 싶어 하며, 학습 과정에서 능동적인 참여자가 되기를 원한다. 이러한 특성은 전통적인 교사 중심의 교육 방식과는 근본적으로 다른 접근을 요구하며, 교육자는 지식의 전달자에서 학습의 촉진자로 역할을 전환해야 한다. 또한 학습 환경도 권위적이고 통제적인 분위기에서 협력적이고 상호 존중하는 분위기로 바뀌어야 하며, 학습자의 자율성과 선택권을 최대한 보장하는 것이 중요하다. 이러한 자기주도성은 성인교육의 모든 영역에서 고려되어야 할 핵심 원리이다.

성인의 경험은 학습에서 중요한 자원 역할을 한다. 성인학습자는 아동과 달리 풍부하고 다양한 생활 경험을 축적하고 있으며, 이러한 경험은 새로운 학습의 기초이자 동력이 된다. 성인의 경험은 단순히 과거의 기억이 아니라 현재의 정체성을 구성하는 핵심 요소이며, 새로운 정보를 해석하고 의미를 부여하는 준거틀 역할을 한다. 따라서 성인교육에서는 학습자의 경험을 무시하거나 평가절하해서는 안 되며, 오히려 이를 적극적으로 활용하고 존중해야 한다. 경험기반 학습 방법들, 예를 들어 사례 연구, 시뮬레이션, 역할 연기, 경험 공유 등이 성인교육에서 효과적인 이유도 이러한 특성 때문이다. 또한 학습자 간의 경험 교류를 통해 상호 학습이 이루어질 수 있으며, 이는 전통적인 일방향적 교육 방식보다 훨씬 풍부하고 의미 있는 학습 경험을 제공한다. 다만, 기존 경험이 때로는 새로운 학습을 방해하는 장벽이 될 수도 있으므로, 비판적 성찰을 통해 경험을 재해석하고 새로운 관점을 수용할 수 있도록 도와야 한다.

성인의 학습 준비도는 사회적 역할의 발달과업과 밀접하게 연관되어 있다. 아동의 학습 준비도가 주로 생물학적 성숙과 환경적 요구에 의해 결정되는 반면, 성인의 학습 준비도는 생활 속에서 직면하는 실제적 문제나 역할 변화에 의해 형성된다. 예를 들어, 새로운 직무를 맡게 된 직장인은 해당 업무와 관련된 학습에 높은 준비도를 보이며, 첫 아이를 가진 부모는 육아에 관한 학습에 적극적으로 참여한다. 이러한 특성은 성인교육이 학습자의 생활 맥락과 밀접하게 연결되어야 함을 의미하며, 교육 프로그램의 타이밍과 내용이 학습자의 실제 필요와 일치할 때 최대의 효과를 발휘한다는 것을 시사한다. 따라서 성인교육기관들은 잠재적 학습자들의 생활 패턴과 발달단계를 이해하고, 적절한 시기에 관련성 높은 교육 기회를 제공하는 것이 중요하다. 또한 개별 학습자의 독특한 상황과 필요를 파악하여 맞춤형 교육 프로그램을 설계하는 것이 효과적이다.

성인의 학습 지향성은 문제 해결 중심적이다. 아동이 주제 중심적 학습을 통해 미래를 위한 지식을 축적하는 경향이 있는 반면, 성인은 현재 직면한 구체적 문제를 해결하기 위해 학습에 참여한다. 성인학습자는 학습 내용이 자신의 실제 문제 상황과 어떤 관련성을 갖는지, 어떻게 활용될 수 있는지에 대해 명확한 이해를 원한다. 이러한 특성은 성인교육의 교육과정 설계와 교수 방법 선택에 중요한 영향을 미친다. 문제 중심 학습(Problem-Based Learning), 프로젝트 학습, 액션 러닝(Action Learning) 등의 방법이 성인교육에서 널리 활용되는 이유도 이러한 특성 때문이다. 또한 이론과 실제의 연결, 즉 학습한 내용을 실제 상황에 적용할 수 있는 기회의 제공이 매우 중요하며, 학습의 전이(transfer)를 촉진하기 위한 다양한 전략들이 필요하다. 성인교육에서는 추상적이고 이론적인 내용보다는 구체적이고 실용적인 내용이 선호되며, 학습자가 즉시 활용할 수 있는 기술과 지식의 습득에 중점을 둔다.

성인의 학습 동기는 주로 내재적이다. 아동이 외부의 보상이나 처벌, 타인의 기대 등에 의해 학습 동기를 갖는 경우가 많은 반면, 성인은 자아실현, 개인적 만족, 삶의 질 향상 등의 내재적 동기에 의해 학습에 참여한다. 물론 승진, 자격증 취득, 급여 인상 등의 외재적 동기도 존재하지만, 지속적이고 의미 있는 학습을 위해서는 내재적 동기가 더 중요한 역할을 한다. 내재적 동기는 학습에 대한 흥미와 즐거움, 개인적 성장에 대한 욕구, 호기심과 탐구심, 자기효능감과 성취감 등을 포함한다. 따라서 성인교육에서는 학습자의 내재적 동기를 발견하고 강화하는 것이 매우 중요하며, 이를 위해 학습자의 개인적 관심사와 가치관, 목표 등을 파악하고 이를 교육 과정에 반영하는 노력이 필요하다. 또한 학습 과정에서 성취감과 만족감을 경험할 수 있도록 하고, 학습자가 자신의 성장과 발전을 실감할 수 있는 기회를 제공하는 것이 중요하다.

성인은 학습의 필요성을 명확히 인식해야 한다. 성인학습자는 왜 특정 내용을 학습해야 하는지, 그것이 자신에게 어떤 도움이 될 것인지에 대한 명확한 이해를 원한다. 이는 성인이 합리적이고 목적 지향적인 존재이며, 자신의 시간과 에너지를 투자할 가치가 있는 학습에만 참여하려고 한다는 것을 의미한다. 따라서 성인교육 프로그램에서는 학습의 목적과 기대 효과를 명확히 제시하고, 학습자가 이를 자신의 필요와 연결시킬 수 있도록 도와야 한다. 또한 학습 과정에서도 지속적으로 학습의 의미와 가치를 확인하고 강화하는 활동이 필요하며, 학습 성과에 대한 구체적이고 유용한 피드백을 제공하는 것이 중요하다. 이러한 접근은 학습자의 참여도와 몰입도를 높이고, 학습의 지속성과 효과성을 보장하는 데 기여한다.

〈표 4-1〉 안드라고지의 이해

개 념	핵심 내용	설 명
자기 주도성	성인은 자신의 삶과 학습에 대한 책임을 스스로 지려는 강한 욕구를 가지며, 자율성과 선택권을 중시	성인학습자들은 자신의 학습 목표를 설정하고, 학습 과정을 스스로 관리하며, 학습 결과에 대한 책임을 지는 것을 선호한다. 이는 전통적인 교사 중심 교육 방식과 대조된다.
경험의 중요성	성인은 다양한 생활 경험을 학습 자원으로 활용하며, 이러한 경험은 새로운 학습의 기초이자 동력으로 작용	성인학습에서 경험은 단순한 과거의 기억이 아니라 현재의 정체성을 구성하는 요소로서, 새로운 정보를 해석하고 의미를 부여하는 데 중요한 역할을 한다. 경험 기반 학습 방법(예 사례 연구, 시뮬레이션)이 효과적이다.
학습 준비도	성인의 학습 준비도는 생활 속 실제적 문제나 역할 변화에 의해 형성되며, 교육 프로그램은 이러한 맥락에 맞춰져야 함	성인학습은 직업적 또는 개인적 필요에 따라 동기 부여되며, 교육 프로그램은 학습자의 실제 생활 패턴과 발달 단계에 맞추어 설계되어야 한다.
문제 해결 중심 학습	성인학습은 현재 직면한 구체적 문제를 해결하기 위해 이루어지며, 실용적이고 구체적인 학습 내용을 선호	성인들은 이론보다는 실제 상황에서 문제를 해결하는 데 필요한 지식과 기술을 습득하고자 한다. 문제 중심 학습(PBL), 프로젝트 기반 학습 등이 이에 적합한 방법이다.
내재적 동기	성인학습의 동기는 주로 자아실현, 개인적 만족, 삶의 질 향상 등 내재적 요인에 의해 주도	내재적 동기는 학습의 지속성과 깊이 있는 학습을 가능하게 한다. 학습자의 개인적 관심사와 목표를 교육과정에 반영하고, 성취감과 만족감을 느낄 수 있도록 지원하는 것이 중요하다.
학습의 필요성 인식	성인학습자는 학습의 목적과 기대 효과를 명확히 이해하고, 이를 자신의 실제 필요와 연결	성인들은 학습의 가치를 명확히 이해하고, 이를 통해 자신의 삶을 개선하고자 한다. 교육 프로그램은 학습의 목적과 효과를 명확히 제시하고, 지속적인 피드백을 통해 학습의 의미와 가치를 강화해야 한다.

안드라고지 이론은 이후 다양한 학자들에 의해 비판적으로 검토되고 보완되어 왔다. 일부 학자들은 놀즈의 가정들이 서구 중산층 백인 남성의 경험에 기반한 것이며, 성별, 인종, 계층, 문화적 배경 등의 다양성을 충분히 고려하지 못했다고 비판했다. 또한 성인과 아동의 학습 특성을 이분법적으로 구분하는 것에 대한 의문도 제기되었다. 이러한 비판들을 수용하여 놀즈 자신도 후기에는 안드라고지를 성인에게만 적용되는 독립적인 이론이 아니라, 상황에 따라 유연하게 적용될 수 있는 학습 모델로 수정했다. 현재 안드라고지는 성인학습의 일반적 특성을 이해하는 데 유용한 틀로 인정받고 있지만, 개별 학습자의 다양성과 복잡성을 고려한 보다 포괄적이고 유연한 접근이 필요하다는 것이 학계의 공통된 인식이다.

2. 자기주도 학습이론

자기주도 학습이론은 성인학습의 핵심 특성 중 하나로, 학습자가 스스로 학습의 전 과정을 계획하고 관리하며 평가하는 능력과 과정을 설명하는 이론이다. 이 이론은 1960년대 후반 알렌 터프(Allen Tough)의 연구에서 시작되어 말콤 놀즈(Malcolm Knowles)에 의해 체계화되었으며, 이후 수많은 연구자들에 의해 발전되어 왔다. 자기주도 학습은 단순히 혼자서 공부하는 것을 의미하는 것이 아니라, 학습자가 자신의 학습에 대한 주인의식을 가지고 능동적으로 학습 과정을 이끌어 가는 것을 의미한다. 이는 전통적인 교사 중심의 교육 패러다임에서 벗어나 학습자 중심의 교육으로의 패러다임 전환을 반영하는 개념이기도 하다. 현대 지식정보사회에서 지식의 생산과 소멸 속도가 빨라지고, 개인이 평생에 걸쳐 지속적으로 학습해야 하는 상황에서 자기주도 학습 능력은 더욱 중요해지고 있다. 특히 코로나19 팬데믹 이후 원격교육과 온라인 학습이 확산되면서, 학습자의 자기주도성이 학습 성공의 핵심 요인으로 부각되고 있다. 자기주도 학습이론은 이러한 시대적 요구에 부응하여 학습자가 어떻게 스스로 학습을 관리하고 발전시킬 수 있는지에 대한 구체적인 지침을 제공하고 있다.

1) 자기주도학습의 의미와 단계

놀즈가 정의한 자기주도 학습은 "개인이 다른 사람의 도움을 받지 않고, 자신의 학습 욕구를 진단하고, 학습 목표를 설정하며, 학습을 위한 인적 · 물적 자원을 확보하고, 적절한 학습 전략을 선택 · 실행하며, 학습 결과를 평가하는 데 있어서 주도권을 갖는 과정"이다. 이 정의에서 핵심은 학습자가 학습의 전 과정에서 주체적인 역할을 한다는 것이다. 이와 같은 자기주도학습이 이루어지는 단계는 다음과 같다.

- 첫 번째 단계는 학습 욕구 진단에서 학습자는 자신이 현재 가지고 있는 지식과 기술, 그리고 달성하고자 하는 목표 사이의 격차를 인식하고 분석한다. 이 과정에서는 자기 성찰과 자기 평가가 중요한 역할을 하며, 때로는 다른 사람들의 피드백이나 표준화된 평가 도구를 활용하기도 한다.
- 두 번째 단계는 학습 목표 설정으로 진단 결과를 바탕으로 구체적이고 측정 가능한 학습 목표를 수립한다. 효과적인 목표 설정을 위해서는 SMART(Specific, Measurable, Achievable, Relevant, Time-bound) 원칙을 활용하는 것이 도움이 된다.
- 세 번째 단계는 학습 자원 확보로 목표 달성을 위해 필요한 다양한 자원들을 파악하고 확보한다. 여기에는 도서, 온라인 자료, 전문가, 동료 학습자, 학습 공간, 학습 도구 등이 포함될 수 있다.
- 네 번째 단계는 학습 전략 선택과 실행이다. 이 단계에서는 자신의 학습 스타일과 상황에 맞는 최적의 학습 방법을 선택하고 실행한다.
- 마지막 단계는 학습 결과 평가로 설정된 목표에 대한 달성 정도를 평가하고, 학습 과정을 성찰하여 향후 학습에 대한 시사점을 도출한다.

2) 자기주도 학습의 구성 요소

자기주도 학습의 핵심 구성 요소는 크게 동기(motivation), 메타인지(metacognition), 자기조절(self-regulation)의 세 가지로 구분할 수 있다.

동기는 학습자가 학습에 참여하고 지속하게 하는 원동력으로, 내재적 동기와 외재적 동기로 나뉜다. 내재적 동기는 학습 자체에서 오는 즐거움과 만족감, 호기심, 성취욕 등을 의미하며, 외재적 동기는 보상, 인정, 처벌 회피 등 외부적 요인에 의한 동기를 의미한다. 자기주도 학습에서는 내재적 동기가 더 중요한 역할을 하며, 지속적이고 깊이 있는 학습을 위해서는 내재적 동기의 개발과 유지가 필수적이다.

메타인지는 자신의 인지 과정에 대한 인식과 조절 능력을 의미한다. 이는 자신이 무엇을 알고 모르는지를 아는 것(메타인지적 지식), 학습 과정에서 자신의 이해 정도를 모니터링하는 것(메타인지적 모니터링), 그리고 학습 전략을 선택하고 조절하는 것(메타인지적 조절)을 포함한다. 메타인지 능력이 높은 학습자는 자신의 학습 상태를 정확히 파악하고, 효과적인 학습 전략을 선택하며, 필요에 따라 전략을 수정할 수 있다.

자기조절은 학습자가 자신의 학습 과정을 통제하고 관리하는 능력을 의미한다. 이는 목표 설정, 계획 수립, 시간 관리, 주의 집중, 노력 조절, 환경 관리 등의 다양한 전략을 포함한다.

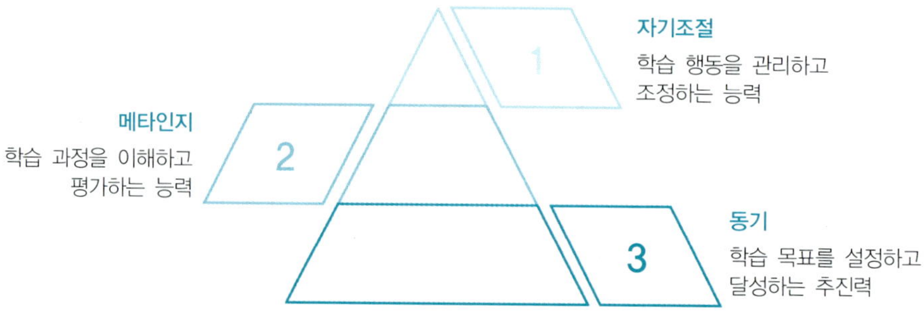

|그림 4-1| 자기주도 학습의 핵심 구성요소

3) 자기주도 학습의 세부 요소

자기주도 학습 능력을 구성하는 세부 요소들을 더 구체적으로 살펴보면, 먼저 인지적 요소가 있다. 이는 학습 내용을 이해하고 기억하며 적용하는 데 필요한 인지적 전략들을 포함한다. 예를 들어, 정보를 조직화하고 구조화하는 능력, 기존 지식과 새로운 정보를 연결하는 능력, 비판적으로 사고하는 능력, 문제를 해결하는 능력 등이 여기에 포함된다. 둘째, 정서적 요소는 학습에 대한 태도와 감정을 관리하는 능력을 의미한다. 학습에 대한 긍정적 태도, 학습 불안 관리, 좌절 극복, 자신감 유지 등이 이에 해당한다. 셋째, 행동적 요소는 실제 학습 행동을 계획하고 실행하며 조절하는 능력을 포함한다. 학습 계획 수립, 시간 관리, 학습 환경 조성, 자원 활용, 도움 요청 등이 여기에 포함된다. 넷째, 사회적 요소는 다른 사람들과의 상호작용을 통해 학습을 촉진하는 능력을 의미한다. 협력 학습, 토론 참여, 피드백 요청과 제공, 학습 공동체 참여 등이 이에 해당한다.

4) 자기주도 학습의 촉진 요인과 저해 요인

자기주도 학습의 촉진 요인과 저해 요인을 이해하는 것은 효과적인 자기주도 학습 프로그램을 설계하는 데 중요하다. 촉진 요인으로는 먼저 개인적 요인들이 있다. 높은 학습 동기, 긍정적 자아개념, 자기효능감, 자율성에 대한 욕구, 호기심과 탐구심, 인내심과 끈기, 메타인지 능력 등이 자기주도 학습을 촉진한다. 또한 이전의 성공적인 학습 경험과 자기주도 학습에 대한 긍정적 인식도 중요한 촉진 요인이다. 환경적 요인으로는 지지적인 학습 환경, 풍부한 학습 자원, 유연한 학습 시간과 공간, 동료 학습자들과의 상호작용 기회, 멘토나 조력자의 존재 등이 있다.

반면 저해 요인으로는 개인적 차원에서 낮은 자신감, 의존적 성향, 학습에 대한 부정적 경험, 시간 관리의 어려움, 목표 설정의 미숙함 등이 있다. 환경적 차원에서는 억압적이고 통제적인 학습 환경, 제한된 학습 자원, 시간적 제약, 사회적 지지 부족, 문화적 장벽 등이 자기주도 학습을 저해할 수 있다.

5) 자기주도 학습 능력 개발을 위한 전략

자기주도 학습 능력의 개발을 위한 전략들은 다양하게 제시되고 있다. 첫째, 메타인지 전략 훈련이 효과적이다. 학습자가 자신의 학습 과정을 의식적으로 모니터링하고 조절할 수 있도록 하는 다양한 기법들을 훈련시킨다. 예를 들어, 학습 일지 작성, 자기 질문법, Think-Aloud 기법 등을 활용할 수 있다. 둘째, 목표 설정과 계획 수립 기술을 향상시키는 것이 중요하다. SMART 목표 설정법, 우선순위 설정, 시간 관리 기법, 단계별 계획 수립 등의 기술을 체계적으로 훈련한다. 셋째, 다양한 학습 전략을 습득하고 활용할 수 있도록 지원한다. 정보 처리 전략, 기억 전략, 이해 전략, 전이 전략 등 다양한 인지 전략들과 함께 동기 관리, 감정 조절, 환경 관리 등의 전략들도 포함한다. 넷째, 자기 평가와 성찰 능력을 기른다. 학습 결과뿐만 아니라 학습 과정에 대한 체계적인 평가와 성찰을 통해 지속적인 개선이 이루어질 수 있도록 한다. 다섯째, 학습 공동체 참여를 통해 사회적 학습 기회를 제공한다. 동료 학습자들과의 협력과 상호작용을 통해 학습 동기를 유지하고 다양한 관점을 습득할 수 있도록 한다.

현대의 자기주도 학습 연구는 디지털 기술의 발전과 함께 새로운 차원으로 발전하고 있다. 온라인 학습 환경에서의 자기주도 학습, 인공지능을 활용한 개인화된 학습 지원, 빅데이터를 통한 학습 패턴 분석과 피드백 제공 등이 주요 연구 영역으로 부상하고 있다. 또한 자기주도 학습이 개인적 차원을 넘어서 조직 학습과 사회 학습에 미치는 영향에 대한 연구도 활발히 진행되고 있다. 이러한 연구들은 자기주도 학습이 단순히 개인의 학습 능력 향상을 넘어서 조직의 혁신 역량과 사회의 지속가능한 발전에 기여할 수 있음을 보여주고 있다.

3. 전환 학습이론

전환 학습이론(Transformative Learning Theory)은 잭 메지로우(Jack Mezirow)에 의해 개발된 성인학습 이론으로, 성인이 어떻게 기존의 관점과 가정을 비판적으로 성찰하고 근본적으로 변화시키는지를 설명하는 강력한 이론적 틀이다. 이 이론은 1970년대 말 메지로우가 대학으로 복귀한 여성들의 학습 경험을 연구하면서 시작되었으며, 이후 40여 년간 지속적으로 발전되어 현재 성인교육 분야에서 가장 영향력 있는 이론 중 하나로 인정받고 있다. 전환 학습은 단순한 지식이나 기술의 습득을 넘어서 개인의 세계관, 가치관, 신념 체계의 근본적 변화를 포함하는 총체적 학습 과정이다. 이는 기존의 행동주의나 인지주의 학습 이론과는 차별화되는 구성주의적 관점에 기반하며, 학습자가 능동적으로 의미를 구성하고 재구성하는 과정으로서의 학습을 강조한다. 전환 학습이론은 특히 성인이 생애 전환점에서 경험하는 깊이 있는 변화와 성장을 이해하는 데 유용한 틀을 제공하며, 현대사회의 급속한 변화 속에서 개인이 어떻게 적응하고 발전할 수 있는지에 대한 통찰을 제공한다. 또한 이 이론은 비판적 사고, 성찰적 학습, 의미 구성 등의 개념을 통해 성인교육의 목적과 방법에 대한 새로운 관점을 제시하고 있다.

1) 전환 학습의 핵심

메지로우에 따르면 전환 학습의 핵심은 의미 관점(meaning perspective)의 변화에 있다. 의미 관점은 개인이 세상을 이해하고 해석하는 데 사용하는 기본적인 틀로, 가정, 신념, 가치관, 개념적 준거틀 등을 포함한다. 이러한 의미 관점은 개인의 과거 경험을 통해 형성되며, 새로운 경험을 해석하고 의미를 부여하는 렌즈 역할을 한다. 의미 관점은 대부분 무의식적으로 작동하며, 개인이 당연하게 받아들이는 전제들로 구성되어 있다. 하지만 때로는 이러한 의미 관점이 새로운 상황이나 경험을 적절히 설명하지 못하거나, 개인의 성장과 발전을 제약하는 요인이 될 수 있다. 전환 학습은 바로 이러한 기존의 의미 관점을 비판적으로 성찰하고, 필요시 이를 변화시키는 과정이다.

메지로우는 의미 관점을 인식론적 관점, 사회언어학적 관점, 심리적 관점의 세 가지 차원으로 구분했다. 인식론적 관점은 지식의 본질과 학습 과정에 대한 개인의 신념을 포함한다. 사회언어학적 관점은 사회적 규범과 문화적 가치, 언어 사용에 대한 이해를 포함한다. 심리적 관점은 개인의 성격, 정체성, 자아개념 등과 관련된 개인적 신념들을 포함한다.

전환 학습에서는 이 세 차원의 의미 관점이 모두 변화의 대상이 될 수 있으며, 변화의 깊이와 범위에 따라 전환의 정도가 결정된다.

2) 전환 학습의 단계

(1) 혼란스러운 상황

전환 학습 과정은 일반적으로 혼란스러운 상황(disorienting dilemma)에서 시작된다. 이는 개인이 기존의 의미 관점으로는 설명하거나 해결할 수 없는 문제나 상황에 직면했을 때 발생하는 인지적, 정서적 불균형 상태이다. 이러한 딜레마는 생애 위기(삶의 죽음, 이혼, 실직 등), 역할 변화(부모 되기, 은퇴, 승진 등), 새로운 환경에의 노출(이민, 전학, 새로운 직장 등), 학습 과정에서의 인지적 갈등 등 다양한 형태로 나타날 수 있다. 중요한 것은 이러한 딜레마가 개인으로 하여금 기존의 가정과 믿음을 의문시하게 만들고, 새로운 관점을 탐색하도록 동기를 부여한다는 점이다.

(2) 자기 성찰과 비판적 평가

딜레마 이후에는 자기 성찰(self-examination)과 비판적 평가(critical assessment) 단계가 이어진다. 이 단계에서 개인은 자신의 기존 가정과 믿음이 왜 적절하지 않은지를 깊이 있게 탐구하고, 이러한 가정들이 어떻게 형성되었는지를 성찰한다. 이 과정에서는 종종 불안, 두려움, 분노, 슬픔 등의 강한 감정이 수반될 수 있으며, 이러한 감정들을 적절히 처리하는 것이 전환 과정의 성공에 중요한 요인이 된다.

(3) 새로운 역할과 관계와 행동계획 수립

비판적 성찰 이후에는 새로운 역할과 관계, 행동 방식을 탐색하는 단계가 이어진다. 이 단계에서 개인은 다양한 옵션들을 검토하고, 새로운 가능성들을 시험해 본다. 이러한 탐색 과정에서 중요한 역할을 하는 것이 담화(discourse)이다. 메지로우는 이상적인 담화 조건을 제시했는데, 이는 모든 참여자가 평등하게 참여할 수 있고, 강제나 조작이 없으며, 정확하고 완전한 정보에 접근할 수 있고, 자유롭게 의견을 표현할 수 있는 환경을 의미한다. 이러한 담화를 통해 개인은 자신의 새로운 관점을 명확히 하고, 다른 사람들의 관점과 비교하며, 더 포괄적이고 통합적인 관점을 형성할 수 있다. 담화 과정에서는 논리적 분석뿐만 아니라 직관적 통찰, 상상력, 창의성 등도 중요한 역할을 한다. 새로운 관점이 어느 정도 형성되면, 이를 바탕으로 구체적인 행동 계획을 수립하는 단계로 이어진다. 이 계획은 새로운 역할이나 관계를 형성하고, 새로운 기술이나 지식을 습득하며, 새로운 행동 방식을 실천하는 것을 포함한다.

(4) 통합

전환 학습 과정의 마지막 단계는 새로운 관점과 역할의 통합이다. 이 단계에서 개인은 새로운 의미 관점을 자신의 정체성과 생활 방식에 통합하고, 이를 지속적으로 유지하고 발전시킨다. 이러한 통합은 일회적인 사건이 아니라 지속적인 과정이며, 새로운 경험과 도전에 직면할 때마다 계속해서 조정되고 발전된다. 성공적인 전환 학습은 개인의 자신감과 자기효능감을 증진시키고, 더 복잡하고 포괄적인 사고 능력을 개발하며, 더 개방적이고 유연한 태도를 형성한다. 또한 전환 학습을 경험한 개인은 미래의 변화와 도전에 더 잘 대처할 수 있는 능력을 갖게 되며, 지속적인 학습과 성장에 대한 동기가 강화된다.

〈표 4-2〉 전환 학습의 단계

단 계	주요 내용	세부 사항
1단계 혼란스러운 상황	개인이 기존의 의미 관점으로는 설명하거나 해결할 수 없는 문제나 상황에 직면하여 인지적 · 정서적 불균형을 경험	생애 위기, 역할 변화, 새로운 환경 노출, 학습 과정에서의 인지적 갈등 등 다양한 형태로 나타날 수 있으며, 기존의 가정과 믿음을 의문시하게 만든다.
2단계 자기 성찰	개인이 자신의 기존 가정과 믿음을 깊이 있게 탐구하고, 이들이 어떻게 형성되었는지를 성찰	이 과정에서 강한 감정이 수반될 수 있으며, 이러한 감정을 적절히 처리하는 것이 전환 과정의 성공에 중요하다.
3단계 비판적 평가	개인이 자신의 기존 가정과 믿음을 비판적으로 평가하고, 새로운 관점을 탐색	논리적 분석, 직관적 통찰, 창의성 등이 중요한 역할을 하며, 새로운 관점을 형성하는 데 기여한다.
4단계 새로운 역할과 관계	개인이 다양한 옵션을 검토하고, 새로운 가능성들을 시험해 보며, 새로운 역할과 관계, 행동 방식을 탐색	이상적인 담화 조건(평등한 참여, 강제 없음, 정확한 정보 접근, 자유로운 의견 표현)이 중요하며, 이를 통해 더 포괄적인 관점을 형성한다.
5단계 행동계획 수립	개인이 새로운 관점과 역할을 바탕으로 구체적인 행동계획을 수립하고, 이를 실천	새로운 역할이나 관계 형성, 기술 및 지식 습득, 새로운 행동 방식 실천 등을 포함하며, 이는 지속적인 과정이다.
6단계 통합	개인이 새로운 의미 관점을 자신의 정체성과 생활 방식에 통합하고, 이를 지속적으로 유지하며 발전	통합은 일회적인 사건이 아니라 지속적인 과정이며, 새로운 경험과 도전에 직면할 때마다 계속해서 조정되고 발전된다. 성공적인 전환 학습은 개인의 자신감과 자기효능감을 증진시키고, 더 복잡한 사고 능력을 개발한다.

3) 전환 학습이론의 시사점

전환 학습이론은 성인교육 실천에 중요한 시사점을 제공한다. 첫째, 교육자는 학습자들이 기존의 가정과 믿음을 비판적으로 성찰할 수 있는 기회를 제공해야 한다. 이를 위해서는 안전하고 지지적인 학습 환경을 조성하고, 학습자들이 자유롭게 자신의 생각과 감정을 표현할 수 있도록 해야 한다. 둘째, 다양한 관점과 경험을 접할 수 있는 기회를 제공해야 한다. 이는 다양한 배경을 가진 학습자들 간의 상호작용, 다양한 자료와 정보의 제공, 다양한 활동과 경험의 기회 등을 통해 가능하다. 셋째, 전환 과정에서 경험하는 감정적 어려움을 이해하고 지원해야 한다. 전환 학습은 종종 불안, 혼란, 저항 등을 수반하므로, 교육자는 이러한 감정들을 자연스러운 학습 과정의 일부로 받아들이고 적절한 지원을 제공해야 한다. 넷째, 새로운 관점과 행동을 실험하고 적용할 수 있는 기회를 제공해야 한다. 이는 실제적인 프로젝트, 시뮬레이션, 현장 경험 등을 통해 가능하다.

4. 경험 학습이론

경험 학습이론(Experiential Learning Theory)은 데이비드 콜브(David A. Kolb)에 의해 개발된 이론으로, 경험을 통한 지식의 창조 과정을 체계적으로 설명하는 성인학습의 핵심 이론 중 하나이다. 이 이론은 듀이(John Dewey)의 경험철학, 르윈(Kurt Lewin)의 장 이론(Field Theory), 피아제(Jean Piaget)의 인지발달 이론 등을 종합하여 발전된 것으로, "학습은 경험의 변환을 통해 지식이 창조되는 과정"이라고 정의한다. 콜브의 경험 학습이론은 1984년 『경험학습 : 학습과 발달의 원천으로서의 경험(Experiential Learning : Experience as the Source of Learning and Development)』이라는 저서를 통해 체계적으로 제시되었으며, 이후 성인교육뿐만 아니라 조직학습, 평생교육, 직업교육 등 다양한 분야에서 광범위하게 활용되고 있다. 이 이론의 핵심은 추상적이고 이론적인 학습보다는 구체적이고 직접적인 경험을 통한 학습을 강조한다는 점이며, 학습자가 능동적으로 경험에 참여하고 이를 성찰하며 개념화하고 적용하는 순환적 과정을 통해 학습이 이루어진다고 본다. 특히 성인학습자들이 가지고 있는 풍부한 생활 경험을 학습의 중요한 자원으로 활용할 수 있는 이론적 틀을 제공한다는 점에서 성인교육 분야에서 매우 중요한 의미를 가진다.

1) 경험 학습모형의 네 가지 단계

콜브의 경험 학습모형은 네 개의 단계가 순환적으로 연결된 구조로 이루어져 있다.

(1) 구체적 경험(CE : Concrete Experience)

학습자가 새로운 상황에 직면하거나 기존 경험을 재경험하는 단계이다. 이 단계에서는 개방적이고 편견 없는 마음으로 경험에 완전히 몰입하는 것이 중요하며, 즉각적이고 구체적인 상황에 대한 감각적 인식이 강조된다. 학습자는 주어진 상황을 있는 그대로 받아들이고, 선입견이나 기존 지식에 의존하지 않고 새로운 경험을 수용해야 한다. 이러한 구체적 경험은 시뮬레이션, 역할연기, 현장실습, 프로젝트 수행, 토론 참여 등 다양한 형태로 제공될 수 있다.

(2) 성찰적 관찰(RO : Reflective Observation)

경험한 내용을 다양한 관점에서 관찰하고 성찰하는 단계이다. 이 과정에서 학습자는 자신의 경험을 객관적으로 바라보고, 다른 사람들의 관점도 고려하며, 경험 속에서 나타나는 패턴이나 의미를 발견하려고 노력한다. 성찰적 관찰에서는 즉각적인 판단이나 행동보다는 신중한 관찰과 깊이 있는 사고가 중요하며, 다양한 각도에서 경험을 분석하고 해석하는 능력이 요구된다. 이를 위해 학습 일지 작성, 소그룹 토론, 동료와의 경험 공유, 멘토와의 대화 등의 방법이 활용될 수 있다.

(3) 추상적 개념화(AC : Abstract Conceptualization)

성찰을 통해 얻은 통찰을 일반적인 개념이나 이론으로 발전시키는 단계이다. 이 단계에서 학습자는 논리적 사고를 통해 경험으로부터 일반화 가능한 원리나 법칙을 도출하고, 이를 기존의 지식이나 이론과 연결시킨다. 추상적 개념화는 개별적이고 구체적인 경험을 보편적이고 일반적인 지식으로 변환하는 과정이며, 이를 통해 학습자는 새로운 상황에서도 적용 가능한 이론적 틀을 구축할 수 있다. 이 과정에서는 분석적 사고, 체계적 접근, 논리적 추론 능력이 중요하며, 기존 이론과의 비교, 모델 구성, 가설 설정 등의 활동이 포함된다.

(4) 능동적 실험(AE : Active Experimentation)

새롭게 형성된 개념이나 이론을 새로운 상황에 적용해 보는 단계이다. 이 과정에서 학습자는 자신이 개발한 이론이나 가설을 검증하고, 새로운 경험을 창조하며, 학습한 내용의 유용성과 타당성을 확인한다. 능동적 실험은 단순한 이론의 적용을 넘어서 창의적이고 혁신적인 아이디어를 시도해 보는 과정이며, 이를 통해 새로운 구체적 경험이 창출되어 다시 학습의 순환고리가 시작된다. 이 단계에서는 실행력, 위험 감수 능력, 창의성, 문제해결 능력 등이 중요하며, 파일럿 프로젝트, 프로토타입 개발, 새로운 방법 시도 등의 활동이 포함될 수 있다.

〈표 4-3〉 경험 학습모형의 4단계

단 계	내 용	주요 활동 및 특징
구체적 경험	새로운 상황에 직면하거나 기존 경험을 재경험하는 단계. 개방적이고 편견 없는 마음으로 경험에 몰입. 즉각적이고 구체적인 상황에 대한 감각적 인식 강조	• 시뮬레이션, 역할연기, 현장실습, 프로젝트 수행, 토론 참여 등 • 선입견 없이 새로운 경험을 수용
성찰적 관찰	경험한 내용을 다양한 관점에서 관찰하고 성찰하는 단계. 경험을 객관적으로 바라보고, 다른 사람의 관점도 고려. 패턴이나 의미를 발견하려는 노력이 중요	• 학습 일지 작성, 소그룹 토론, 동료와의 경험 공유, 멘토와의 대화 등 • 즉각적인 판단보다 신중한 관찰과 깊이 있는 사고 강조
추상적 개념화	성찰을 통해 얻은 통찰을 일반적인 개념이나 이론으로 발전시키는 단계. 논리적 사고를 통해 경험에서 일반화된 원리를 도출하고 기존 지식과 연결	• 분석적 사고, 체계적 접근, 논리적 추론. 기존 이론과의 비교, 모델 구성, 가설 설정 등 • 개별적 경험을 보편적 지식으로 변환
능동적 실험	새롭게 형성된 개념이나 이론을 새로운 상황에 적용해 보는 단계. 이론을 검증하고 새로운 경험을 창조하며 유용성과 타당성을 확인. 창의적이고 혁신적인 아이디어 시도	• 파일럿 프로젝트, 프로토타입 개발, 새로운 방법 시도 등 • 실행력, 위험 감수 능력, 창의성, 문제해결 능력 중요

2) 콜브의 네 가지 학습 스타일

콜브는 개인이 네 가지 학습 능력을 모두 균형 있게 발달시키는 것이 이상적이지만, 실제로는 특정 단계를 선호하는 학습 스타일을 갖게 된다고 보았다. 이에 따라 네 가지 학습 스타일을 제시했다.

(1) 발산자(diverger)

구체적 경험과 성찰적 관찰을 결합한 스타일로, 상상력이 풍부하고 감정적이며 다양한 관점에서 상황을 바라보는 능력이 뛰어나다. 이들은 브레인스토밍, 토론, 그룹 활동 등을 선호하며, 인문학이나 예술 분야에서 강점을 보인다.

(2) 동화자(assimilator)

성찰적 관찰과 추상적 개념화를 결합한 스타일로, 논리적이고 체계적인 사고를 선호하며 이론적 모델을 구성하는 능력이 뛰어나다. 이들은 강의, 독서, 연구 등을 통한 학습을 선호하며, 수학이나 기초과학 분야에서 강점을 보인다.

(3) 수렴자(converger)

추상적 개념화와 능동적 실험을 결합한 스타일로, 실용적이고 문제해결 지향적이며 의사결정 능력이 뛰어나다. 이들은 시뮬레이션, 실습, 케이스 스터디 등을 선호하며, 공학이나 기술 분야에서 강점을 보인다.

(4) 조절자(accommodator)

능동적 실험과 구체적 경험을 결합한 스타일로, 새로운 경험을 추구하고 상황에 유연하게 적응하는 능력이 뛰어나다. 이들은 현장 경험, 프로젝트, 팀워크 등을 선호하며, 비즈니스나 사회과학 분야에서 강점을 보인다.

경험 학습이론에서 강조하는 중요한 개념 중 하나는 학습의 전이(transfer)이다. 전이는 한 상황에서 학습한 내용을 다른 상황에 적용하는 능력을 의미하며, 경험 학습의 궁극적 목표 중 하나이다. 콜브는 효과적인 전이를 위해서는 네 가지 학습 단계를 모두 거쳐야 한다고 강조했다. 구체적 경험만으로는 상황에 국한된 지식만을 얻을 수 있고, 추상적 개념화만으로는 실제 적용이 어려운 이론적 지식만을 얻을 수 있다. 따라서 경험과 성찰, 개념화와 실험이 균형 있게 이루어져야 다양한 상황에 적용 가능한 유연하고 실용적인 지식을 얻을 수 있다. 또한 경험 학습에서는 메타학습(meta-learning), 즉 학습하는 방법에 대한 학습이 중요하다. 학습자가 자신의 학습 과정을 의식적으로 인식하고 조절할 수 있을 때, 더 효과적이고 지속적인 학습이 가능하다. 이를 위해서는 학습자가 자신의 학습 스타일을 이해하고, 다양한 학습 전략을 습득하며, 학습 상황에 따라 적절한 접근법을 선택할 수 있는 능력을 개발해야 한다.

|그림 4-2| 콜브의 효과적인 전이를 위한 네 가지 학습 단계

3) 경험 학습이론의 시사점

경험 학습이론은 성인교육 실천에 다양한 시사점을 제공한다. 첫째, 학습자의 직접적인 경험을 중시하는 교육 프로그램을 설계해야 한다. 이는 단순한 정보 전달이나 이론 학습을 넘어서 학습자가 실제로 경험하고 참여할 수 있는 활동들을 포함해야 함을 의미한다. 프로젝트 기반 학습, 문제 중심 학습, 협동 학습, 현장 실습 등이 이러한 접근법의 예이다. 둘째, 경험에 대한 성찰의 기회를 체계적으로 제공해야 한다. 많은 교육 프로그램들이 경험은 제공하지만 충분한 성찰의 시간과 기회를 제공하지 않는 경우가 많다. 효과적인 경험 학습을 위해서는 구조화된 성찰 활동, 동료와의 토론, 멘토링, 학습 일지 작성 등을 통해 경험을 깊이 있게 분석하고 의미를 도출할 수 있는 기회를 제공해야 한다. 셋째, 개별 학습자의 학습 스타일을 고려한 다양한 학습 방법을 제공해야 한다. 모든 학습자가 동일한 방식으로 학습하는 것은 아니므로, 다양한 학습 스타일을 수용할 수 있는 다변화된 교수법을 활용해야 한다. 넷째, 이론과 실제의 연결을 강화해야 한다. 추상적 개념화 단계에서 도출된 이론이나 원리가 실제 상황에서 어떻게 적용될 수 있는지를 보여주고, 학습자가 직접 적용해 볼 수 있는 기회를 제공해야 한다.

현대의 경험 학습 연구는 디지털 기술의 발전과 함께 새로운 차원으로 확장되고 있다. 가상현실(VR), 증강현실(AR), 시뮬레이션 기술 등을 활용한 경험 학습 환경의 구축, 온라인 협력 학습 플랫폼을 통한 경험 공유와 성찰, 인공지능을 활용한 개인화된 경험 학습 지원 등이 주요 연구 영역으로 부상하고 있다. 또한 경험 학습이 개인 차원을 넘어서 팀 학습, 조직 학습, 사회 학습에 미치는 영향에 대한 연구도 활발히 진행되고 있다. 이러한 연구들은 경험 학습이 21세기 지식사회에서 요구되는 창의성, 혁신성, 적응력 등의 핵심 역량 개발에 중요한 기여를 할 수 있음을 보여주고 있다.

5. 학습전이 이론

학습전이 이론(Transfer of Learning Theory)은 성인학습에서 학습자가 습득한 지식, 기술, 태도 등을 실제 상황이나 새로운 맥락에 적용하는 과정을 설명하는 이론이다. 이는 학습이 단순히 이론이나 정보의 축적에 머무르지 않고, 실천으로 연결되어야 한다는 평생학습의 목적과 깊이 연관된다. 학습전이는 20세기 초 교육심리학자 에드워드 손다이크(Edward Thorndike)의 연구에서 시작되었으며, 이후 퍼킨스와 살로몬(Perkins & Salomon, 1992), 브랜스포드와 슈워츠(Bransford & Schwartz, 1999) 등의 학자들에 의해 다양한 전이 유형과 촉진 전략이 제시되었다. 오늘날과 같이 빠르게 변화하는 사회에서 학습자가 배운 내용을 실제 삶이나 직업 현장에서 활용할 수 있도록 돕는 학습전이 개념은, 평생학습 체계의 핵심적인 구성요소로 부각되고 있다.

1) 학습전이의 유형

학습전이는 학습된 내용이 기존 상황과 유사한 맥락에서 적용되는 '수평적 전이'와, 간접적이고 복잡한 상황에서 적용되는 '수직적 전이'로 구분된다. 예컨대, 특정 소프트웨어를 배운 후 유사한 프로그램을 사용하는 데 적용하는 것이 수평적 전이라면, 문제 해결력이나 비판적 사고와 같은 고차원적 기술을 새로운 환경에서 활용하는 것은 수직적 전이에 해당한다. 이러한 전이가 성공적으로 일어나기 위해서는 학습자가 학습 내용을 의미 있게 이해하고, 새로운 맥락에서의 활용 가능성을 인식하며, 이를 연결 지을 수 있는 인지적 · 메타인지적 전략을 갖추는 것이 중요하다.

2) 학습전이를 촉진하기 위한 전략

학습전이를 촉진하기 위한 전략으로는 첫째, 맥락 기반 학습(contextualized learning)이 있다. 실제 문제나 사례를 중심으로 학습 내용을 구성함으로써 학습자는 일상생활이나 직무에서 유사한 상황에 보다 쉽게 적용할 수 있다. 둘째, 성찰적 학습(reflective learning)을 통해 학습자는 자신이 무엇을 배웠는지, 이를 어떻게 적용할 수 있을지를 반복적으로 점검할 수 있으며, 이는 전이 가능성을 높이는 데 효과적이다. 셋째, 메타인지 전략을 강화하여 학습자가 스스로 학습 상태를 점검하고 조절하는 능력을 개발할 수 있도록 지원하는 것도 중요하다. 넷째, 지원적 피드백과 코칭은 학습자가 새로운 상황에서의 적용에 대해 적절한 조언을 받을 수 있도록 도와준다.

3) 학습전이를 위한 준비

브랜스포드와 슈워츠(Bransford & Schwartz, 1999)는 '전이 가능한 학습을 위한 준비(PFL : Preparation for Future Learning)' 개념을 제시하며, 단순 암기식 학습보다는 다양한 사고 도구와 문제 해결 경험을 통해 학습자의 전이 역량을 길러야 함을 강조하였다. 퍼킨스와 살로몬(Perkins & Salomon, 1992)은 전이를 위해 필요한 '교량전략(bridging strategy)'을 통해, 학습자 스스로 유사성을 인식하고 연결할 수 있도록 설계된 학습이 중요하다고 보았다.

4) 학습전이의 중요성

현대 성인학습의 맥락에서는 특히 다음과 같은 측면에서 학습전이의 중요성이 강조된다. 첫째, 성인의 학습은 대부분 직업 재교육, 역량 강화, 사회참여와 연결되어 있기 때문에, 학습 결과의 실용적 활용이 필수적이다. 둘째, 다양한 경험을 지닌 성인학습자는 자신의 삶과 관련된 맥락에서 학습 내용을 연결할 수 있을 때 더 높은 몰입과 성과를 보인다. 셋째, 디지털 기반의 온라인 학습이 일반화되면서, 단순한 정보전달을 넘어 학습자가 학습 내용을 실제 문제 해결에 적용할 수 있도록 유도하는 설계가 더욱 요구되고 있다.

결론적으로, 학습전이 이론은 성인학습의 실천성과 효과성을 높이기 위한 이론적 기반으로서 중요하며, 교육자와 프로그램 설계자는 학습전이를 염두에 두고 구조화된 경험, 실천적 활동, 성찰과 피드백을 설계해야 한다. 이를 통해 성인학습은 단절된 사건이 아닌, 삶과 직업의 연속선상에서 지속가능한 성장을 위한 도구로 기능할 수 있다.

참/고/문/헌

권대봉(2016). **성인학습 및 상담**. 학지사.

기영화(2018). **성인학습 및 상담론**. 학지사.

김정은 · 김유경(2021). 직무 관련 성인교육에서 학습전이에 영향을 미치는 요인 탐색. **성인 및 평생교육연구, 27**(4), 201-230.

김진화(2019). **평생교육 방법론**. 학지사.

김한별(2020). **성인교육론**. 학지사.

박주희 · 임세영(2020). 성인학습에서 학습전이 촉진 전략에 대한 체계적 문헌 고찰. **평생교육학연구, 26**(3), 93-122.

송병국(2017). **성인교육방법론**. 양서원.

신용섭(2019). **평생교육 프로그램 개발론**. 학지사.

이정민(2018). 직업훈련에서의 학습전이 유형 분석 및 교육적 시사점. **HRD연구, 20**(1), 45-70.

차갑부(2018). **평생교육론**. 교육과학사.

최은수(2019). **성인학습이론과 실천**. 학지사.

한국평생교육학회(2020). **평생교육학 연구**. 교육과학사.

홍기형(2018). **성인교육방법론**. 교육과학사.

Bransford, J. D., & Schwartz, D. L.(1999). Rethinking transfer : A simple proposal with multiple implications. *Review of Research in Education, 24*(1), 61-100.

Brookfield, S. D.(2013). *Powerful techniques for teaching adults.* Jossey-Bass.

Cranton, P.(2016). *Understanding and promoting transformative learning*(3rd ed.). Jossey-Bass.

Cross, K. P.(1981). *Adults as learners : Increasing participation and facilitating learning.* Jossey-Bass.

Dirkx, J. M.(2012). Self-directed learning and the academy : A critical examination of policies and practices. In H. B. Long(Ed.), *Self-directed learning : Application and research*(pp. 45-68). University of Georgia.

Jarvis, P.(2010). *Adult education and lifelong learning : Theory and practice*(4th ed.). Routledge.

Knowles, M. S., Holton III, E. F., & Swanson, R. A.(2015). *The adult learner : The definitive classic in adult education and human resource development*(8th ed.). Routledge.

Kolb, D. A.(2014). *Experiential learning : Experience as the source of learning and development*(2nd ed.). Pearson Education.

Merriam, S. B., & Bierema, L. L.(2013). *Adult learning : Linking theory and practice.* Jossey-Bass.

Merriam, S. B., & Caffarella, R. S.(2019). *Learning in adulthood : A comprehensive guide*(4th ed.). Jossey-Bass.

Mezirow, J.(1991). *Transformative dimensions of adult learning*. Jossey-Bass.

__________(2000). *Learning as transformation: Critical perspectives on a theory in progress*. Jossey-Bass.

Perkins, D. N., & Salomon, G.(1992). *Transfer of learning. International Encyclopedia of Education*(2nd ed.). Oxford : Pergamon Press.

Taylor, E. W.(2017). Transformative learning theory. *New Directions for Adult and Continuing Education, 154,* 17-28.

Tough, A.(1979). *The adult's learning projects : A fresh approach to theory and practice in adult learning*(2nd ed.). Ontario Institute for Studies in Education.

CHAPTER 05

성인학습제도와 기관

1. 국가평생교육진흥원과 평생학습제도
2. 자격제도
3. 성인학습기관
4. 해외 성인학습기관 사례

05
CHAPTER

성인학습제도와 기관

개 요

성인학습이 잘 이루어지기 위해서는 개인의 의지만큼이나 그것을 뒷받침해 주는 제도와 기관의 도움이 중요하다. 누구나 필요한 때, 원하는 방식으로 배울 수 있으려면 제도적인 지원과 다양한 학습 기회가 잘 갖추어져 있어야 한다. 이 장에서는 우리나라의 평생교육제도와 자격제도, 성인학습기관의 역할을 살펴보고, 해외에서는 어떤 방식으로 성인학습이 이루어지고 있는지도 함께 알아본다. 이를 통해 제도와 기관이 성인학습자에게 어떤 역할을 할 수 있는지를 좀 더 가까운 시선으로 살펴보고자 한다.

학습목표

1. 국가평생교육진흥원의 설립 배경과 목적을 이해하고 주요 사업과 기능을 파악한다.
2. 다양한 성인학습기관의 유형을 살펴보고 각 기관의 주요 역할을 이해한다.
3. 해외의 성인학습기관의 사례를 확인하고, 우리나라 성인학습제도의 발전 방안을 모색한다.

핵심어

국가평생교육진흥원, 평생학습제도, 자격제도, 성인학습기관

1. 국가평생교육진흥원과 평생학습제도

1) 국가평생교육진흥원의 설립과 목적

국가평생교육진흥원은 「평생교육법」 제19조에 근거하여 설립된 대한민국 대표 평생학습 지원기관이다. 2008년 한국교육개발원 산하 국가평생교육진흥센터로 출발하였으며, 이후 독립기관으로 정식 출범하였다. 이 기관은 21세기 지식기반사회 전환과 인구 구조 변화에 따른 성인학습 수요의 급증, 그리고 헌법에서 보장하는 국민의 교육권 실현을 제도적으로 뒷받침하기 위해 설립되었다.

국가평생교육진흥원의 목적은 전 국민의 생애 전 주기에 걸친 학습을 체계적으로 지원함으로써 평생학습사회를 구현하고, 국가경쟁력을 강화하는 데 있다. 이를 위해 국가 차원의 평생교육 정책을 기획하고 조정하며, 제도 설계 및 운영, 정보체계 구축, 디지털 기반 교육환경 마련 등 다양한 기능을 수행한다.

2) 국가평생교육진흥원의 주요 사업

국가평생교육진흥원이 수행하는 주요 추진사업은 다음과 같다.

첫째, 국가 평생교육 정책의 기획 및 조정이다. 중장기 정책 수립을 지원하고, 중앙정부와 지방자치단체 간의 협력 체계를 조정하며, 법과 제도의 개선을 위한 기초 연구를 수행한다.

둘째, 평생교육 정보 및 통계 관리이다. 평생교육통계조사, 학습정보망 '늘배움' 운영 등을 통해 정책 수립의 기반을 마련하고 학습자에게 신뢰할 수 있는 정보를 제공한다.

셋째, 주요 평생학습 제도의 운영이다. 학점은행제, 독학학위제, K-MOOC, 평생학습계좌제 등을 통해 다양한 학습 경로를 제도화하고, 국민의 학습권을 보장한다.

넷째, 디지털 기반 평생학습 환경 조성이다. 온라인 콘텐츠 개발, 인공지능 분석 기반의 맞춤형 학습 시스템 구축 등으로 미래형 학습환경을 구현한다.

다섯째, 지역 평생학습 진흥과 현장 지원이다. 지역 평생학습 활성화를 위한 컨설팅 제공, 평생학습도시 사업 운영, 현장 활동가 양성 등을 통해 지역 기반의 평생교육을 확산시킨다.

3) 국가평생교육진흥원의 주요 기능 및 운영 제도

- 정책 기획 및 조정 : 국가 평생교육의 중장기 정책 수립 지원, 중앙정부와 지방자치단체 간 협력 조정, 제도 개선을 위한 연구 수행
- 정보 및 통계 관리 : 평생교육통계조사, '늘배움' 등 학습정보망 운영, 신뢰성 있는 정보 제공
- 교육 운영 및 제도 시행 : 학점은행제, 독학학위제, K-MOOC, 평생학습계좌제 운영

(1) 학점은행제

학점은행제는 국가 차원의 학위 수여 제도로, 정규 고등교육기관 밖에서 이루어진 다양한 학습과 경력을 학점으로 인정하고, 일정 기준을 충족하면 학위 또는 자격 취득이 가능하도록 한 제도이다. 국민의 학습권 보장과 평생학습사회의 구현을 위한 핵심 정책 수단 중 하나로, 국가평생교육진흥원이 주관하며 주요 특징은 다음과 같다.

- 인정 학습 범위 : 대학 이수학점, 자격증, 독학시험, 학점인정기관 교육, 시간제 등록 이수학점 등
- 학위종류 : 전문학사, 학사
- 전공영역 : 사회복지학, 경영학, 교육학, 컴퓨터공학 등 140여 개
- 신청 절차 : 학점인정 온라인 신청 → 서류 제출 → 결과 확인 → 누적학점 기준 충족 후 학위 신청

학점은행제는 형식교육 중심의 학위 제도를 보완하고, 다양한 경로를 제도적으로 인정함으로써 고령화 · 다문화 · 고용환경 변화에 따른 인적자원 개발을 촉진한다. 사례로는 직장인 또는 경력단절 여성이 자격 취득 및 학점 인정 기관 수강을 통해 학위를 취득하고, 전문분야에 재취업하는 경우가 있다.

장점으로는 학습 경로의 다양성, 유연한 학위 취득, 진로 전환 가능성이 있으며, 유의사항으로는 학점 기준 및 절차의 엄격함, 과목별 중복 인정 제한 등이 있다. 학점은행제는 "학교 밖 학습의 학교 안 통합"이라는 새로운 고등교육 패러다임을 실현하는 제도이다.

(2) 독학학위제

정규 고등교육기관에 재학하지 않고도 독학을 통해 학사학위를 취득할 수 있도록 허용한 제도이다. 이 제도는 「독학에 의한 학위취득에 관한 법률」(1990년 제정)을 법적 근거로 하며, 국가가 인정하는 시험을 통해 학습자의 학문적 성취를 공식적으로 검증하고 학위로 환산하는 구조를 갖는다. 운영은 국가평생교육진흥원이 담당하고 있으며, 학습자 개인의 자기주도적 학습 역량을 기반으로 한다는 점에서 평생학습사회의 핵심 제도로 평가된다.

독학학위제의 과정은 총 네 단계 시험으로 구성된다. 첫째, 교양학습과정 시험은 학문의 기초가 되는 일반 교양 지식을 평가하며, 둘째, 전공기초과정 시험은 특정 전공 영역에 대한 기본 개념과 이해도를 측정한다. 셋째 단계는 전공심화과정 시험으로, 보다 전문적인 학문적 탐구 능력을 평가하며, 마지막으로 학위취득 종합시험은 해당 전공 분야의 종합적 지식과 문제해결 능력을 검증하는 단계이다. 이 네 단계의 시험을 모두 통과한 경우, 국가로부터 정식 학사학위를 수여받게 된다.

독학학위제의 가장 큰 장점은 학습자에게 시간과 공간의 제약 없이 학위 취득의 기회를 제공한다는 점이다. 정규 교육기관에 등록할 필요 없이, 각자의 속도와 방법으로 학습을 진행할 수 있으며, 교재와 온라인 강의 등 다양한 학습 자료를 통해 준비할 수 있다. 특히 경제적 부담이 크지 않고, 자율적인 학습 설계가 가능하기 때문에, 직장인, 경력단절 여성, 군 복무 중인 학습자, 장기 입원 환자 등 제도권 교육 참여가 어려운 다양한 성인층에게 실질적인 대안이 되고 있다.

또한 독학학위제는 단순히 학위를 취득하는 통로를 넘어서, 자기주도 학습의 역량을 강화하고 평생학습자로서의 정체성을 형성할 수 있는 기회를 제공한다는 점에서 의의가 크다. 시험 과정을 스스로 계획하고, 학습하고, 평가받는 과정을 통해 성인은 자신의 학습 동기와 목표를 명확히 하며 학문적 성취에 대한 자기 확신을 얻을 수 있다.

이처럼 독학학위제는 학위 취득에 있어 전통적인 대학 교육과정을 보완하는 유연한 대안이며, 성인학습자의 다양한 삶의 조건과 학습 스타일을 고려한 국가 주도의 제도적 설계라는 점에서 평생교육 전공자에게 특히 주목할 가치가 있는 제도이다.

(3) 평생학습계좌제

평생학습계좌제는 개인이 생애 전 주기에 걸쳐 이루는 다양한 학습 경험과 성취를 체계적으로 기록하고 관리하여, 이를 학력이나 자격으로 인정받을 수 있도록 지원하는 제도이다. 이 제도는 「평생교육법」 제23조를 법적 근거로 하며, 국가평생교육진흥원이 운영 주체로 지정되어 있다. 평생학습계좌제는 정규 교육체제 밖에서 이루어지는 비형식·무형식 학습까지 폭넓게 포괄함으로써, 학습의 가치를 인정하고 평생학습사회 구현을 제도적으로 뒷받침하는 역할을 한다.

이 제도의 핵심은 '계좌'라는 개념이다. 마치 금융기관의 통장에 거래 내역을 기록하듯, 학습자의 모든 학습 경로를 개인 학습계좌에 누적 관리할 수 있다. 계좌에 기록할 수 있는 학습 내용은 다양하다. 대학 또는 평생교육기관에서 이수한 교육과정, 직업훈련, 자격증 취득, 공공기관 및 기업체의 자체 교육, 외국 교육기관에서의 수강 내용 등 학습의 장소, 방식, 형식에 관계없이 인정 가능한 수준의 학습경험이라면 등록이 가능하다.

기록된 학습 이력은 향후 학점은행제를 통해 학위 취득에 활용할 수 있고, 직업능력개발훈련과의 연계, 고용정보 관리 등 다양한 방식으로 사회적으로도 유용하게 활용된다. 예를 들어, 한 청년이 고등학교 졸업 후 바로 취업하여 직무 관련 자격증을 여러 개 취득하고, 지방자치단체의 평생학습관에서 디지털 리터러시 과정을 이수한 뒤 이를 평생학습계좌에 등록하였다. 이후 일정 학점을 충족하여 학점은행제를 통해 학사학위를 취득한 사례는, 학습의 비선형성과 개인 맞춤형 경로의 가능성을 보여주는 대표적인 예시이다.

평생학습계좌제는 또한 학습 이력의 '가시화'와 '정량화'를 가능하게 함으로써, 학습자의 동기 유발과 자기주도적 경력 설계에도 기여한다. 학습자는 자신의 계좌를 통해 지금까지의 학습 성과를 한눈에 확인하고, 앞으로 어떤 교육과정이 필요한지를 설계할 수 있으며, 교육기관 역시 이 정보를 바탕으로 학습자의 특성에 맞는 교육을 제안할 수 있다. 이는 단순한 기록이 아니라, 학습과 진로, 고용을 유기적으로 연결하는 '교육생태계의 정보 인프라'로 기능한다는 점에서 교육공학적 가치도 크다.

또한 제도적 설계 측면에서도 개인 맞춤형 학습을 적극 지원한다. 학습자의 학습 이력은 '학습이력관리시스템(Life-long Learning Account Management System)'을 통해 통합적으로 관리되며, 온라인상에서 스스로 등록하고 조회할 수 있는 접근성 높은 플랫폼이 구축되어 있다. 이 플랫폼은 국가평생교육진흥원 누리집에서 운영되고 있으며, 학습자, 교육기관, 기업체 모두에게 개방된 구조이다.

평생학습계좌제는 앞으로 국가의 역량 기반 사회(NQF : National Qualifications Framework) 구현과도 맞물려, 학력 중심 사회에서 역량 기반 사회로의 전환을 이끄는 핵심 제도로 주목받고 있다. 특히 미래사회에서 요구되는 다중 경력 경로, 전환형 직무, 이직과 재교육 중심의 노동시장 변화에 대응하기 위해, 학습자의 학습 이력을 자산화하고 재활용 가능하게 하는 이 제도의 역할은 더욱 중요해질 전망이다.

(4) K-MOOC(한국형 온라인 공개강좌)

K-MOOC(Korea Massive Open Online Course)는 고등교육의 대중화를 실현하고 국민 누구나 고등교육 수준의 강의를 온라인으로 수강할 수 있도록 하기 위해 2015년 교육부와 국가평생교육진흥원이 공동으로 도입한 온라인 공개강좌 플랫폼이다. 이 제도는 디지털 기술을 활용하여 대학 수준의 양질의 강좌를 무료로 제공함으로써, 학습 기회의 확대와 고등교육 접근성 향상을 도모하고자 한다.

K-MOOC는 「평생교육법」 및 「고등교육법」의 취지에 따라, 정규 교육제도의 한계를 보완하고 사회 전반의 학습 기회를 균등화하기 위한 대표적인 공공형 평생학습 플랫폼으로 기능하고 있다. 이는 단순히 강의를 개방하는 것에 그치지 않고, 대학 간 협력, 콘텐츠 품질 관리, 학습관리 시스템 구축 등 국가 수준에서 체계적으로 운영되는 고등교육 개방 정책이다.

운영 구조는 다음과 같다. 콘텐츠는 국내 주요 대학이 개발하고, 국가평생교육진흥원이 플랫폼 운영과 품질 관리를 담당한다. 강좌는 대학별 교수자가 직접 설계하고, 영상 콘텐츠, 퀴즈, 토론, 과제 등 다양한 온라인 학습 요소를 포함한다. 학습자는 일정 기준을 충족하면 수료증을 받을 수 있으며, 일부 강좌는 학점은행제 연계 또는 대학 정규 수업 대체 학점으로 인정되기도 한다. 이는 고등교육의 공인성과 비형식 학습의 융합 가능성을 보여주는 대표 사례다.

K-MOOC는 2020년 이후 코로나19로 인한 비대면 학습 수요의 증가와 함께 학습자 수가 급격히 늘었으며, 현재는 약 100여 개 이상의 국내 대학이 참여하고 수백 개 강좌가 개설되어 있다. 개설 강좌는 인문학, 사회과학, 자연과학, 공학, 예술, 보건의료 등 전 학문 분야를 포괄하며, 예를 들어 서울대학교의 '행복의 과학', 포스텍의 '인공지능 개론'과 같은 인기 강좌는 수십만 명이 수강한 바 있다.

특히 K-MOOC는 성인학습자, 재직자, 경력단절자 등 다양한 학습 수요자에게 시간과 공간의 제약 없이 수준 높은 교육 콘텐츠에 접근할 수 있는 기회를 제공한다는 점에서, 평생학습 관점에서 매우 중요한 의미를 지닌다. 학습자들은 자신의 진로 개발, 역량 강화, 자기 계발의 목적으로 강의를 수강하며, 이는 학습의 자율성, 주도성, 접근성을 높이는 데 기여한다.

교육학적으로 보아도 K-MOOC는 기존의 강의식 전달 중심 교육에서 벗어나 자기주도 학습, 블렌디드 러닝, 맞춤형 학습의 실천 가능성을 높이는 중요한 실험장이 되고 있다. 학습자 커뮤니티를 기반으로 한 상호작용과 온라인 피드백 시스템, 다양한 매체 자료와 학습진도 관리 기능은 고등교육의 질적 전환을 이끌고 있다. 최근에는 인공지능 기반 학습 분석(learning analytics), 학습자 수준별 추천 알고리즘 등도 연구 · 적용되고 있으며, 이는 향후 개인화된 평생교육 실현을 위한 디지털 기반 구축과도 맞닿아 있다.

K-MOOC는 궁극적으로 고등교육의 공공성과 평생교육의 개방성을 통합하는 제도적 실험이자 실천이다. 특히 평생교육을 전공하는 대학생에게는 이 플랫폼이 단순한 온라인 강의가 아닌, 국가 주도의 평생학습 생태계 조성의 핵심 수단으로 이해될 필요가 있다. 향후 K-MOOC는 기업 연계 직무 역량 교육, 지역 연계 학습 공동체 프로그램, 취약계층 맞춤형 콘텐츠 등으로 점차 확장될 것으로 예상되며, 이는 디지털 기반 평생학습 사회 구현의 주요한 축으로 작동할 것이다.

최근 평생학습 환경은 단순한 온라인 강의 제공을 넘어, 인공지능(AI), 메타버스, 빅데이터 분석 등 첨단 기술과의 융합을 통해 보다 몰입적이고 개인화된 학습 경험을 제공하는 방향으로 진화하고 있다. 이러한 디지털 기반 학습 환경의 조성은 특히 성인학습자에게 시간과 장소의 제약을 뛰어넘는 학습 기회를 제공함으로써, 고등교육의 문턱을 낮추고 학습의 지속성과 효율성을 높이는 핵심 수단으로 자리 잡고 있다.

예를 들어, AI 기반의 맞춤형 학습 추천 시스템은 학습자의 선호, 학습 이력, 난이도 조절 등을 자동으로 분석하여 개인에게 최적화된 콘텐츠를 제안함으로써 학습 몰입도를 높이고, 성취감을 증대시킨다. 이는 자기주도 학습 능력이 중요한 성인학습자의 특성과도 부합하며, K-MOOC를 비롯한 다양한 온라인 평생학습 플랫폼에서 적용이 확대되고 있다.

또한 메타버스 기술을 활용한 가상현실 학습 공간은 전통적인 텍스트 중심 교육을 넘어 시뮬레이션, 실습 기반, 협업 중심의 참여형 교육 환경을 구현할 수 있도록 한다. 예컨대, 보건, 간호, 건축, 공학 등의 실기 중심 교육에서는 메타버스를 통해 가상의 병원, 공사현장, 실험실을 체험하고 문제 해결 학습을 실현하는 사례가 늘고 있다. 이러한 방식은 성인학습자가 자신의 삶이나 직무와 밀접한 환경을 반영한 실천적 학습을 경험할 수 있게 해주며, 학습의 실제적 전이 가능성을 높이는 데 기여한다.

한편 플립러닝(Flipped Learning), 마이크로러닝(Microlearning), 러닝 애널리틱스(Learning Analytics) 등 새로운 교육 패러다임과도 연결되면서, 기존의 일방향적 콘텐츠 소비 중심 교육에서 벗어나, 참여 · 피드백 · 개인화 · 확장성을 특징으로 하는 학습생태계가 구축되고 있다. 이는 디지털 격차 해소, 세대 간 교육 형평성 확보, 지역 간 교육 불균형 해소에도 긍정적인 영향을 미치고 있다.

결국 디지털 기반 학습환경의 조성은 단순히 기술을 접목하는 데 그치는 것이 아니라, 성인의 다양한 삶의 맥락 속에서 학습의 접근성, 효율성, 지속 가능성을 제고하는 전략적 교육 인프라로 기능한다. 향후 평생학습은 단지 온라인 강좌를 수강하는 수준을 넘어, 학습자 중심의 데이터 기반 교육 설계와, 몰입형 인터랙티브 콘텐츠의 통합을 통해 '개인 맞춤형 성장 경로'를 지원하는 방향으로 발전할 것으로 예상된다.

〈표 5-1〉 국가평생교육진흥원 교육 운영제도

제도명	개 요	주요 대상	기대 효과
학점 은행제	학교 밖 학습경험 자격을 학점으로 인정	직장인, 전문자격자, 시간제 학습자	**유연한 학습 경로 제공** : 다양한 학습 경로(온라인 강의, 자격증, 현장실습 등)를 통해 학점을 취득할 수 있어, 학습자가 자신의 상황에 맞게 학습 계획을 세울 수 있다. **시간 및 비용 절감** : 전통적인 대학 교육과 달리, 필요한 학점만을 취득하면 되기 때문에 시간과 비용을 절약할 수 있다. 특히 이전의 학습 경험을 학점으로 인정받을 수 있어 더욱 효율적이다. **다양한 전공 선택 가능** : 대부분의 전공 분야에서 학위를 취득할 수 있으며, 일부 전공은 100% 온라인 수업만으로 학위를 취득할 수 있다.
독학 학위제	국가시험으로 학위 취득 가능	재직자, 시간제 학습자	**빠른 학위 취득** : 대학교 검정고시 개념으로, 시험에 합격하면 과목당 학점을 인정받아 빠르게 학위를 취득할 수 있다. **자기주도 학습 강화** : 스스로 학습 계획을 세우고 공부하는 방식으로, 자기주도적 학습 능력을 향상시킬 수 있다. **비용 효율성** : 상대적으로 저렴한 비용으로 학위를 취득할 수 있다.
평생 학습 계좌제	다양한 학습이력 기록 · 관리 시스템	전 국민	**학습 이력 관리** : 개인의 학습 이력을 체계적으로 관리할 수 있어, 평생 동안의 학습 성과를 누적하고 증명할 수 있다. **유연한 학습 기회 제공** : 다양한 학습 경로와 방법을 통해 학습자가 지속적으로 학습할 수 있도록 지원한다. **학습 결과의 사회적 인정** : 학습 결과가 공식적으로 인정받아 취업이나 진학 등에 활용할 수 있다.
K-MOOC	온라인 공개 고등교육 강좌	일반 성인, 대학생	**무료 고품질 강의 제공** : 서울대, 연세대, 고려대 등 우수 대학의 강의를 무료로 수강할 수 있으며, 이를 통해 평생학습 기회를 확대할 수 있다. **학점 인정** : K-MOOC에서 수강한 강의를 학점으로 인정받을 수 있어, 학사 취득 경로를 다양화하고 교육비를 절감할 수 있다. **실용적 지식 습득** : 다양한 분야의 최신 지식을 습득할 수 있으며, 특히 금융, 기술 등 실용적인 주제를 다루는 강좌가 많아 현업에 바로 적용할 수 있다.

국가평생교육진흥원이 추진하는 이러한 평생학습제도는 성인의 생애단계별 학습 수요에 부응하며, 학습권을 실질적으로 보장하는 기반이 된다. 이는 특히 학습이력 기반 사회로의 전환을 앞당기는 정책 수단으로서, 고등교육에 대한 접근성 향상과 재교육의 제도적 기반으로 기능하고 있다.

2. 자격제도

자격제도는 개인이 특정 직무나 역할을 수행하기에 필요한 능력과 지식을 국가 또는 공신력 있는 기관이 공식적으로 인정해 주는 제도로, 현대사회에서 고용 가능성과 전문성 확보를 위한 핵심 제도 중 하나로 자리 잡고 있다. 성인학습자의 입장에서 자격 취득은 단지 기술 습득을 넘어서 사회적 신뢰 회복, 경력 전환, 자기실현의 수단으로 작동한다.

자격제도는 크게 국가자격과 민간자격으로 나뉘며, 국가자격은 다시 기술자격, 전문자격, 공인자격 등으로 세분화된다. 우리나라의 자격제도는 「자격기본법」에 근거하여 국가가 자격체계를 총괄하고 있으며, 국민의 자격 취득 기회를 보장하고 자격의 질적 수준을 관리하기 위한 다양한 정책이 시행되고 있다.

1) 국가자격제도

국가에서 직접 운영하거나 공공기관이 관리하는 자격으로, 대표적으로는 기능사, 산업기사, 기사, 기술사 등의 기술자격과 공인중개사, 사회복지사, 보육교사, 간호조무사 등의 전문자격이 있다. 이들 자격은 응시자격 요건, 시험과목, 취득절차 등이 엄격히 규정되어 있으며, 취득 시 고용시장 또는 공공영역에서의 법적 자격으로 활용된다. 예를 들어, 사회복지사는 국가자격증을 보유해야 사회복지시설 근무가 가능하다.

2) 민간자격제도

개인 또는 민간 교육기관 등이 자체적으로 인증하는 자격으로, 산업 변화나 시장 수요에 민감하게 반응하여 다양한 분야에서 활용되고 있다. 예를 들어, 심리상담사, 커피 바리스타, 드론 조종사 등의 자격은 민간자격 등록을 통해 운영된다. 이 중 일부는 '공인 민간자격'으로 승격되어 일정한 공신력을 인정받는다.

3) 자격과 평생학습의 연계

자격제도는 평생교육의 실천적 성과를 측정하고 인증하는 체계로도 기능한다. 국가평생교육진흥원의 학점은행제나 평생학습계좌제는 자격 취득을 학습 이력으로 환산할 수 있도록 설계되어 있으며, 이는 학위 취득과 경력 개발에 연계된다. 또한 자격증 중심 교육과정은 평생학습기관에서 수강자 모집의 주요 기반이 되며, 성인학습자의 실용적 수요에 부합하는 교육 콘텐츠로 개발되고 있다.

4) 자격제도 운영의 주요 기관

고용노동부(기술자격), 보건복지부(의료 · 복지 분야 자격), 교육부(평생교육 관련 자격) 등 각 부처가 소관 분야별 자격을 관장하고 있으며, 한국산업인력공단은 자격시험 시행과 국가기술자격관리의 핵심 기관으로 활동하고 있다. 민간자격은 한국직업능력연구원에서 통합 관리 · 등록하고 있다.

5) 평생교육사 자격제도

평생교육사 자격은 「평생교육법」에 의거하여 부여되는 국가자격으로, 평생교육 현장에서 교육기획, 운영, 상담, 평가 등의 전문 업무를 수행할 수 있도록 하기 위한 제도이다. 평생교육사는 공공기관, 평생학습관, 기업체 인재

개발부서, 시민단체 등 다양한 영역에서 활동하며, 지역사회 학습생태계 조성과 평생학습 진흥의 핵심 인력으로 주목받고 있다.

- **1급 평생교육사** : 평생교육 또는 교육 관련 석사학위 이상 소지자 중에서 일정한 평생교육 경력을 갖춘 자, 또는 2급 자격 취득 후 실무 경력을 쌓은 자가 대상이다. 고급 교육기획, 연구개발, 정책수립 등에 적합한 인재 양성을 목표로 한다.
- **2급 평생교육사** : 평생교육 관련 학사학위 소지자 또는 지정된 평생교육 관련 교과목(전공 포함 30학점 이상 이수자)이 대상이며, 평생교육실습(3학점) 이수가 필수이다. 주로 실무 현장인 평생학습관, 주민자치센터 등에서 교육 프로그램 운영 및 학습자 지원을 담당한다.
- **3급 평생교육사** : 과거에는 일정한 일반학위 소지자 또는 전문대학 졸업 후 일정 교과 이수 시 자격이 주어졌으나, 2020년부터 신규 자격 발급이 사실상 중단되었거나 제한적으로 운영되고 있다.

현재 평생교육사들은 주로 지역 평생교육기관에서 학습 프로그램을 기획하고, 학습자를 상담하며, 행정 업무를 병행하고 있다. 특히 디지털 환경의 확대와 학습 수요의 다양화에 따라 프로그램 운영능력 외에도 콘텐츠 개발 및 네트워크 구축 능력 등이 요구되고 있다. 앞으로의 평생교육사는 단순한 프로그램 운영자를 넘어, 지역의 학습 파트너이자 정책 실행자로서의 비중이 확대될 것으로 전망된다.

이처럼 자격제도는 성인의 경력 설계, 사회 진출, 직무 능력 향상, 그리고 자기개발이라는 복합적 목적을 지닌 제도이며, 성인학습을 제도적으로 뒷받침하는 핵심 장치로 작용하고 있다. 평생학습과 자격의 통합적 운영은 앞으로의 교육정책에서 중요한 과제로 부각되고 있다.

3. 성인학습기관

1) 성인학습기관이 주목받게 된 시대적 배경

최근 성인학습기관이 교육 정책 및 사회 전반에서 주목받기 시작한 데에는 몇 가지 중요한 시대적 배경이 존재한다. 첫째, 저출산 · 고령화 사회의 심화로 인해 정규 교육 이후에도 학습을 지속해야 할 필요성이 증가하였다. 고령인구의 비율이 높아짐에 따라, 이들이 사회적 역할을 유지하고 삶의 질을 향상시킬 수 있도록 지원하는 평생학습기관의 역할이 확대되고 있는 것이다.

둘째, 기술혁신과 노동시장 구조의 급변은 직업 전환, 재교육, 역량 개발을 위한 새로운 학습 수요를 창출하고 있다. 디지털 전환, 인공지능 도입, 플랫폼 노동 증가 등은 성인들에게 새로운 지식과 기술을 요구하고 있으며, 이에 대응하기 위한 실용적 교육을 제공하는 성인학습기관의 중요성이 커지고 있다.

셋째, 지역 균형발전과 사회통합의 관점에서도 성인학습기관은 핵심적인 역할을 한다. 특히 농산어촌, 저소득층, 이주민 등 다양한 계층의 사회적 배제를 완화하고, 참여와 소통의 장을 마련함으로써 지역사회 통합과 민주적 시민성 함양에 기여하고 있다.

넷째, 공공성과 학습권 보장에 대한 사회적 인식 확대 역시 주목도를 높이고 있다. 학습은 특정 연령이나 계층의 특권이 아니라, 전 생애에 걸쳐 누구나 접근할 수 있어야 한다는 인식이 확산됨에 따라, 성인학습기관은 학습 기회의 균형을 실현하는 주요 수단으로 자리매김하고 있다.

이러한 맥락 속에서 성인학습기관은 단순한 교육시설을 넘어, 사회 변화에 대응하는 능동적 학습공간, 시민성 교육의 장, 지역 거버넌스를 실현하는 플랫폼으로 그 위상이 재정립되고 있으며, 향후에도 그 필요성과 영향력은 더욱 확대될 것으로 전망된다.

2) 성인학습기관 유형

성인학습기관은 성인의 다양한 학습 요구를 충족시키기 위해 설립된 공공 및 민간 차원의 교육기관을 포괄한다. 이들은 학습자의 연령, 직업, 관심사, 지역적 특성을 고려하여 폭넓은 프로그램을 운영하고 있으며, 평생학습사회를 실현하는 중요한 거점 역할을 수행한다. 다음은 우리나라의 대표적인 성인학습기관의 유형과 그 특징이다.

(1) 평생학습관

지방자치단체가 설치·운영하는 공공학습기관으로, 주민을 위한 기초문해 교육, 인문교양, 직업능력 향상, 건강관리, 디지털 리터러시 등 다양한 교육 프로그램을 제공한다. 특히 주민이 주도적으로 참여할 수 있는 마을 학습동아리, 주민강사 양성, 지역축제 연계 프로그램 등이 운영되며, 지역 밀착형 평생교육 거점으로 기능한다. 또한 각 지방자치단체의 평생학습관에서는 지역민의 요구와 문화적 특성에 맞춘 프로그램을 제공하려는 노력으로 학습 접근성을 높이고 사회적 포용을 실현하는 데 기여하고 있다.

(2) 대학 부설 평생교육원

대학교에 설치된 부속 기관으로, 전통적인 학위 과정 외에도 다양한 비학위 프로그램을 통해 성인학습자를 지원한다. 이들은 대학의 인적·물적 자원을 활용하여 교양, 직무능력, 문화예술, 제2의 진로 개발 등 다양한 분야의 강좌를 운영하며, 수료 시 대학 명의의 인증서를 발급하는 경우도 있다. 특히 기업체와 연계한 직무 재교육, 중장년 퇴직자 대상 전직 준비과정, 은퇴 설계 교육 등이 활발하게 진행된다. 예컨대 많은 수의 대학 평생교육원에서 기업·단체와 협력하는 교육과정을 운영하여 재직자 역량강화나 직무 특화 프로그램을 운영하고 있다.

(3) 직업능력개발훈련기관

고용노동부의 인가를 받은 공공 및 민간 교육기관으로, 직무능력 향상과 실업 해소, 경력전환을 위한 기능 중심의 직업 교육을 수행한다. 대표적인 예로 한국폴리텍대학은 전국에 다수의 캠퍼스를 두고 있으며, 스마트공장, 반도체, AI, 뷰티산업, 간호조무 등 다양한 분야에서 실습 중심 교육을 제공한다. 또한 국가기간 · 전략산업직종 훈련, 국민내일배움카드 사업 등 정부의 직업훈련 정책과 연계되어 운영되며, 성인학습자의 경제적 부담을 줄이기 위한 수강료 지원과 훈련수당 지급도 함께 제공된다.

(4) 문해교육기관

비문해 또는 저학력 성인을 위한 문자해득 중심의 기초교육 기관으로, 초등 · 중학 학력 인정 교육을 병행하는 경우가 많다. 이들 기관은 단순한 문자 교육을 넘어서 건강, 금융, 안전, 디지털 기초 소양 등 실생활에 밀접한 내용을 통합적으로 제공하여 실천적 문해를 강조한다. 예를 들어, 전국의 교육청과 연계한 성인문해교육 프로그램을 통해 어르신들에게 '초등 졸업장' 취득 과정을 제공하며, 모바일 사용법, 보이스피싱 예방법 등의 교육도 함께 이루어지고 있다. 수업은 학습자 수준과 속도에 맞춘 개별화 전략을 따르며, 사회적 소외 계층의 학습권 보장을 핵심 목표로 한다.

(5) 시민대학 및 민간 학습기관

지방자치단체 또는 민간 비영리단체, 평생교육 관련 재단 등에서 운영하는 시민대학은 자기계발, 시민의식 함양, 공동체 역량 강화를 목표로 한다. 예술 체험, 지역사 연구, 시민정치교육, 세대 간 소통 등 다양한 주제가 다루어지며, 지역의 특성과 주민 수요에 따라 다양한 형태로 운영된다. 민간의 문화센터, 학원, 종교단체, 기업 평생교육센터 등도 비공식 학습공간으로 기능하며, 개인의 취미, 여가, 직무 관련 학습욕구를 충족시킨다. 특히 최근에는 온라인

기반 민간 플랫폼과 커뮤니티 기반 학습이 확산되면서, 장소의 제약 없이 다양한 형태의 비형식 성인학습이 활발하게 전개되고 있다.

이처럼 성인학습기관은 목적과 설립 주체에 따라 각기 다른 교육 서비스를 제공하지만, 공통적으로 성인의 자율성과 다양성을 존중하며 학습 접근성을 확대하고 지역사회와의 상호작용을 통해 지속가능한 학습 환경을 조성한다는 점에서 중요한 사회적 기능을 수행한다.

4. 해외 성인학습기관 사례

성인학습은 각국의 사회문화적 맥락에 따라 다양한 형태로 운영되고 있다. 선진국들은 국가 정책 수준에서 성인교육을 제도화하고 공공 인프라를 강화함으로써 평생학습사회 실현에 힘쓰고 있다. 해외 각국에서도 성인학습을 통해 시민의 삶의 질을 높이고 사회통합을 촉진하기 위해 다양한 형태의 성인학습기관을 운영하고 있다. 이러한 기관들은 각국의 사회 · 문화 · 경제적 특성과 정책 방향에 따라 차별화된 구조와 운영 방식을 갖추고 있으며, 이러한 내용은 성인학습기관의 설계나 프로그램 개발에 대한 아이디어를 얻는 데 실질적인 도움이 될 수 있다.

1) 독일-시민대학[Volkshochschule(VHS)]

독일의 Volkshochschule(VHS)는 공공재로서의 평생학습을 실현하는 대표적 기관이다. 900개 이상의 기관이 전국에 분포되어 있으며, 성인 누구나 저렴한 비용으로 참여할 수 있다. VHS는 어학, 시민교육, 직업기술, 디지털 역량, 예술 및 건강 등 폭넓은 강좌를 운영하며, 특히 이민자와 난민을 위한 통합교육 프로그램이 강점이다. 각 지역의 자치단체가 주체가 되어 운영하지만 연방정부와 주정부의 재정지원도 함께 이루어져 국가 차원의 공공성과 지방분권이 조화롭게 구현되고 있다. 이처럼 VHS는 사회적 소외계층의 평생학습 참여를 제도적으로 뒷받침함으로써, 학습기회의 형평성과 사회 통합의 실천적 모델을 보여준다.

2) 핀란드-시민학교(Kansalaisopisto)

핀란드의 Kansalaisopisto(시민학교)는 지역 주민의 자발성과 학습욕구를 기반으로 운영되는 성인학습기관이다. 문화예술, 외국어, 디지털 리터러시, 건강 및 웰빙 교육 등 다양하고 창의적인 프로그램이 개설되며, 수강생이 직접 제안한 과목이 개설되는 경우도 많다. 시민학교는 교육을 국가 주도에서 벗어나 시민 참여 기반으로 전환한 대표적 사례이며, 지역 공동체와의 연계를 통해 공공성과 학습자 중심성을 실현하고 있다. 최근에는 고령 인구를 위한 IT 기초 교육, 가족 간 소통을 위한 프로그램 등 사회 변화에 민감하게 반응하는 학습을 통해 지속적인 진화를 보여준다.

3) 일본-공민관 및 생애학습센터

일본의 공민관은 지역 주민의 문화생활 향상과 공동체 활성화를 위해 지방정부가 운영하는 시설이다. 시간이 흐르며 '생애학습센터'로 확대 · 개편되어 평생학습의 거점으로 기능하고 있다. 특히 일본은 고령화 사회에 대응해 치매예방 프로그램, 건강관리, 가족교육 등 노년층 대상의 프로그램이 강하게 자리 잡고 있다. 다양한 세대가 참여할 수 있는 지역 축제, 전통문화 강좌, 시민 제안형 프로그램도 활성화되어 있으며, 지역사회의 복지적 기능을 교육을 통해 강화하는 모델로 주목받는다.

4) 캐나다-커뮤니티 컬리지(Community College)

캐나다의 커뮤니티 컬리지(Community College)는 고등교육기관이면서도 지역사회 성인학습의 거점으로서 기능한다. 이민자, 원주민, 중장년층을 대상으로 한 재직자 훈련, 직업전환 프로그램, 원격 수업, 취업 연계 실습 등 실용 중심의 커리큘럼을 운영하고 있으며, 기업체 및 지방정부와의 긴밀한 협력을 통해 교육-산업-지역이 하나의 학습 생태계를 이룬다. 또한 장학금, 학비 보조, 자녀 돌봄 등의 다양한 지원제도도 병행되어 교육 접근성을 높이고 있다.

5) 해외 사례를 통한 시사점

이러한 해외 사례는 우리나라 성인학습기관이 발전 방향을 모색하는 데 있어 다음과 같은 시사점을 제공한다. 첫째, 학습자 중심성과 자율성 강화다. 해외 기관들은 수강생이 프로그램을 제안하거나 커리큘럼 개발에 직접 참여하는 구조를 통해 학습 동기를 높이고 있다. 둘째, 사회통합 및 복지와의 연계다. 이민자, 고령자, 취약계층 등 사회적 약자를 포함하는 포용적 교육 프로그램이 활발히 운영되고 있으며, 이는 우리나라의 지역 평생학습 정책에도 적용 가능한 모델이다. 셋째, 지역 기반 협력 네트워크다. 지방정부, 시민단체, 산업체 등과의 협업을 통해 지속가능한 학습 생태계를 조성하는 방식은 국내 학습기관의 운영 전략에도 실질적인 통찰을 제공할 수 있다. 이러한 점들을 종합적으로 고려할 때, 한국의 성인학습기관은 단순한 프로그램 공급자를 넘어 지역사회 변화의 촉매자, 학습공동체의 중심축으로 거듭날 수 있을 것이다.

참/고/문/헌

강경아 · 최운실(2021). **평생교육방법론**. 학지사.

강명희 외(2020). **평생교육개론**. 양서원.

교육부(2023). **2023 평생교육백서**. 교육부 평생직업교육국.

국가평생교육진흥원(2022). 독학학위제 안내자료. 국가평생교육진흥원.

________________(2022). 평생학습계좌제 운영 매뉴얼. 국가평생교육진흥원.

________________(2023). 2023년 평생교육백서. https://www.nile.or.kr

________________(2023). K-MOOC 운영성과 분석보고서. 국가평생교육진흥원.

________________(2023). 학점은행제 운영 현황 및 통계 분석 보고서. 국가평생교육진흥원.

김주현 외(2021). 평생교육사 양성과정의 운영 실태 및 개선방안. 한국교육개발원 연구보고서.

김진화(2021). 핀란드 시민학교(Kansalaisopisto)의 평생학습 실천과 시사점. **평생교육학연구, 27**(1), 109-135.

노유리(2020). 독일 Volkshochschule(VHS)의 성인학습 운영사례와 정책적 시사점. **성인 및 평생교육연구, 26**(2), 145-170.

박선영(2022). 일본 생애학습센터의 지역사회 통합 사례 연구. **평생학습사회, 18**(1), 77-98.

서영숙 · 이영숙(2019). **평생교육 프로그램 개발론**. 교육과학사.

신은수(2020). K-MOOC를 활용한 대학의 평생교육 기여 방안. **원격교육연구, 36**(4), 57-80.

용인시청(2022). 용인시 문해교육 운영 사례집.

유성상 외(2020). 성인문해교육의 지역사회 확산 전략. **성인학습연구, 24**(1), 33-59.

이영민(2021). 평생학습계좌제 운영 현황과 발전 방안. **평생교육정책연구, 9**(2), 55-74.

정윤경(2021). 커뮤니티 칼리지의 직업전환교육 사례와 시사점 : 캐나다 사례를 중심으로. **평생교육학회지, 27**(3), 201-220.

종로구청(2023). 종로구 평생학습관 운영보고서. 종로구청 평생교육과.

최운실(2018). **평생교육사 양성과정 교재**. 학지사.

한국교육개발원(2022). 2022 교육통계연보. https://www.kedi.re.kr

한국직업능력연구원(2022). 직업능력개발 훈련기관 실태조사. 한국직업능력연구원.

________________(2023). 국가자격 제도 현황과 개선 과제. https://www.krivet.re.kr

한양대학교 평생교육원(2023). 재직자 대상 맞춤형 프로그램 안내자료.

文部科学省(2022). **生涯学習施策の現状と課題**. 日本文部科学省.

Finnish National Agency for Education(2022). *Adult Education in Finland.* Helsinki : EDUFI.

Government of Canada(2023). Community Colleges and Lifelong Learning. https://www.canada.ca

OECD(2021). *Adult Learning in Korea : Learning for Life*. Paris : OECD Publishing.

UNESCO Institute for Lifelong Learning(2022). *Global Inventory of Adult Learning and Education Policies and Practices.* Hamburg : UIL.

Volkshochschule(n.d.). Über uns. https://www.volkshochschule.de

CHAPTER 06

성인학습의 실제

1. 성인학습의 동기
2. 성인학습의 전략
3. 멘토링
4. 융합학습
5. 학습동아리
6. 학습자 평가와 피드백

06
CHAPTER

성인학습의 실제

개 요

성인학습은 정보를 습득하는 데 그치지 않고, 학습자가 자신의 삶과 연결된 의미를 찾아가며, 목적 있는 배움을 실천해 나가는 과정을 포함한다. 특히 학습은 개인의 내면과 상호작용, 실제 삶의 맥락 속에서 함께 일어날 때 더욱 의미 있게 확장된다. 이에 이 장에서는 성인학습의 실제를 구성하는 핵심 요소들을 살펴보며, 이론적 토대 위에 다양한 사례를 더해 학습의 흐름을 보다 입체적으로 이해할 수 있도록 안내하고자 한다.

학습목표

1. 성인학습 동기와 전략에 대한 이해를 통해 성인학습자들이 자신의 학습 과정을 효과적으로 계획하고 실행할 수 있도록 돕는다.
2. 멘토링과 융합학습, 학습동아리를 활용한 성인학습 방법을 습득하여 협력적이고 창의적인 학습 환경을 조성할 수 있다.
3. 성인학습에서의 평가와 피드백의 중요성을 인식하고, 이를 통해 학습 성과를 극대화하며 지속적인 학습 성장을 도모한다.

핵심어

성인학습의 동기, 메타인지 전략, 자기조절 학습, 멘토링, 융합학습, 학습동아리, 학습자 평가

1. 성인학습의 동기

성인학습에서 동기(motivation)는 학습자가 학습에 참여하고 지속하며 목표를 달성하고자 하는 내적 또는 외적 에너지를 의미한다. 동기는 성인의 학습 참여 이유를 설명하는 핵심 개념으로, '왜 배우는가'에 대한 해답과 직결된다. 성인학습자의 동기는 생애경험, 직업적 필요, 사회적 기대, 자아실현 등의 다양한 요인에 의해 유발되며, 이는 유아나 청소년의 의무적 학습과 구별되는 중요한 특징이다.

특히 성인은 자율성과 실용성을 중시하기 때문에, 학습이 자신의 삶과 직결되고 가치가 있다고 판단될 때 동기화되는 경향이 강하다. 이에 따라 성인학습의 동기를 이해하기 위해서는 대표적인 이론들을 종합적으로 분석할 필요가 있으며, 말콤 놀스(Malcolm Knowles)의 안드라고지 이론과 에드워드 데시(Edward Deci)와 리처드 라이언(Richard Ryan)의 자기결정이론을 학습 동기 중심으로 살펴본다.

1) 안드라고지 이론을 통한 성인학습 동기

말콤 놀스(Malcolm Knowles)는 성인학습이 아동학습과 본질적으로 다르다고 주장하면서, 성인을 위한 교육방법론인 '안드라고지(andragogy)'를 제시하였다. 그는 성인학습자의 학습 동기를 설명하기 위해 여섯 가지 기본 가정을 제시하였다.

(1) 성인은 자기주도적 학습자이다

즉, 스스로 학습의 방향을 설정하고 조절하려는 경향이 강하다. 이는 성인이 학습의 필요성과 목표를 스스로 인식할 때 내재적 동기가 촉진된다는 점을 설명한다. 실제로 직장인들이 자발적으로 야간 대학에 등록하여 자격증을 취득하고자 하는 경우, 외적 보상보다는 자기 결정에 따른 동기가 학습 참여의 핵심 동력이 된다.

(2) 성인은 풍부한 삶의 경험을 학습 자원으로 활용한다

이는 새로운 지식이 기존 경험과 어떻게 연결되느냐에 따라 동기 수준이 달라질 수 있다는 점을 시사한다. 예를 들어, 직장 내에서 새로운 업무를 맡게 된 중년 학습자는 과거의 유사한 경험을 되살리며 새로운 내용을 더 빠르게 이해하고 습득한다.

(3) 성인은 사회적 역할 변화에 따라 학습에 대한 준비성을 갖는다

부모가 되거나, 팀장이 되거나, 은퇴를 준비하면서 필요한 정보나 역량을 채우기 위해 학습에 나서는 것은 성인의 학습 준비성을 잘 보여주는 사례이다.

(4) 성인은 지식 자체보다는 삶의 문제 해결을 위한 학습을 선호한다

단순한 이론보다는, 실생활에서 마주치는 문제를 해결하는 데 도움이 되는 실용적인 학습 내용이 선호된다. 예를 들어, 중장년층의 금융교육 프로그램에서는 이론 강의보다 가계부 작성, 투자 시뮬레이션 등의 실습이 더 효과적으로 작용한다.

(5) 성인은 내적 동기에 의해 더 크게 움직인다

물론 자격증, 급여 상승 등 외적 보상도 중요하지만, 자아실현, 성취감, 자긍심 등은 보다 지속적이고 자발적인 학습을 유도한다. 실제로 평생학습관의 인문학 프로그램에 참여하는 고령 학습자들은 외적 보상 없이도 학습 자체에서 의미를 찾고 지속적으로 참여하는 경향이 있다.

(6) 성인은 학습 내용을 왜 배워야 하는지를 명확히 인식할 때 학습에 몰입한다

학습의 필요성을 스스로 납득할 수 있어야 동기가 생기며, 이를 위해 교육자는 학습의 목적과 기대 효과를 명확하게 제시해야 한다. 예를 들어, 은퇴 후 사회봉사를 계획하는 학습자가 상담학 수업에서 자신의 활동에 어떻게 적용할 수 있는지를 알게 되면, 학습의 몰입도가 눈에 띄게 높아진다.

놀스는 이러한 여섯 가지 가정을 바탕으로, 성인학습의 설계와 운영에서 학습자의 자율성과 경험, 실제성과 목적 중심성을 존중해야 한다고 강조했다. 안드라고지 이론은 평생교육, 직업훈련, 시민교육 등 다양한 교육현장에서 실질적 동기 유발의 근거로 활용되며, 성인학습자들이 자기 삶과 연결된 학습을 통해 자발적으로 성장할 수 있도록 돕는 이론적 기반을 제공한다.

2) 데시와 라이언의 자기결정이론

에드워드 데시(Edward Deci)와 리처드 라이언(Richard Ryan)의 자기결정이론(SDT : Self-Determination Theory)은 인간의 동기 형성과 지속에 있어 '자율성'이 핵심이라는 점을 강조한다. 이 이론은 성인학습자가 왜 어떤 학습에 몰입하고 다른 학습에는 흥미를 느끼지 못하는지를 설명해 주는 유력한 심리학적 틀이다. 특히 이 이론은 동기의 '질'에 주목하며, 학습자가 내면적으로 동기화될수록 학습 효과가 지속되고 깊어진다고 본다.

자기결정이론은 세 가지 기본 심리욕구를 중심으로 성인학습 동기를 설명한다.

(1) 자율성

학습자가 스스로 선택하고 결정할 수 있는 자유가 주어질 때, 학습 동기는 내면화되고 지속된다. 이는 직장에서 직무 관련 교육을 자율적으로 신청한 학습자가, 상사의 지시로 억지로 참여한 학습자보다 훨씬 높은 학습 만족도를 보이는 사례에서 확인할 수 있다.

(2) 유능감

학습자가 어떤 과제를 성취할 수 있다는 감각을 가질 때, 학습 동기는 강화된다. 예를 들어, 초급 컴퓨터 교육 과정에서 '문서 작성 성공하기'와 같은 단계별 성취 과제를 통해 학습자는 점진적으로 자신의 능력을 확인하게 되며, 이는 학습 지속성의 기반이 된다.

(3) 관계성

학습자가 다른 사람과 정서적으로 연결되고 소속감을 느낄 때, 학습은 더욱 의미 있게 다가온다. 협동학습이나 소규모 학습동아리에서 이루어지는 학습은 이러한 관계성 욕구를 충족시키며, 특히 중장년층이나 은퇴 이후 사회적 관계를 갈망하는 성인에게 강력한 동기 유발 요소로 작용한다.

〈표 6-1〉 자기결정이론의 세 가지 기본 심리욕구와 학습 동기

심리 욕구	설 명	학습 동기에 미치는 영향	예 시
자율성	학습자가 스스로 선택하고 결정할 수 있는 자유가 주어질 때, 학습 동기는 내면화되고 지속된다.	자율적으로 선택한 학습은 높은 만족도와 지속적인 학습 동기를 유발한다.	직무 관련 교육을 자율적으로 신청한 경우 vs 상사의 지시로 억지로 참여한 경우
유능감	학습자가 과제를 성취할 수 있다는 감각을 가질 때, 학습 동기는 강화된다.	단계별 성취를 통해 자신의 능력을 확인하고, 이는 학습 지속성의 기반이 된다.	초급 컴퓨터 교육에서 문서 작성 성공하기와 같은 단계별 과제 수행
관계성	학습자가 다른 사람과 정서적으로 연결되고 소속감을 느낄 때, 학습은 더욱 의미 있게 다가온다.	협동학습이나 소규모 학습 동아리에서 관계성 욕구가 충족되며, 이는 학습 동기를 강화한다.	협동학습, 소규모 학습동아리 활동, 은퇴 후 사회적 관계 형성을 위한 프로그램 참여

자기결정이론은 또한 동기의 유형을 외적 동기와 내적 동기로 나누고, 외적 동기도 내면화 정도에 따라 네 가지 수준(외적 조절, 내사, 동일시, 통합)으로 구분하였다. 성인은 초기에는 외적 동기에서 출발하더라도, 학습의 의미를 개인적 가치로 통합하게 될 경우 자율적인 학습자로 변화할 수 있다. 예컨대, 직장에서 필수로 요구된 교육 과정에 참여했던 학습자가 이후 관련 분야에 흥미를 느껴 자발적으로 심화 과정에 등록하는 사례는 내면화 과정을 보여주는 대표적 예다.

이 이론은 성인교육에서 '통제'보다는 '지원'의 중요성을 강조한다. 교육자는 성인학습자의 자율성을 해치지 않으면서도, 유능감과 관계성을 함께 촉진하는 환경을 조성해야 한다. 학습자의 주도성을 인정하고, 성취를 체계적으로 피드백하며, 동료 간의 상호작용을 장려하는 교수 전략은 자기결정이론의 관점에서 매우 유의미하다. 이러한 환경에서 성인은 단기적인 학습을 넘어, 지속가능하고 자기주도적인 평생학습자로 성장할 수 있다.

2. 성인학습의 전략

성인학습의 전략은 학습자가 학습 목표를 보다 효율적으로 달성하기 위해 사용하는 인지적, 정서적, 행동적 접근 방식 전반을 의미한다. 이는 단순히 무엇을 배우는가보다 '어떻게' 배우는가에 초점을 맞춘 개념이며, 자기주도적 학습 성향이 강한 성인에게는 필수적인 요소이다. 학습 전략은 성인의 기존 경험, 목표, 상황에 따라 매우 다양하게 적용되며, 효과적인 전략 사용은 학습의 지속성과 성과를 좌우하는 핵심 요인이 된다. 전략은 보통 인지 전략, 메타인지 전략, 사회정서적 전략으로 구분되며, 학습자는 이 세 가지 영역을 상황에 맞게 조합하여 활용하게 된다. 특히 성인학습에서는 학습자가 스스로 목표를 설정하고, 학습 활동을 계획하고 조절하며, 학습 과정을 반성하고 개선하는 능력이 중요하기 때문에 전략의 체계적 이해와 훈련이 필요하다.

1) 인지 전략

인지 전략은 정보를 습득하고 처리하며 기억하는 데 직접적으로 관련되는 전략이다. 반복하기, 요약하기, 조직화, 심상화, 질문 생성, 예시 만들기 등의 기법이 대표적이다. 이러한 전략은 새로운 지식을 기존의 스키마와 연결시켜 정리함으로써 이해도를 높이고 장기 기억으로의 전환을 돕는다. 예를 들어, 평생교육기관에서 외국어를 배우는 성인이 단어를 단순 암기하는 대신 문장 안에 넣어보거나 상황극을 구성하는 활동을 통해 어휘를 내면화하는 방식은 효과적인 인지 전략의 사례이다.

2) 메타인지 전략

메타인지 전략은 학습자가 자신의 인지 활동을 점검하고 조절하는 전략으로, '학습에 대한 학습'이라 불린다. 계획(plan), 점검(monitor), 평가(evaluate)의 세 단계로 구성되며, 자기주도적 학습의 핵심이다. 예컨대, 시험 전에 자신이 어떤 단원을 잘 알고 있고 어떤 단원은 부족한지를 스스로 점검하고, 시험 전략을 조정하며, 결과 후 학습 방법을 되돌아보는 활동은 메타인지 전략을 활용한 전형적인 사례다. 성인학습자는 종종 시간이 부족하거나 다양한 역할 속에서 학습을 병행해야 하므로, 효율적인 인지 전략과 메타인지 전략의 활용은 학습 부담을 줄이고 성과를 극대화하는 데 큰 도움을 준다.

〈표 6-2〉 인지 전략과 메타인지 전략의 주요 기법

전략 유형	기 법	설 명	적용 예시
인지 전략	반복하기	정보를 반복하여 학습함으로써 기억을 강화함	매일 일정 시간에 영어 단어를 반복해서 외우기
	요약하기	학습 내용을 요약하여 핵심 정보를 추출하고, 이를 통해 이해도를 높임	강의 내용을 요약 정리하여 자신만의 노트 만들기

	조직화	정보를 체계적으로 정리하고 구조화하여 기억을 용이하게 함	학습 내용을 주제별로 분류하고, 각 주제에 맞는 하위 항목 정리하기
	심상화	정보를 이미지화하여 기억에 남도록 함	새로운 개념을 그림이나 다이어그램으로 시각화하기
	질문생성	스스로 질문을 만들어 보며 학습 내용을 깊이 이해하고, 호기심을 자극함	학습 내용에 대해 스스로 질문을 만들고, 그 질문에 답을 찾아보기
	예시 만들기	새로운 개념을 기존의 지식과 연결시키기 위해 구체적인 예시를 만들어 봄	배운 경제 이론을 실제 생활 속 사례와 연결지어 생각해 보기
메타 인지 전략	계획 (Plan)	학습 목표를 설정하고, 이를 달성하기 위한 계획을 수립함	시험 전 학습 계획을 세우고, 각 과목별 학습 시간을 배분하기
	점검 (Monitor)	학습 진행 상황을 점검하고, 목표 달성을 위해 필요한 조정을 함	중간 점검을 통해 자신이 잘 이해한 부분과 부족한 부분을 파악하고, 부족한 부분에 추가 시간 할애하기
	평가 (Evaluate)	학습 결과를 평가하고, 이를 통해 학습 전략을 개선함	시험 후 자신의 답안을 검토하고, 어떤 유형의 문제가 어려웠는지 분석하여 다음 시험을 위한 전략을 수정하기

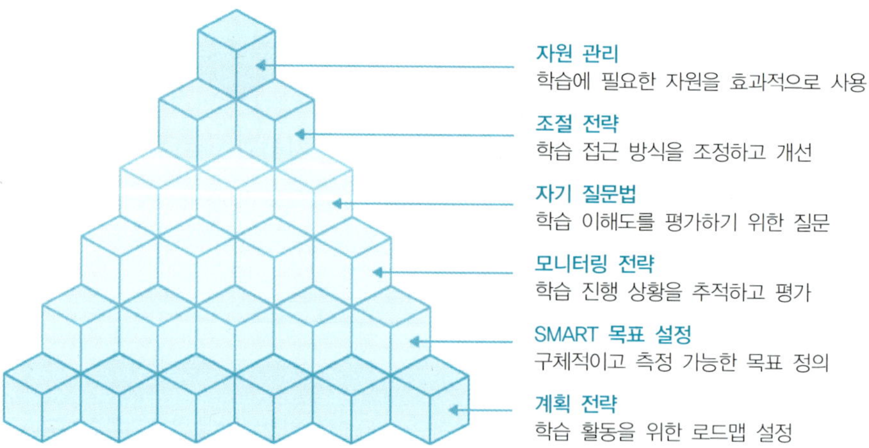

|그림 6-1| 학습을 효과적으로 관리하기 위한 6단계 메타인지 학습 전략

3) 사회정서적 전략

사회정서적 전략은 학습자가 학습 환경에서 다른 사람과의 상호작용, 감정 조절, 동기 유지 등과 관련하여 사용하는 전략을 의미한다. 정서적 지지의 확보, 협력 학습, 피드백 요청, 스트레스 관리 등이 포함되며, 특히 협동학습이나 학습공동체 활동에서 중요하게 작용한다. 예를 들어, 성인학습자가 동료와 함께 학습계획을 세우고 피드백을 주고받는 활동은 동기 유발뿐만 아니라 학습 지속력을 높이는 데에도 긍정적 영향을 미친다.

4) 자기조절 학습

배리 짐머만(Barry Zimmerman)의 자기조절 학습 이론은 성인학습 전략의 총체적 이해에 필수적인 틀을 제공한다. 짐머만은 자기조절 학습을 ① 계획 단계(목표 설정과 전략 선택), ② 실행 단계(전략 실행 및 자기 점검), ③ 반성 단계(성과 평가와 피드백 반영)의 세 가지 단계로 구분하였다. 이러한 순환 구조는 성인이 학습 과정을 스스로 관리하고, 문제를 인식하고, 필요한 경우 전략을 조정할 수 있도록 돕는다. 예를 들어, 직장인 성인이 새로운 자격시험을 준비하면서, 초기에 학습 일정을 계획하고, 중간에 스스로 시험 모의 점검을 실시하며, 결과에 따라 학습 전략을 수정하는 전 과정을 자기조절적으로 수행하는 경우가 이에 해당한다.

〈표 6-3〉 자기조절 학습의 단계별 활동과 학습 전략

단 계	주요 활동	학습 전략 사례
계 획	목표 설정, 전략 선택	하루 학습 분량과 복습 주기를 계획함
실 행	학습 실행, 자기 점검	집중도 체크 실시간 학습 메모 작성
반 성	평가, 피드백 반영	틀린 문제 유형 분석 후 유사문제 재학습

5) 전략 적용의 조건과 성인학습 환경에서의 실천

성인학습자가 효과적으로 전략을 활용하기 위해서는 전략 자체에 대한 이해뿐 아니라 전략을 '언제, 어떻게' 사용할지를 판단할 수 있는 조건적 지식이 요구된다. 즉, 단순히 전략을 알고 있는 것만으로는 부족하며, 특정 학습 상황에서 적절한 전략을 선택하고 적용할 수 있는 능력이 필수적이다. 이를 위해서는 학습자 스스로 전략에 대한 자기 성찰을 반복하고, 전략 사용 경험을 축적하며, 실패 경험을 통해 전략을 수정하는 훈련이 필요하다. 특히 평생교육 환경에서는 학습자들이 전략을 형식적으로 배우는 데 그치지 않고, 실제 생활과 직무에 적용해 보는 경험이 중요하다. 예를 들어, 지역 평생학습센터에서 이루어지는 소규모 토론 학습은 인지 전략과 사회정서적 전략을 동시에 사용할 수 있는 장으로 작용하며, 학습자들이 상호 피드백을 주고받으며 전략 사용을 고도화하는 기회를 제공한다. 또한 디지털 학습 플랫폼에서는 메타인지 전략과 자기조절 전략의 실시간 적용이 가능해지면서, 성인의 학습 참여 지속성과 성과 향상에 긍정적 영향을 미친다.

3. 멘토링

1) 멘토링의 이해와 성인학습에서의 의의

멘토링(Mentoring)은 경험이 풍부한 개인(멘토)이 비교적 경험이 적은 개인(멘티)에게 지식, 조언, 정서적 지지, 역할 모델링 등을 제공함으로써 개인적·전문적 성장을 지원하는 교육적 관계이다. 이 용어는 고대 그리스 신화에서 유래되었는데, 오디세우스가 전쟁에 나서며 아들 텔레마코스를 돌봐줄 인물로 '멘토'를 지정한 데서 비롯되었다. 현대의 멘토링은 단순한 기술이나 정보의 전달을 넘어, 학습자와의 지속적인 관계를 기반으로 하는 전인적 성장 지원체계로 발전하였다.

성인학습에서 멘토링은 특히 유의미한 학습 전략으로 작용한다. 성인은 다양한 사회적 역할과 축적된 경험을 바탕으로 학습하며, 교수자 이외의 다양한 조력자와의 상호작용 속에서 지식과 통찰을 얻는다. 예를 들어, 직업 전환을 준비하는 중년층, 은퇴 후 제2의 인생을 모색하는 고령자, 자녀 교육과 자기 계발을 병행하는 학부모들은 멘토링을 통해 학습과 심리적 안정 모두에서 실질적인 도움을 받을 수 있다.

2) 멘토링의 유형과 기능

멘토링은 형태와 목적에 따라 여러 유형으로 나뉘며, 학습자 특성과 상황에 따라 선택적 적용이 가능하다.

- **일대일 멘토링** : 한 명의 멘토가 한 명의 멘티를 지속적으로 지원하는 전통적인 방식
- **동료 멘토링** : 경험 수준이 유사한 학습자끼리 상호 조언을 주고받는 방식
- **집단 멘토링** : 한 명 또는 소수의 다수의 멘티를 동시에 지원하는 그룹기반 멘토링
- **전자 멘토링** : 온라인을 기반으로 시간과 공간의 제약 없이 이루어지는 비대면 멘토링

멘토링의 기능은 크게 심리사회적 기능과 경력 개발 기능으로 구분된다. 캐서린 크램(Kathryn Kram)은 심리사회적 기능으로 정서적 지지, 자존감 강화, 정체성 형성을 들고, 경력 개발 기능으로는 역할 모델 제시, 도전 기회 제공, 피드백 제공 등을 제시하였다. 성인학습자에게 멘토링은 지식 전수를 넘어 정체성과 자율성을 형성하는 과정에서 중요한 역할을 수행한다.

3) 사례를 통해 본 성인학습에서의 멘토링

(1) 직장 내 멘토링 프로그램 사례

대기업 A사는 신입사원의 조기 퇴사를 줄이기 위해 '1:1 멘토 배정 제도'를 도입하였다. 경력 5년 이상의 중간관리자들이 멘토가 되어 입사 1년 이내의 사원들과 짝을 이루었다. 멘토들은 업무 처리 방법뿐 아니라 조직 문화 적응, 커뮤니케이션, 진로 개발에 대해 조언하였고, 신입사원들의 조직 만족도 및 자기주도 학습 역량이 향상되었다.

(2) 지역사회 학습동아리의 동료 멘토링 사례

서울 소재 한 평생학습관의 '실버 영어회화반'에서는 중급 학습자 중 일부를 동료 멘토로 지정하여 초급 학습자의 회화 실습을 지원하였다. 멘토는 자신의 지식을 정리하며 전달하고, 멘티는 실시간 피드백을 통해 자신감을 회복하였다. 이는 세대와 경험의 차이를 존중하면서 학습 유대감을 강화한 예이다.

(3) 여성 경력단절자 대상 멘토링 사례

비영리단체 B기관에서는 '커리어 재시작 멘토링' 프로그램을 통해 육아 후 복직한 여성 선배들을 멘토로, 경력단절 여성들을 멘티로 연결하였다. 멘토는 자격증 준비 요령, 시간 관리법, 심리적 불안 해소 전략 등을 전달하였고, 멘티는 커리어 재개에 대한 자신감을 갖고 실천 계획을 수립하였다.

(4) 온라인 창업교육의 전자 멘토링 사례

창업 플랫폼 C사는 청년 예비 창업자들에게 경험이 있는 선배 창업가를 온라인 멘토로 배정하였다. 멘토는 주간 이메일 및 화상 회의를 통해 사업계획서 피드백, 마케팅 전략, 고객관리 조언을 제공하였고, 특히 지방 거주자에게 효과적인 학습 기회를 제공하였다.

4) 성인학습에서 멘토링의 효과와 운영 원칙

멘토링은 성인의 학습 지속성 증진, 자기효능감 향상, 정체성 강화, 실천 동기 부여 등 다양한 긍정적 효과를 제공한다. 멘토는 멘티에게 실제적인 경험을 전달하며 방향을 제시하고, 멘티는 이를 자기 맥락에 적용하며 주체적인 학습을 전개할 수 있다. 이 과정은 멘토에게도 자각과 반성의 기회를 제공함으로써 상호 학습 효과를 강화한다.

성공적인 멘토링 운영을 위해서는 다음과 같은 원칙이 필요하다.

- 멘토와 멘티 간 신뢰 형성 및 상호 존중의 관계가 구축되어야 한다.
- 멘토링의 목표와 역할에 대해 사전 합의가 이루어져야 한다.
- 정기적 소통이 가능한 일정과 방법을 사전에 설계해야 한다.
- 멘토와 멘티의 배경 및 목적에 맞춘 적절한 매칭이 중요하다.
- 운영 전반에서 기관의 행정적 지원과 평가 피드백 체계가 작동해야 한다.

이러한 조건을 충족한 멘토링은 단순한 지도 관계를 넘어, 성인학습자가 사회적 · 심리적 전환기를 성공적으로 극복하고 평생학습자로서 자율성을 확립해 나가는 데 실질적인 기반이 된다.

4. 융합학습

1) 융합학습의 개념과 필요성

융합학습(integrated learning)은 서로 다른 분야의 지식과 방법을 통합하여 문제를 해결하고 새로운 지식을 창출하는 학습 방식이다. 이는 전통적인 분과 중심 교육에서 벗어나, 현실의 복잡한 문제를 다학제적으로 접근하려는 시도에서 출발하였다. 특히 성인학습에서 융합학습은 실천 중심의 교육을 강화하고, 다양한 삶의 문제를 해결하는 데 필요한 통합적 사고와 실천 능력을 배양한다는 점에서 주목받고 있다.

성인의 삶은 단일한 영역에 국한되지 않는다. 직장에서의 업무, 가정 내 역할, 지역사회 참여 등 다양한 분야가 서로 얽혀 있으며, 이러한 복합적 상황을 이해하고 해결하기 위해서는 분리된 지식이 아닌 통합된 사고가 요구된다. 예컨대, 중장년 여성이 치매 예방 운동 프로그램을 운영하고자 할 때, 그는 보건지식, 커뮤니케이션 기술, 프로그램 기획 역량, 행정 절차에 대한 이해 등을 동시에 갖추어야 한다. 이처럼 하나의 사회적 실천을 위해 여러 영역의 지식을 결합해야 하는 상황이 증가하고 있다.

2) 이론적 배경으로서의 경험학습과 문제중심학습

(1) 경험학습 : 학습은 경험을 통해 완성된다

경험학습(Experiential Learning)은 미국의 교육학자 데이비드 콜브(David Kolb)의 이론에 기반을 두며, "인간은 경험을 통해 학습하고, 반성적으로 사고함으로써 지식을 구성한다"는 전제를 바탕으로 한다. 콜브는 학습을 '경험 → 성찰 → 개념화 → 적용'이라는 순환적 과정으로 설명하였다.

융합학습에서는 단일 지식 전달보다는 실천적이고 통합적인 문제를 다루는 과정이 중요하다. 이러한 활동은 단순한 이론 학습이 아니라, 학습자가 실제 활동에 참여하고 그 경험을 성찰하면서 새로운 통합적 지식을 구성하도록 유도한다. 예를 들어, '지역 축제 기획 프로젝트'를 통해 학습자는 행사 운영, 지역 문화, 예산, 커뮤니케이션 등의 다양한 요소를 직접 체험하고 이를 통해 종합적 역량을 개발하게 된다.

(2) 콜브의 경험학습이론 단계

콜브의 경험학습이론은 융합학습의 이론적 토대를 제공한다. 콜브는 학습을 단순한 정보 습득이 아닌, '경험을 통한 순환적 탐구 과정'으로 보았다. 이 이론은 다음의 네 가지 단계로 구성된다.

- **구체적 경험**(concrete experience) : 학습자가 직접적인 경험을 통해 새로운 상황에 참여하거나 기존의 경험을 재경험하는 단계
- **반성적 관찰**(reflective observation) : 경험 후, 학습자는 자신의 경험을 되돌아 보고 다양한 관점에서 관찰하며 성찰하는 단계. 이 과정에서 학습자는 경험에 대한 의미를 부여하고 이해를 넓히게 된다.
- **추상적 개념화**(abstract conceptualization) : 반성적 관찰을 통해 얻은 이해를 바탕으로, 학습자가 새로운 개념이나 이론을 형성하는 단계. 이는 논리적 분석과 일반화를 통해 이루어진다.
- **능동적 실험**(active experimentation) : 학습자는 추상적 개념화를 통해 형성된 이론이나 개념을 실제 상황에 적용해 보고 실험하는 단계. 이 과정에서 학습자는 자신의 이해를 검증하고 새로운 경험을 창출한다.

성인은 실제 삶의 문제와 관련된 경험을 학습의 출발점으로 삼을 때 학습에 더욱 몰입한다. 이러한 경험이 토대가 되어, 개념을 추출하고 새로운 행동으로 연결되는 학습 순환을 가능하게 한다. 예를 들어, 소상공인이 점포 운영 중 겪은 매출 하락 문제를 바탕으로, 마케팅, 소비자 심리, 회계관리 등 여러 영역의 지식을 연계해 새로운 전략을 구상하는 과정은 경험학습의 전형적 사례이자 융합학습의 대표적 실천이다.

(3) 문제중심학습 : 문제는 학습의 출발점이자 통합의 매개다

문제중심학습(PBL : Problem-Based Learning)은 "실제적이고 복합적인 문제를 해결하는 과정 속에서 학습이 이루어진다"는 접근이다. 이 학습 방식에서는 학습자가 교사의 지시보다는 스스로 문제를 정의하고 자료를 수집 · 분석하며 해결방안을 도출하는 주도적 역할을 한다.

융합학습은 복잡한 현실 문제를 중심으로 여러 분야의 지식을 통합하는 것

을 목표로 하는데, 문제중심학습은 이 같은 융합적 사고와 실행을 촉진하는 가장 적합한 학습 전략 중 하나이다.

이처럼 문제중심학습은 융합학습이 지향하는 실천성, 통합성, 문제해결 중심성을 구체적으로 실현할 수 있는 핵심 전략이다.

문제중심학습은 실생활에서 발생하는 문제를 중심으로 학습자가 스스로 정보를 탐색하고, 조사하며, 협업을 통해 해결 방안을 모색하는 학습 방식으로. 이 과정에서 학습자는 단순히 지식을 암기하는 것이 아니라, 다양한 지식과 경험을 통합하고, 실제 맥락에서 이를 적용하는 능력을 기르게 된다. 이러한 특성은 융합학습과 밀접하게 연관되며, 복잡한 현실 문제를 다각도로 분석하고 해결하는 데 효과적이다.

예를 들어, 한 지역 평생학습관에서는 '도시 농업 프로젝트'를 문제중심학습의 형태로 운영하였다. 참여 학습자들은 단순한 농업기술을 넘어서, 지역 생태계 이해, 마을 조직 운영 방식, SNS를 활용한 홍보 전략 등 다양한 분야의 지식을 융합적으로 학습하였다. 이를 통해 도시 농업이라는 하나의 주제를 중심으로 지식 간의 연결을 경험하고, 학습 내용을 실제 생활 속에서 실천할 수 있는 역량을 키우게 된다.

문제중심학습은 이처럼 학습자의 주도성을 강화하고, 학습의 의미를 현실과 연결함으로써 성인학습의 질적 향상을 이끄는 중요한 전략이 될 수 있다.

3) 성인학습 현장에서의 융합학습 사례

(1) 사례 1 : 마을공동체 기반 융합교육

서울의 A구 평생학습관에서는 '마을기록학교' 프로그램을 개설하여 지역 주민이 자신이 사는 마을의 역사를 글, 사진, 영상으로 기록하게 하였다. 이 과정에서 참여자는 지역사 연구, 사진촬영 기법, 디지털 편집 기술, 인터뷰 기법 등 다양한 지식과 기술을 학습하였다. 이는 단순히 글쓰기 수업에 머무르지 않고, 역사, 미디어, 커뮤니케이션, 사회참여가 융합된 교육으로 발전하였으며, 실제 지역 축제에서 결과물을 전시하는 등 마을 공동체 역량 강화로 이어졌다.

(2) 사례 2 : 다문화 부모 교육 프로그램

B시 건강가정지원센터에서는 다문화 가정을 대상으로 '부모됨의 기술'이라는 융합 프로그램을 운영하였다. 이 과정에서 참여자들은 자녀 교육심리, 가족법, 언어발달, 문화 간 소통 전략 등을 통합적으로 배우며, 다양한 문화적 배경을 이해하고 적용하는 훈련을 받았다. 특히 참가자들은 시나리오 기반 역할극을 통해 실제 자녀와의 대화법을 연습하였고, 지역 초등학교와 연계하여 '가정과 학교의 연계성'을 직접 실천하는 활동도 수행하였다.

(3) 사례 3 : 환경교육과 시민참여

한 시민단체는 '생활 속 제로웨이스트' 프로그램을 개설하여 성인학습자에게 환경문제와 관련된 학습을 제공하였다. 학습자는 자원순환 원리, 기후위기 현황, 생활 속 분리배출 실천법, 지역 정책 제안 방법 등을 통합적으로 학습하였고, 학습 후 지역 카페와 협력해 일회용품 줄이기 캠페인을 실행했다. 이는 학습이 곧 실천으로 이어진 융합학습의 전형으로, 참여자들은 개인의 실천과 사회적 변화가 연결될 수 있다는 점에서 강한 동기를 경험했다.

4) 융합학습의 효과와 실행 조건

융합학습은 다양한 분야의 지식을 유기적으로 통합함으로써, 학습자의 문제해결 능력, 창의력, 협업 역량을 높인다. 특히 성인학습자에게는 단편적인 지식보다 삶의 경험과 맞닿은 통합적 사고가 중요하므로, 융합학습은 동기유발과 학습 지속성 측면에서도 매우 효과적이다. 또한 실제적인 삶의 문제를 중심으로 학습이 전개되기 때문에, 학습자는 학습 내용이 삶에 적용될 수 있다는 기대와 확신을 가지고 참여할 수 있다.

그러나 융합학습이 성공적으로 이루어지기 위해서는 몇 가지 조건이 충족되어야 한다. 첫째, 교육과정 설계 단계에서부터 다양한 영역의 전문가와 협업이 필요하다. 둘째, 학습자에게 열린 사고를 유도하는 교수법이 적용되어야 하며, 셋째, 실천 중심의 평가 방식을 도입함으로써 학습의 통합성과 실용성을 동시에 확보해야 한다. 넷째, 성인학습자의 다양성을 고려한 맞춤형 접근이 필요하며, 마지막으로 지역사회 및 기관 간 연계가 중요한 자원으로 활용되어야 한다.

5. 학습동아리

1) 학습동아리의 개념과 성인학습에서의 역할

학습동아리는 공통의 관심사나 학습 주제를 가진 사람들이 자발적으로 모여 지속적인 학습 활동을 전개하는 비형식적 학습공동체이다. 이는 정규 교육기관이나 형식 교육에서 제공하는 커리큘럼과 달리, 참여자의 필요와 흥미에 따라 자유롭게 주제를 선택하고, 학습 방식도 구성원이 직접 기획하여 운영한다는 점에서 자율성과 참여 중심의 특징을 가진다.

이러한 학습동아리는 단순한 정보 습득을 넘어, 구성원 간의 상호작용, 지식의 공동 구성, 사회적 유대감 형성을 통해 학습 효과를 배가시키는 공간이 된다. 동아리 안에서 이루어지는 대화, 협업, 실천은 모두 학습의 일부로 간주되며, 이는 곧 학습자 중심 학습(paradigm shift toward learner-centered learning)을 실현하는 실질적 사례로 볼 수 있다.

특히 성인학습자에게 있어 학습동아리는 더욱 중요한 의미를 가진다. 성인은 다음과 같은 학습 특성을 지닌다.

- 다양한 사회적 역할을 수행한다.

- 학습 동기와 목적이 내재적이고 실용 중심이다.
- 정해진 시간이나 공간에 제약을 받는다.
- 자신의 삶과 직접 연결된 주제에 학습 흥미를 갖는다.

이러한 특성은 획일적인 강의식 교육보다 유연하고 자율적인 학습 조직을 필요로 하며, 학습동아리는 그러한 조건에 매우 적합한 구조를 제공한다. 구성원은 단지 강의 수강자가 아니라 학습 공동체의 구성원으로서 스스로 학습을 기획하고 실행하며 평가하는 전 과정에 참여하게 된다.

2) 학습동아리의 교육적 기능

- **자율적 탐구의 장** : 구성원이 주도적으로 학습 주제를 정하고, 스스로 자료를 수집하며, 함께 토론하고 결과를 도출하는 과정에서 자기주도성과 비판적 사고 능력을 기른다.
- **정서적 지지의 공간** : 구성원 간의 유사한 관심사와 경험 공유는 상호 이해와 정서적 유대를 강화하며, 이는 성인학습의 지속성을 높이는 중요한 요소가 된다.
- **삶의 의미 탐색** : 단순한 기술 습득을 넘어, 자신의 삶을 돌아보고 가치를 재구성하는 계기가 되며, 특히 은퇴 후 삶의 전환기에 있는 성인에게 중요한 정체성 재구성의 기회를 제공한다.
- **지역사회와의 연결** : 학습동아리는 때로 지역사회 문제 해결, 공동 프로젝트 수행 등 지역 활동으로 확장되며, 시민의식 고양과 사회적 책임을 실현하는 실천의 장이 되기도 한다.

이처럼 학습동아리는 성인학습의 특성과 요구에 부합하는 유연하면서도 지속가능한 학습 구조로서, 평생학습사회를 실현하는 데 있어 핵심적인 매개 역할을 수행한다. 특히 공공 평생학습관, 주민자치센터, 대학 부설 평생교육원 등에서 활발히 지원되고 있으며, 최근에는 디지털 기반의 온라인 학습동아리 형태로도 확장되고 있어, 시공간을 넘어선 새로운 성인학습 모델로 주목받고 있다.

3) 이론적 배경 : 사회문화적 학습이론과 실천공동체

비고츠키(Lev Vygotsky)의 사회문화적 학습이론은 학습동아리의 이론적 기반을 제공한다. 그는 학습이 타인과의 상호작용, 즉 사회적 관계 속에서 이루어지며, 이러한 상호작용이 인지발달을 유도한다고 보았다. 이는 동료 간 대화, 토론, 협동 활동 등을 중심으로 학습이 일어나는 학습동아리의 구조와 일치한다.

또한 에티엔느 웽거(Etienne Wenger)의 '실천공동체(Community of Practice)' 이론도 학습동아리를 이해하는 데 중요한 틀을 제공한다. 실천공동체란 특정 관심사나 실천을 중심으로 사람들이 모여 지식을 나누고, 지속적인 상호작용을 통해 공동의 정체성을 형성하는 학습 집단을 의미한다. 웽거는 실천공동체를 구성하는 세 요소로 ① 공동의 관심사(domain), ② 상호작용하는 공동체(community), ③ 실천의 축적(practice)을 제시하였다.

이러한 이론은 학습동아리가 단순한 소모임이 아니라, 공동의 목표와 실천을 통해 개인의 지식과 사회적 역량을 함께 성장시키는 장이라는 점을 강조한다. 특히 성인학습자의 경우, 다양한 삶의 경험과 관점을 반영한 대화와 협력은 자기 정체성 확립과 사회참여로 확장될 수 있다.

〈표 6-4〉 사회문화적 학습이론과 실천공동체 이론

구 분	사회문화적 학습이론	실천공동체 이론
중심 개념	사회적 상호작용을 통한 인지발달	실천을 중심으로 한 공동체 내 학습
주요 구성 요소	언어, 협력, 맥락, 상호작용	관심사(domain), 공동체(community), 실천(practice)
학습동아리와의 연결	토론, 협동, 피드백 중심 활동	지속적 상호작용과 실천을 통한 지식 공유 및 정체성 형성

4) 성인학습에서의 학습동아리 운영 사례

(1) 사례 1 : '인생 이모작 글쓰기 모임'

서울시 N평생학습관에서는 은퇴자를 대상으로 '인생 이모작 글쓰기' 학습동아리를 운영하였다. 이 모임은 자서전 쓰기, 시 쓰기, 수필 쓰기 등을 주제로 구성되었으며, 구성원들은 자신의 생애사나 경험을 글로 표현하는 활동을 통해 자아 성찰과 치유의 경험을 얻었다. 참여자들은 글을 서로 낭독하고 피드백하며, 자연스럽게 공감대와 신뢰를 형성하였고, 일부 참여자는 지역 문학회로까지 활동을 확장하였다. 이 사례는 학습동아리가 정체성 형성과 자아 탐색의 장이 될 수 있음을 보여준다.

(2) 사례 2 : '청년 소비자 권리감시단'

부산의 한 청년센터에서는 '청년 소비자 권리감시단'이라는 이름의 학습동아리를 운영하였다. 이들은 소비자 권리, 공정거래법, 청년 소비문화 등을 주제로 학습하고, 실제 지역 내 편의점 · 카페 등의 가격, 위생, 서비스 기준 등을 조사하여 개선안을 제안하였다. 학습은 실무 중심 프로젝트로 진행되었으며, 법률, 미디어 활용, 지역사회 연계 등의 융합적 내용을 함께 다루었다. 학습자들은 학습동아리 활동을 통해 지역 문제 해결의 주체로 성장하였으며, 이 경험은 취업 역량으로도 연결되었다.

(3) 사례 3 : '다문화 공감 독서모임'

경기도의 한 주민센터에서는 다양한 국적의 여성들을 대상으로 '다문화 공감 독서모임'을 운영하였다. 참가자들은 각국의 동화, 여성작가의 에세이 등을 함께 읽고, 자국 언어와 한국어로 감상과 삶의 이야기를 나누었다. 이 과정에서 언어를 배우고 문화를 이해하는 것은 물론, 서로의 차이를 존중하고 공감하는 태도를 기를 수 있었다. 이 학습동아리는 단순한 독서 활동을 넘어 문화적 통합과 정서적 지지의 기능까지 수행하였다.

(4) 사례 4 : '디지털 활용 생활기술 모임'

충청북도의 한 시니어센터에서는 고령층을 위한 '디지털 활용 생활기술 동아리'를 운영하였다. 스마트폰 사용법, 모바일 금융, 공공앱 사용법, 키오스크 체험 등이 중심 내용이었으며, 중장년층 학습자들이 서로 알려주고 익히는 협력적 구조로 운영되었다. 특히 '디지털 생활기술 자격시험'을 자체 개발하여, 참가자들에게 성취감을 부여하였다. 이 활동을 통해 참여자들은 디지털 문해력을 키우고, 사회적 소외감을 극복할 수 있었다.

5) 학습동아리의 효과와 운영 조건

학습동아리는 성인학습자에게 다음과 같은 주요 효과를 제공한다.

- **지속적인 학습 습관 형성** : 정기적인 모임을 통해 학습을 생활화하고, 혼자서는 유지하기 어려운 학습 동기를 높인다.
- **사회적 관계망 강화** : 구성원 간 신뢰와 지지를 바탕으로 정서적 안정과 소속감을 제공한다.
- **자기주도성과 참여 확대** : 학습 주제를 직접 기획하고 실행하면서 자기결정성을 경험하게 된다.
- **실천 역량 향상** : 토론, 협업, 지역연계 활동을 통해 현실 문제 해결 능력을 기를 수 있다.

이러한 효과를 극대화하기 위해서는 몇 가지 운영 조건이 필요하다. 첫째, 학습자의 자율성과 주도성을 존중하는 구조가 마련되어야 하며, 둘째, 주제와 활동이 실제적이고 의미 있어야 한다. 셋째, 활동 공간, 자료, 촉진자 등 기본적 지원이 확보되어야 하며, 넷째, 장기적인 관점에서 동아리 성장 경로를 설계할 필요가 있다.

6. 학습자 평가와 피드백

성인학습에서 평가와 피드백은 단순히 학습 결과를 수치화하거나 서열화하는 기능에 머물지 않는다. 이는 성인의 학습 목적과 특성에 맞는 '성장 중심의 지원 도구'로서, 학습자에게 자기 이해와 자기 조절의 기회를 제공하며 지속적인 학습 동기를 유지시키는 역할을 한다. 다시 말해, 평가와 피드백은 학습자의 현재 위치를 진단하고, 다음 단계로 나아가기 위한 방향을 함께 제시하는 교육적 촉진자(educational facilitator)로 작동해야 한다.

성인은 일반적으로 자율성과 목적 지향성을 기반으로 학습에 참여한다. 이들은 명확한 목표를 가지고 학습에 임하며, 그 과정에서 자신의 성장 여부를 스스로 인식하고 조정할 수 있는 기회를 중요하게 여긴다. 따라서 성인학습에서의 평가는 학습자가 스스로 "나는 지금 어디에 있으며, 어디로 가고 있는가"를 성찰하도록 돕는 자기주도 학습(self-directed learning)의 핵심 수단이 된다.

1) 성인학습에서의 평가와 피드백의 의미

- 학습과정에 대한 통찰 제공 : 결과뿐 아니라, 그 과정에서의 노력, 전략, 사고의 변화 등을 함께 되짚으며 학습 전반에 대한 성찰을 유도한다.
- 학습자의 동기 강화 : 피드백은 학습자의 강점을 인식하게 하고, 개선 가능성을 구체적으로 제시하여 지속적인 학습 참여를 유도한다.
- 자기조절 능력 향상 : 학습자는 피드백을 통해 자신의 학습 방식과 접근 전략을 점검하고 필요한 조정을 스스로 수행할 수 있게 된다.
- 실천 기반 학습으로의 연결 : 평가와 피드백은 학습을 단절된 활동이 아니라, 다음 학습 또는 실천 활동으로 연결하는 징검다리 역할을 한다.

2) 성인학습에서의 대안적 평가 방법

전통적으로 사용되던 점수 중심, 결과 중심의 평가 방식은 성인학습자의 다양한 배경, 경험, 학습 동기, 삶의 맥락을 충분히 반영하지 못한다. 따라서 성인학습에서는 다음과 같은 대안적 평가 방식이 강조된다.

- **과정 중심 평가** : 결과보다는 학습의 과정, 참여의 깊이, 변화의 양상 등을 중심으로 학습을 바라보며, 교수자와 학습자 간의 상호작용을 강화한다.
- **자기 평가 및 동료 평가** : 학습자가 스스로의 학습을 되돌아보고, 동료와의 상호 피드백을 통해 새로운 관점을 얻도록 한다.
- **형성적 피드백(formative feedback)** : 학습 도중에 제공되는 피드백으로, 학습자의 오류를 교정하고 다음 학습 활동에 실질적인 도움을 주는 방식이다.
- **포트폴리오 평가** : 일정 기간 동안의 학습 결과물과 성찰 기록을 통합하여 평가하는 방식으로, 성인의 학습이력을 종합적으로 조망할 수 있는 장점이 있다.

이러한 평가와 피드백은 단순한 평가 수단이 아니라, 학습자가 학습을 통해 삶의 변화와 성장을 실현할 수 있도록 돕는 교육적 매개가 되어야 한다. 즉, 성인학습에서 평가는 '배운 것을 측정하는 도구'가 아니라 '배움이 계속되도록 안내하는 도구'로 자리매김해야 한다.

이를 통해 성인학습자는 단지 한 번의 학습을 마무리하는 것이 아니라, 그 경험을 바탕으로 다음 학습, 나아가 자기 삶을 주도하는 학습자로 나아가게 된다. 따라서 교수자는 평가를 '끝'이 아닌 '시작'의 관점에서 설계해야 하며, 피드백 역시 학습자의 가능성을 확장하는 언어로 사용되어야 한다.

3) 피드백의 유형과 효과적인 제공 방식

피드백은 학습자의 수행에 대한 반응이자, 향후 학습을 위한 안내이다. 특히 성인학습자에게는 다음 단계를 위한 제안과 격려가 포함된 피드백이 효과적이다. 피드백은 시기, 내용, 방식에 따라 학습자의 수용 정도가 달라지며, 다음과 같은 다양한 유형으로 제공될 수 있다.

〈표 6-5〉 학습과정에서의 피드백 유형

진단적 피드백	학습 이전의 준비 수준과 특성을 파악해 맞춤형 학습 안내 제공	학습 초 자기목표 진단 및 수준 점검 결과 공유
형성적 피드백	학습 진행 중 수행에 대한 조언과 개선 방향 제시	학습 중 수행 평가 및 개선 방향 공유
총괄적 피드백	학습 종료 후 성과에 대한 총평 및 향후 학습 방향 제안	포트폴리오 평가 후 강점 요약 및 다음 단계 성장 제안
동료 피드백	학습자 간 상호 피드백 제공	조별 발표 후 '좋았던 점과 보완할 점'을 나누는 활동
자기 피드백	자신의 학습과정을 돌아보고 피드백을 작성함	매 학습 후 '내가 잘한 점과 개선할 점'을 기술하는 자기 성찰지 작성

피드백은 구체적이고 시의적절하며 정중하게 제공될 때 학습자의 수용도와 반영 가능성이 높아진다. '좋았다/나빴다'라는 이분법적 표현보다, '어떤 점이 효과적이었으며, 다음에는 어떤 방식으로 개선할 수 있을지'에 대한 제안 중심 표현이 바람직하다.

4) 성인학습에서의 실제 사례

(1) 사례 1 : 평생학습관 사진 강좌에서의 포트폴리오 평가

경기도 한 평생학습관의 사진 강좌에서는 수강생들이 일정 기간 동안 촬영한 사진, 제목, 설명문, 촬영의도 등을 포함한 '나만의 사진전 포트폴리오'를 제작하여 제출하였다. 강사는 단순한 작품 평가는 지양하고, 촬영 기술의 변화, 주제의식, 표현 방식의 진화 등 전 과정을 반영하여 개별 피드백을 제공하였다. 참가자들은 평가를 통해 자신의 성장 과정을 확인할 수 있었으며, 이후 학습의 방향을 설정하는 데에도 활용하였다.

(2) 사례 2 : 온라인 강의에서 자기 · 동료 피드백 병행 활용

지역대학의 온라인 글쓰기 강좌에서는 학습자가 작성한 에세이를 '과제 제출 → 동료 피드백 → 자기 반성 → 최종 제출'의 단계로 완성하였다. 동료들은 사전에 제공된 '피드백 체크리스트'를 활용하여 서로의 글에 대해 구체적 의견을 제시했고, 학습자는 이 의견을 반영해 수정하며 자기 피드백도 함께 작성하였다. 이러한 피드백 순환은 학습자의 비판적 사고력과 표현력 향상에 긍정적으로 작용하였다.

(3) 사례 3 : 실습 기반 교육에서의 형성적 피드백 적용

간호조무사 직업교육 프로그램에서는 실습 과정 중 강사가 학습자의 행동을 관찰하고, 각 수행 단계에서 실시간으로 피드백을 제공하였다. 예를 들어, 혈압 측정 실습에서 자세, 손 위치, 말투 등 세부 요소별로 개선점을 제시하였고, 학습자는 다음 실습에서 즉시 이를 반영하였다. 이러한 방식은 성인학습자에게 매우 실용적이며 즉각적인 성장을 유도하는 데 효과적이다.

참/고/문/헌

강경화 외(2020). **평생교육방법론**. 한국방송통신대학교출판문화원.

강대중 외(2014). **평생교육방법론**. 학지사.

김 선 · 김경희(2012). 성인학습자 학습동기와 학습전략 간의 관계 연구. **교육방법연구**, 24(4), 657-678.

김양은(2019). 성인학습자 정체성 형성과 생애사 연구. **성인교육학연구**, 25(3), 77-106.

김영천 외(2022). **성인학습 및 상담**. 한국방송통신대학교출판문화원.

김진화 외(2021). **평생교육의 이론과 실제**. 교육과학사.

김한별(2020). 성인학습자로서의 시민의식 변화에 관한 질적연구. **평생교육학연구**, 26(4), 27-51.

노경란(2016). 디지털 환경에서의 성인학습자 경험 연구. **평생교육학연구**, 22(2), 35-58.

말콤 노울스(Malcolm Knowles) 저, 구병두 역(2005). **성인교육의 이해**. 교육과학사.

박성희(2020). 경력단절 여성의 생애전환 학습 사례 분석. **여성학연구**, 37(2), 145-173.

서혜정(2015). 중년기 성인의 학습경험이 정체성에 미치는 영향. **평생교육학연구**, 21(4), 201-225.

에드워드 데시(Edward Deci) · 리처드 라이언(Richard Ryan) 공저, 김현수 역(2012). **자기결정이론과 동기**. 학지사.

이경화(2018). 디지털 시대의 평생학습: 학습자 중심의 온라인 학습 설계. **열린교육연구**, 26(3), 49-73.

이윤주(2021). 생애전환기의 학습자 정체성과 평생학습 참여 동기. **평생학습사회**, 17(1), 88-112.

조용환 외(2023). **성인학습 및 상담**. 한국방송통신대학교출판문화원.

Knowles, M. S.(1984). *The adult learner : A neglected species*(3rd ed.). Houston, TX : Gulf Publishing.

Kolb, D. A.(1984). *Experiential Learning : Experience as the source of learning and development.* Englewood Cliffs, NJ : Prentice-Hall.

Kram, K. E.(1985). *Mentoring at Work : Developmental Relationships in Organizational Life.* Glenview, IL : Scott, Foresman.

Merriam, S. B., & Bierema, L. L.(2013). *Adult Learning : Linking theory and practice.* San Francisco, CA : Jossey-Bass.

Mezirow, J.(1991). *Transformative Dimensions of Adult Learning.* San Francisco, CA : Jossey-Bass.

CHAPTER 07

상담의 기초

07
CHAPTER

상담의 기초

개 요

이 장은 상담의 정의, 본질과 특성, 상담의 유형, 상담의 목표와 원리, 그리고 상담의 과정에 대한 이론적 기초와 실제적 내용을 다룬다. 상담의 전문성, 치료적 관계의 중요성, 다양한 상담 형태 및 방법, 상담 목표와 기본 원리, 그리고 상담의 전 과정을 이해하고 실제 현장에 적용할 수 있는 이론적 · 실천적 토대를 제공한다. 이 장을 학습함으로써 상담자와 내담자 모두에게 의미 있는 변화를 이끌어 내는 상담의 핵심적 가치를 체계적으로 익힐 수 있다.

학습목표

1. 상담의 정의와 기초 이론을 체계적으로 설명할 수 있다.
2. 상담의 유형, 원리를 이해하고 실천 방안을 제시할 수 있다.
3. 상담과정을 단계별로 파악하고 실제 현장에 적용할 수 있다.

핵심어

상담의 정의, 상담의 본질과 특성, 상담유형, 상담목표, 상담원리, 상담과정, 초기 단계, 중기 단계, 종결 단계

1. 상담의 개념

1) 상담의 정의

상담(counseling)은 전문적 훈련을 받은 상담자가 내담자와의 관계를 통해 내담자의 문제 해결과 성장을 돕는 체계적인 과정이다. 로저스(Rogers, 1951)는 상담을 개인이 자신의 태도와 행동을 효과적으로 변화시킬 수 있도록 돕는 과정이라 정의했으며, 한국상담학회(2020)는 상담자와 내담자 간의 전문적 관계에서 이루어지는 지속적인 과정으로 설명하고 있다. 이러한 정의들은 상담이 단순한 조언이나 일회성 만남이 아니라 체계적인 전문 활동임을 강조한다.

코리(Corey, 2017)는 협력적 과정으로서의 상담을 강조하였으며, 내담자를 수동적 수혜자가 아닌 능동적 참여자로 보는 관점을 반영한다. 현대사회에서 상담은 문제 해결 중심에서 성장과 예방 중심으로 그 정의가 확장되고 있으며, 개인의 잠재력 개발과 예방적 기능을 수행하는 발달적 활동으로 인식되고 있다.

급변하는 현대사회에서 상담은 다양한 형태로 발전하고 있다. 전통적인 개인상담을 넘어 집단상담, 가족상담, 온라인상담 등으로 확장되었으며, 신경과학의 발전과 포스트모던 사상의 영향으로 뇌과학 기반 접근법, 내러티브 치료, 해결중심 단기치료 등 새로운 방법론이 등장했다.

상담의 정의를 이해하는 것은 상담자의 전문적 정체성 확립과 내담자의 현실적 기대 형성에 기여한다. 김동일과 이윤희(2003)는 상담이 내담자의 자기 이해와 문제해결 능력을 증진시키는 과정이라고 정의하며 역량 강화 기능을 강조했다.

미래의 상담은 인공지능, 빅데이터, 가상현실 등 기술적 발전의 영향을 받겠지만, 인간적 관계와 공감적 이해라는 핵심 가치는 더욱 중요해질 것이다. 상담의 정의는 고정된 것이 아니라 시대와 학문의 발전에 따라 진화하는 역동적 개념이지만, '전문적 관계를 통한 인간적 성장의 촉진'이라는 본질은 변하지 않을 것이다.

상담은 개인의 삶의 질 향상과 사회 전체의 정신건강 증진에 기여하는 중요한 전문 활동으로서, 그 의미와 가치를 명확히 인식하는 것이 상담 분야의 지속적 발전과 사회적 기여를 위해 필수적이다.

2) 상담의 본질과 특성

상담의 본질은 내담자의 자기이해와 자기실현을 촉진하는 데 있다. 이는 상담이 외부에서 주어지는 해답을 제공하는 것이 아니라, 내담자 내부에 존재하는 성장 잠재력을 발현시키는 것을 목적으로 함을 의미한다. 로저스(Rogers, 1957)는 인간에게는 본래 성장하고 발달하려는 경향이 있으며, 상담은 이러한 자연적 성장 경향을 촉진하는 역할을 한다고 보았다.

상담의 본질적 특성 중 하나는 관계 중심성이다. 상담에서 가장 중요한 것은 상담자와 내담자 간에 형성되는 치료적 관계이다. 이 관계는 신뢰, 존중, 수용, 공감을 바탕으로 형성되며, 내담자가 안전하게 자신을 탐색하고 표현할 수 있는 환경을 제공한다. 램버트와 발리(Lambert & Barley, 2001)의 연구에 따르면, 상담의 효과 중 약 30%가 상담관계의 질에 의해 결정된다고 보고되었다.

상담의 또 다른 본질적 특성은 전문성이다. 상담은 체계적인 이론과 과학적 근거에 기반하여 이루어지며, 상담자는 전문적 훈련과 자격을 갖추어야 한다. 이는 상담이 일상적인 대화나 친구 간의 조언과 구별되는 핵심 요소이다. 전문성은 상담자의 지식, 기술, 윤리적 태도를 포함하며, 지속적인 전문성 개발을 통해 유지되고 향상된다.

비밀보장은 상담의 또 다른 핵심 특성이다. 내담자가 상담에서 나누는 모든 정보는 엄격하게 보호되며, 이는 상담관계의 신뢰성을 보장하는 기본 조건이다. 비밀보장의 원칙은 내담자가 자신의 깊은 내면을 솔직하게 드러낼 수 있도록 하는 안전한 환경을 조성한다.

상담의 자발성도 중요한 특성이다. 효과적인 상담이 이루어지기 위해서는 내담자의 자발적 참여가 필수적이다. 강제적이거나 의무적인 상황에서는 진정한 상담관계가 형성되기 어렵다. 따라서 상담자는 내담자의 자발적 참여를 촉진하고 동기를 유지할 수 있도록 도와야 한다.

상담의 개별성 또한 중요한 특성이다. 각 내담자는 독특한 개인으로서 고유한 경험, 가치관, 문화적 배경을 가지고 있다. 따라서 상담은 획일적인 접근이 아닌 개별화된 접근을 통해 이루어져야 한다. 수와 수(Sue & Sue, 2019)는 문화적 다양성을 고려한 개별화된 상담 접근의 중요성을 강조하였다.

상담의 과정 지향성도 주목할 만한 특성이다. 상담은 즉각적인 결과를 추구하기보다는 점진적이고 지속적인 변화 과정을 중시한다. 이는 진정한 성장과 변화가 시간을 필요로 하며, 단계적으로 이루어진다는 인식에 기반한다.

2. 상담의 유형

1) 상담 형태에 따른 분류

상담은 형태에 따라 개인상담, 집단상담으로 구분할 수 있다. 각각의 상담 유형은 고유한 특성과 장점을 가지고 있으며, 내담자의 상황과 필요에 따라 선택적으로 활용된다.

개인상담(individual counseling)은 상담자와 내담자가 일대일로 만나는 가장 전통적인 상담 형태이다. 코리(Corey, 2017)는 개인상담을 '상담자와 내담자 간의 직접적이고 개인적인 관계를 통해 이루어지는 상담'이라고 정의하였다. 개인상담의 주요 장점은 내담자의 개별적 특성과 요구에 맞춘 맞춤형 서비스를 제공할 수 있다는 점이다. 또한 비밀보장이 철저히 이루어지며, 내담자가 자신의 깊은 내면을 안전하게 탐색할 수 있는 환경을 제공한다. 개인상담은 특히 개인적이고 민감한 문제를 다룰 때 효과적이다. 예를 들어, 트라우마, 우울증, 불안장애, 개인적 갈등 등의 문제는 개인상담을 통해 다루어지는 것이 적절하다. 글래딩(Gladding, 2019)은 개인상담이 내담자의 자기이해를 깊이 있게 촉진하고, 개인적 통찰을 얻는 데 가장 효과적인 방법이라고 강조하였다.

집단상담(group counseling)은 한 명의 상담자가 여러 명의 내담자와 함께 상담을 진행하는 형태이다. 얄롬과 레슈츠(Yalom & Leszcz, 2020)는 집단상담을 '치료적 목적을 가진 소집단에서 이루어지는 상호작용적 과정'이라고 정의하였다. 집단상담의 핵심은 집단 구성원들 간의 상호작용을 통해 치료적 효과를 얻는 것이다. 집단상담의 주요 장점은 첫째, 보편성의 경험이다. 집단 구성원들은 자신의 문제가 자신만의 것이 아니라는 것을 깨닫게 되며, 이는 고립감을 줄이고 안도감을 제공한다. 둘째, 상호 지지와 격려이다. 집단 구성원들은 서로에게 지지와 격려를 제공하며, 이는 개인상담에서는 얻기 어려운 독특한 치료적 요소이다. 셋째, 사회적 학습의 기회이다. 집단 내에서 다른 사람들의 경험과 대처방식을 관찰하고 학습할 수 있다.

2) 상담 방법에 따른 분류

상담은 진행 방법에 따라 대면상담, 전화상담, 온라인상담으로 구분할 수 있다. 각각의 방법은 고유한 특성과 장단점을 가지고 있으며, 상황과 필요에 따라 선택적으로 활용된다.

대면상담(face-to-face counseling)은 상담자와 내담자가 직접 만나서 진행하는 전통적인 상담 방식이다. 이는 가장 일반적이고 효과적인 상담 방법으로 인정받고 있다. 대면상담은 비언어적 의사소통을 포함한 전체적인 의사소통이 가능하다는 점에서 가장 완전한 형태의 상담이라고 할 수 있다. 대면상담의 주요 장점으로는 첫째, 비언어적 의사소통의 활용이다. 표정, 몸짓, 자세, 목소리 톤 등의 비언어적 요소들은 상담에서 중요한 정보를 제공하며, 이는 대면상담에서만 완전히 활용할 수 있다. 둘째, 즉각적인 상호작용이다. 상담자와 내담자 간의 즉각적인 피드백과 반응이 가능하여 보다 역동적인 상담이 이루어질 수 있다. 셋째, 치료적 관계의 형성이다. 물리적 공간을 공유함으로써 보다 깊이 있는 치료적 관계를 형성할 수 있다.

전화상담(telephone counseling)은 전화를 통해 이루어지는 상담으로, 접근성과 편의성이 높은 상담 방법이다. 전화상담은 '전화라는 매체를 통해 이루어지는 전문적 상담 서비스'로 정의할 수 있다. 전화상담은 특히 위기상황에서의 즉각적 개입이나 지리적 제약으로 인해 대면상담이 어려운 경우에 유용하다. 전화상담의 장점은 첫째, 접근성이다. 시간과 장소의 제약 없이 상담을 받을 수 있어 접근성이 높다. 둘째, 익명성이다. 내담자가 자신의 정체를 완전히 드러내지 않고도 상담을 받을 수 있어 심리적 부담이 적다. 셋째, 즉시성이다. 위기상황에서 즉각적인 도움을 받을 수 있다. 그러나 비언어적 의사소통의 제한, 관계 형성의 어려움 등의 한계도 있다.

온라인상담(online counseling)은 인터넷을 통해 이루어지는 상담으로, 최근 급속히 발전하고 있는 상담 방법이다. 온라인상담은 이메일상담, 채팅상담, 화상상담 등 다양한 형태로 제공된다. 이는 '인터넷 기술을 활용하여 제공되는 전문적 상담 서비스'로 정의할 수 있다. 온라인상담의 장점은 첫째, 편의성이다. 시간과 장소의 제약 없이 상담을 받을 수 있다. 둘째, 비용 효율성이다. 전통적인 상담에 비해 비용이 저렴할 수 있다. 셋째, 기록의 보존이다. 텍스트 기반 상담의 경우 상담 내용이 자동으로 기록되어 나중에 검토할 수 있다. 넷째, 표현의 용이성이다. 일부 내담자들은 글로 자신의 감정을 표현하는 것을 더 편안하게 느낄 수 있다. 그러나 온라인상담에는 기술적 문제, 비밀보장의 우려, 위기상황 대응의 어려움 등의 한계도 있다. 특히 COVID-19 팬데믹 이후 온라인상담의 활용이 급증하면서 이러한 장단점에 대한 연구와 논의가 활발히 이루어지고 있다.

각 상담 방법은 고유한 장단점을 가지고 있으므로, 내담자의 특성, 문제의 성격, 상담의 목적 등을 고려하여 적절한 방법을 선택하는 것이 중요하다. 또한 하나의 방법만을 고수하기보다는 필요에 따라 여러 방법을 통합적으로 활용하는 것이 효과적일 수 있다. 현대 상담의 경향은 이러한 다양한 방법들을 상호보완적으로 활용하는 방향으로 발전하고 있다.

3) 상담 기간에 따른 분류

상담은 진행 기간에 따라 단기상담과 장기상담으로 구분되며, 이는 상담의 목표, 접근방법, 효과성에 중요한 영향을 미친다.

단기상담은 일반적으로 12회기 이하로 진행되는 집중적 상담이다. 이는 '해결 중심적이고 목표 지향적인 접근을 통해 단기간에 변화를 이끌어 내는 상담'으로 정의할 수 있다. 단기상담의 주요 특징은 명확한 목표 설정, 현재 직면한 구체적 문제에 대한 집중, 상담자의 적극적이고 지시적인 역할이다. 단기상담의 장점은 다음과 같다. 첫째, 비용 효율성이 높다. 제한된 회기 내에서 집중적인 개입이 이루어지므로 비용 부담이 적다. 둘째, 시간적 부담이 적어 접근성이 좋다. 장기간 상담을 받기 어려운 내담자들에게 적합하다. 셋째, 특정 문제에 집중하여 빠른 변화를 도모할 수 있다. 실제로, 특정 조건에서는 단기상담이 장기상담만큼 효과적일 수 있다는 연구 결과가 있다.

장기상담은 6개월 이상, 때로는 수년간 지속되는 상담으로, 깊이 있는 성격 변화나 복잡한 문제 해결을 목적으로 한다. 장기상담은 내담자의 전반적 삶과 성격을 다루는 포괄적 접근, 무의식적 갈등이나 과거 경험에 대한 깊이 있는 탐색, 상담관계 자체를 치료적 도구로 활용하는 관계 중심적 접근을 특징으로 한다. 장기상담의 장점은 다음과 같다. 첫째, 근본적인 성격 변화가 가능하다. 오랜 기간에 걸친 작업을 통해 내담자의 깊은 수준의 변화가 이루어질 수 있다. 둘째, 안정적인 치료적 환경을 제공한다. 장기적이고 일관된 관계는 내담자에게 안전한 탐색의 공간을 제공한다. 셋째, 복합적으로 얽힌 문제들의 종합적 해결이 가능하다. 표면적 증상뿐만 아니라 근본 원인까지 다룰 수 있다. 그러나 장기상담은 높은 비용, 의존성 발생 위험, 효과성에 대한 의문 등의 한계도 존재한다. 모든 문제가 장기상담을 필요로 하는 것은 아니며, 문제의 성격과 내담자의 상황을 고려하여 적절한 상담 기간을 선택하는 것이 중요하다.

4) 상담 영역에 따른 분류

상담은 다루는 영역에 따라 다양하게 분류할 수 있다. 주요 영역으로는 진로상담, 학습상담, 정신건강상담, 가족상담, 중독상담, 위기상담, 트라우마상담, 다문화상담, 온라인상담과 디지털 치료 등이 있다.

진로상담(career counseling)은 개인의 진로 선택, 직업 적응, 진로 발달과 관련된 문제를 다루는 상담으로, 이는 개인이 자신에게 적합한 진로를 선택하고 발달시켜 나갈 수 있도록 돕는 전문적 활동이다. 진로상담의 주요 내용으로는 자기이해 증진, 직업세계 탐색, 진로의사결정, 취업준비, 직업적응, 진로전환 등이 있다. 특히 성인학습자의 경우 경력 전환이나 재취업, 은퇴 후 진로 등의 문제가 중요한 상담 영역이 된다. 현대사회의 급속한 변화로 인해 진로상담의 중요성이 더욱 증가하고 있다.

학습상담(learning counseling)은 학습과 관련된 다양한 문제를 다루는 상담으로, 학습자의 학습 효율성을 높이고 학습 관련 문제를 해결하여 학업 성취를 향상시키는 상담이다. 학습상담의 주요 내용으로는 학습동기 저하, 학습방법의 문제, 학습불안, 시험불안, 학습장애 등이 있다. 성인학습 맥락에서 학습상담은 특히 중요한 의미를 가진다. 성인학습자들은 오랜 기간 학습에서 멀어져 있었거나, 새로운 학습 환경에 적응해야 하는 어려움을 겪을 수 있다. 또한 학습과 다른 생활 영역 간의 균형을 맞추는 것도 중요한 상담 주제가 된다.

정신건강상담(mental health counseling)은 우울, 불안, 스트레스, 트라우마 등 정신건강과 관련된 문제를 다루는 상담으로, 이는 개인의 정신건강 증진과 정신적 문제의 예방 및 치료를 목적으로 하는 전문적 상담이다. 정신건강상담은 예방적 차원에서부터 치료적 차원까지 광범위한 영역을 포괄한다. 정신건강상담의 주요 내용으로는 스트레스 관리, 감정 조절, 대인관계 개선, 자존감 향상 등이 있다. 특히 현대사회의 복잡성과 경쟁적 환경으로 인해 정신건강상담의 필요성이 증가하고 있다.

가족상담(family counseling)은 가족 체계 내의 문제를 다루는 상담으로, 부부갈등, 부모-자녀 관계, 가족 의사소통, 가족 내 역할 갈등 등이 주요 상담내용이다. 가족상담은 개인의 문제를 가족 맥락에서 이해하고 해결하는 것을 목적으로 한다.

중독상담(addiction counseling)은 알코올, 약물, 도박, 인터넷 등 다양한 중독 문제를 다루는 전문 상담으로, 중독 행동의 변화를 촉진하고 회복을 지원하는 전문적 개입으로 정의된다. 중독상담은 동기강화, 재발방지, 회복 지원 등을 주요 내용으로 한다.

위기상담(crisis counseling)은 자살, 사고, 재해, 상실 등으로 인한 급성 스트레스나 위기 상황에서 제공되는 즉각적이고 집중적인 상담으로, 위기 상황에 있는 개인이 심리적 평형을 회복하고 적응적 대처를 할 수 있도록 돕는 단기 집중적 개입이다. 위기상담의 특징은 즉시성, 집중성, 안정화에 있다. 위기 상황에서는 장기적인 성격 변화보다는 즉각적인 안정화와 기능 회복이 우선시된다. 위기상담은 24시간 핫라인, 응급 개입팀 등을 통해 제공되는 경우가 많다.

트라우마상담(trauma counseling)은 외상 후 스트레스 장애(PTSD)나 복합 트라우마 등 트라우마 관련 문제를 전문적으로 다루는 상담으로, 트라우마 경험으로 인한 심리적 상처를 치유하고 회복을 돕는 전문적 치료이다. 트라우마 상담은 일반적인 상담과는 다른 전문적 접근이 필요하다. 트라우마의 특성상 기억의 재처리, 신체적 반응의 조절, 안전감의 회복 등이 중요한 치료 요소가 된다. EMDR, 인지행동치료, 신체 중심 치료 등의 전문적 기법들이 활용된다.

다문화상담(multicultural counseling)은 문화적 다양성을 고려한 상담으로, 다양한 문화적 배경을 가진 내담자들을 효과적으로 도울 수 있는 상담이다. 이는 문화적 차이를 인식하고 존중하며, 문화적으로 적절한 상담 서비스를 제공하는 것이다. 다문화상담에서는 상담자의 문화적 역량이 중요하며 문화적 인식, 문화적 지식, 문화적 기술을 포함한다. 특히 한국 사회의 다문화화가 진행되면서 다문화상담의 중요성이 증가하고 있다.

온라인상담과 디지털 치료(digital therapeutics)도 새로운 상담 영역으로 부상하고 있다. 인공지능을 활용한 챗봇 상담, 가상현실을 이용한 노출치료, 모바일 앱을 통한 자가 관리 등이 개발되고 있다. 디지털 기술은 상담의 접근성과 효과성을 높일 수 있는 잠재력을 가지고 있다.

이러한 다양한 상담 유형들은 각각 고유한 특성과 전문성을 요구한다. 상담자는 자신의 전문 영역을 명확히 하고, 해당 영역에서의 전문성을 지속적으로 개발해야 한다. 또한 내담자의 다양한 요구에 효과적으로 대응하기 위해서는 여러 상담 유형에 대한 이해와 협력적 접근이 필요하다. 각 영역별 전문성을 갖춘 상담자들이 협력하여 내담자에게 통합적인 서비스를 제공하는 것이 이상적인 방향이라고 할 수 있다.

3. 상담목표와 원리

1) 상담 목표의 개념과 중요성

상담 목표는 상담 과정에서 달성하고자 하는 구체적이고 명확한 결과나 변화를 의미하며, 상담 목표는 내담자가 상담을 통해 도달하고자 하는 바람직한 상태나 결과이다. 상담 목표는 상담의 방향성을 제시하고, 상담자와 내담자가 공동으로 추구해야 할 지향점을 명확히 하는 역할을 한다.

상담 목표의 중요성은 여러 측면에서 강조된다. 첫째, 방향성 제공이다. 명확한 목표는 상담 과정에서 나아가야 할 방향을 제시하여 상담의 효율성을 높인다. 목표가 없는 상담은 방향감을 잃고 표류할 위험이 있다. 목표 설정이 성과 향상에 중요한 역할을 한다고 강조된다.

둘째, 동기 증진이다. 구체적이고 달성 가능한 목표는 내담자의 변화 동기를 증진시킨다. 내담자는 자신이 무엇을 위해 노력하고 있는지 명확히 알 때 더 큰 동기를 갖게 된다. 목표가 자기효능감과 동기에 미치는 긍정적 영향이 강조된다.

셋째, 진전 평가의 기준이다. 명확한 목표는 상담의 진전을 평가하고 측정할 수 있는 기준을 제공한다. 이를 통해 상담자와 내담자는 어느 정도 진전이 있었는지, 어떤 부분에서 더 노력이 필요한지를 객관적으로 파악할 수 있다. 상담 성과 측정의 중요성이 강조되며, 명확한 목표가 이를 가능하게 한다.

넷째, 협력 관계 강화이다. 상담자와 내담자가 함께 목표를 설정하고 공유하는 과정은 협력적 관계를 강화한다. 이는 내담자의 주체성을 인정하고 상담에 대한 책임감을 증진시킨다. 목표 합의가 치료적 동맹의 핵심 요소라고 여겨진다.

다섯째, 자원의 효율적 활용이다. 명확한 목표는 상담 시간과 에너지를 효율적으로 활용할 수 있게 한다. 제한된 자원을 가장 중요한 영역에 집중할 수 있어 상담의 효과성을 높인다.

상담 목표는 SMART 원칙에 따라 설정되어야 한다. 즉, 구체적(Specific), 측정 가능(Measurable), 달성 가능(Achievable), 현실적(Realistic), 시간 제한적(Time-bound)이어야 한다. 이러한 원칙을 따를 때 목표는 실제적이고 의미 있는 변화를 이끌어 낼 수 있다.

2) 상담의 일반적 목표

상담의 일반적 목표는 모든 상담에 공통적으로 적용되는 포괄적인 목표들로, 상담의 방향성을 제시하고 상담 과정을 안내하는 핵심 요소이다. 이러한 목표들은 상담의 철학적 기반을 반영하며, 내담자의 전인적 성장과 발달을 지향한다.

첫째, 자기이해의 증진이다. 내담자가 자신의 감정, 생각, 행동 패턴을 깊이 있게 이해할 수 있도록 돕는 것이다. 이는 자신의 강점과 약점, 가치관,

신념 체계를 명확히 인식하는 것을 포함한다. 로저스(Rogers, 1961)는 자기이해가 모든 성장과 변화의 출발점이라고 강조하였다. 자기이해는 단순히 자신에 대한 정보를 아는 것을 넘어서, 자신의 내적 경험을 깊이 있게 탐색하고 의미를 발견하는 과정이다. 내담자가 자신의 감정 패턴, 사고 방식, 행동 동기를 이해하게 되면, 보다 의식적이고 의도적인 선택을 할 수 있게 된다.

둘째, 문제해결 능력의 향상이다. 내담자가 현재 직면한 문제를 효과적으로 해결할 수 있는 능력을 기르는 것이다. 이는 단순히 현재의 문제를 해결하는 것을 넘어서, 미래에 유사한 문제에 직면했을 때 스스로 해결할 수 있는 능력을 개발하는 것을 의미한다. 쥬릴라와 골드프리드(D'Zurilla & Goldfried, 1971)는 문제해결 능력이 개인의 적응과 정신건강에 핵심적인 역할을 한다고 하였다. 문제해결 능력에는 문제 인식, 대안 탐색, 결과 예측, 실행 및 평가 등의 단계가 포함된다. 이러한 체계적인 문제해결 과정을 학습함으로써 내담자는 다양한 상황에서 효과적으로 대처할 수 있게 된다.

셋째, 의사결정 능력의 개발이다. 내담자가 자신의 삶에서 직면하는 다양한 선택 상황에서 합리적이고 효과적인 결정을 내릴 수 있는 능력을 기르는 것이다. 재니스와 만(Janis & Mann, 1977)은 효과적인 의사결정이 개인의 삶의 질과 직결된다고 강조하였다. 의사결정 능력에는 정보 수집, 대안 비교, 가치 명료화, 결과 책임 등의 요소가 포함된다. 특히 현대사회에서는 개인이 내려야 할 결정의 복잡성과 중요성이 증가하고 있어, 체계적인 의사결정 능력이 더욱 중요해지고 있다.

넷째, 대인관계 기술의 향상이다. 내담자가 타인과 건강하고 만족스러운 관계를 형성하고 유지할 수 있는 능력을 개발하는 것이다. 이는 의사소통 기술, 갈등 해결 기술, 공감 능력, 경계 설정 능력 등을 포함한다. 아가일(Argyle, 1994)은 대인관계 기술이 개인의 행복과 성공에 중요한 요인이라고 하였다. 대인관계 기술의 향상은 개인의 사회적 적응을 돕고, 사회적 지지체계를 구축하는 데 도움이 된다.

다섯째, 자아실현과 성장의 촉진이다. 내담자가 자신의 잠재력을 최대한 발휘하고 의미 있는 삶을 살아갈 수 있도록 돕는 것이다. 매슬로우(Maslow, 1968)의 자아실현 개념에 기반하여, 상담은 내담자가 자신의 고유한 가능성을 실현할 수 있도록 지원한다. 이는 개인의 창의성, 자발성, 진정성을 발현하는 것을 포함한다. 자아실현은 개인이 자신의 본질적 특성을 발견하고 이를 삶에서 구현해 나가는 과정이다.

여섯째, 적응능력의 증진이다. 내담자가 변화하는 환경과 상황에 유연하게 적응할 수 있는 능력을 기르는 것이다. 현대사회의 급속한 변화 속에서 적응 능력은 개인의 생존과 성공에 필수적인 요소가 되었다. 이는 스트레스 관리, 변화 수용, 회복탄력성 등을 포함한다. 라자루스와 폴크만(Lazarus & Folkman, 1984)은 적응적 대처가 개인의 심리적 안녕에 중요하다고 강조하였다.

일곱째, 정서적 안정성의 확보이다. 내담자가 자신의 감정을 적절히 인식하고 조절할 수 있는 능력을 개발하는 것이다. 이는 감정 인식, 감정 표현, 감정 조절 등의 기술을 포함한다. 골먼(Goleman, 1995)은 정서지능이 개인의 성공과 행복에 중요한 역할을 한다고 하였다. 정서적 안정성은 개인의 전반적인 삶의 질을 향상시키고, 다른 목표들의 달성을 촉진하는 기반이 된다.

3) 상담의 기본 원리

상담의 기본 원리는 효과적인 상담이 이루어지기 위해 준수되어야 하는 근본적인 지침들로, 상담의 철학적 기반을 제공하고 상담자의 태도와 행동을 안내한다. 이러한 원리들은 상담의 성공을 위한 필수적인 요소이며, 다양한 상담 이론과 접근법에서 공통적으로 중요시된다.

첫째, 수용과 존중이다. 상담자는 내담자를 있는 그대로 받아들이고 존중해야 한다. 이는 내담자의 가치관, 신념, 생활방식이 상담자와 다르더라도 판단하거나 비난하지 않는 것을 의미한다. 무조건적 긍정적 관심은 상담의 핵심조건 중 하나로 간주된다. 수용과 존중의 원리는 내담자가 자신을 솔직하게 드러낼 수 있는 안전한 환경을 조성한다. 이는 내담자의 방어를 줄이고 자기개방을 촉진하여 상담의 효과성을 높인다. 내담자가 수용받는다고 느낄 때 변화의 가능성이 더 커지게 된다.

둘째, 진정성(genuineness)이다. 상담자는 내담자와의 관계에서 진실하고 일치된 모습을 보여야 한다. 이는 가면을 쓰거나 역할을 연기하는 것이 아니라, 자신의 진실한 감정과 생각을 적절히 표현하는 것을 의미한다. 진정성은 상담자의 내적 경험과 외적 표현이 일치하는 상태이다. 진정성은 상담관계의 신뢰성을 높이고 내담자에게 모델링을 제공한다. 그러나 진정성은 무분별한 자기노출과는 구별되어야 하며, 내담자의 이익을 위해 적절히 조절되어야 한다. 내담자는 상담자의 진정성을 통해 인간적 연결감을 경험하고, 자신도 진실된 자아를 표현할 용기를 얻게 된다.

셋째, 공감적 이해(empathic understanding)이다. 상담자는 내담자의 관점에서 그의 경험을 이해하려고 노력해야 한다. 이는 단순히 동정하거나 동일시하는 것이 아니라, 내담자의 내적 준거틀을 통해 그의 경험을 이해하는 것이다. 공감은 내담자의 신발을 신고 걸어보는 것이라고 표현할 수 있다. 공감적 이해는 내담자가 이해받고 있다는 느낌을 갖게 하여 치료적 관계를 강화한다. 공감은 상담 효과의 중요한 예측 변인이다. 상담자의 공감적 이해는 내담자가 자신의 경험을 더 깊이 탐색하고 새로운 통찰을 얻는 데 도움을 준다.

넷째, 자기결정권의 존중이다. 내담자는 자신의 삶에 대한 결정을 내릴 권리가 있으며, 상담자는 이를 존중해야 한다. 상담자는 조언자나 지시자가 아니라 촉진자의 역할을 해야 한다. 내담자가 스스로 선택하고 결정할 수 있도록 돕는 것이 상담의 목적이다. 이는 내담자의 자율성을 인정하고 의존성을 방지하는 중요한 원리이다. 자기결정권의 존중은 내담자의 자기효능감을 높이고 변화에 대한 동기를 증진시킨다. 상담자가 해결책을 제시하기보다는 내담자가 스스로 해결책을 찾을 수 있도록 지원할 때, 더 지속적인 변화가 이루어진다.

다섯째, 개별성의 인정이다. 각 내담자는 독특한 개인으로서 고유한 경험, 가치관, 문화적 배경을 가지고 있다. 상담자는 이러한 개별성을 인정하고 획일적인 접근을 피해야 한다. 문화적 다양성을 고려한 개별화된 상담은 매우 중요하다. 개별성의 인정은 내담자 중심적 접근의 핵심이며, 상담의 효과성을 높이는 중요한 요소이다. 상담자는 내담자의 고유한 배경과 맥락을 이해하고 존중함으로써, 내담자의 진정한 필요와 목표에 맞는 상담을 제공할 수 있다.

여섯째, 성장 지향성이다. 상담은 문제 해결에만 초점을 맞추는 것이 아니라 내담자의 전반적인 성장과 발달을 지향한다. 이는 내담자의 잠재력을 믿고 그것이 실현될 수 있도록 돕는 것을 의미한다. 인본주의적 관점에서 모든 인간은 성장하고 자아실현하려는 경향을 가지고 있다. 성장 지향성은 상담을 단순한 문제 해결 서비스가 아닌 인간 발달을 지원하는 전문적 활동으로 규정한다. 상담자는 내담자가 현재의 어려움을 극복하는 것 너머, 더 풍요롭고 의미 있는 삶을 살 수 있도록 지원한다.

일곱째, 전인적 접근이다. 상담은 내담자를 인지적, 정서적, 행동적, 사회적, 영적 차원을 포함한 전체적 존재로 이해하고 접근해야 한다. 이는 특정 증상이나 문제에만 초점을 맞추는 것이 아니라, 내담자의 전반적인 삶과 경험을 고려하는 것을 의미한다. 전인적 접근은 상담의 효과성을 높이는 중요한 요소이다. 내담자의 문제는 단일한 차원에만 존재하는 것이 아니라 여러 영역이 상호작용하는 복잡한 현상이므로, 상담에서도 이러한 다차원적 접근이 필요하다.

이러한 기본 원리들은 모든 효과적인 상담의 핵심을 이루며, 상담자가 내담자와 작업할 때 지켜야 할 기본적인 가치와 태도를 제시한다. 이 원리들은 상담이론과 접근법에 따라 강조점이 다를 수 있지만, 대부분의 성공적인 상담에서 공통적으로 발견되는 요소들이다. 상담자는 이러한 원리들을 자신의 전문적 정체성과 실천에 통합하여, 내담자에게 최상의 도움을 제공할 수 있도록 노력해야 한다. 또한 이러한 원리들은 상담의 윤리적 기반을 형성하며, 상담자의 전문적 발달과 성장에도 중요한 지침이 된다.

4. 상담의 과정

상담 과정은 일반적으로 초기 단계, 중기 단계, 종결 단계의 세 단계로 구분된다. 각 단계는 고유한 특성과 과업을 가지며, 내담자의 변화와 성장을 체계적으로 지원한다.

1) 초기 단계

초기 단계는 상담의 시작부터 상담관계가 안정적으로 형성되고 문제가 명확히 파악될 때까지의 기간이다. 이 단계는 일반적으로 1~3회기에 해당하지만, 내담자의 특성에 따라 더 길어질 수도 있다. 로저스(Rogers, 1957)는 상담의 초기 단계에서 형성되는 치료적 관계가 전체 상담의 성패를 좌우한다고 강조하였다.

초기 단계에서 내담자는 복합적인 감정을 경험한다. 한편으로는 도움을 받을 수 있다는 기대감을 갖지만, 다른 한편으로는 낯선 환경과 사람에 대한 불안감도 느낀다. 많은 내담자들이 "내가 정말 이상한 사람인가?", "상담자가 나를 어떻게 생각할까?"와 같은 걱정을 가지고 있다. 이러한 불안은 자연스러운 반응이며, 상담자는 이를 이해하고 수용해야 한다.

(1) 라포 형성

초기 단계의 가장 중요한 과업은 라포(rapport) 형성이다. 라포란 상담자와 내담자 사이에 형성되는 신뢰롭고 편안한 관계를 의미한다.

라포 형성을 위해서는 상담자의 따뜻함이 필요하다. 내담자를 진심으로 환영하고 관심을 가지고 있다는 것을 언어적, 비언어적으로 표현해야 한다. "오시느라 수고하셨어요", "편하게 앉으세요"와 같은 간단한 말도 내담자에게는 큰 위안이 된다. 또한 적절한 눈맞춤, 고개 끄덕임, 편안한 자세 등의 비언어적 메시지도 중요하다.

진정성(genuineness)도 라포 형성에 필수적이다. 상담자는 가식적이거나 기계적인 태도가 아니라 진실한 마음으로 내담자를 대해야 한다. 내담자는 상담자의 진정성을 민감하게 감지하며, 이것이 신뢰 형성의 기초가 된다.

공감적 이해는 라포 형성의 핵심이다. 상담자는 내담자의 입장에서 그의 감정과 경험을 이해하려고 노력해야 한다. "정말 힘드셨겠어요", "그런 상황에서는 누구나 그렇게 느낄 수 있어요"와 같은 공감적 반응은 내담자로 하여금 이해받고 있다는 느낌을 갖게 한다.

(2) 문제 탐색

라포가 어느 정도 형성되면 본격적인 문제 탐색이 시작된다. 이는 내담자가 어떤 문제를 가지고 있는지를 구체적으로 파악하는 작업이다.

문제 탐색에서는 개방형 질문을 주로 사용한다. "어떤 일로 상담을 받으러 오셨나요?", "언제부터 이런 문제가 시작되었나요?", "어떤 상황에서 더 심해지나요?"와 같은 질문을 통해 문제를 다각도로 살펴본다. 이때 중요한 것은 성급하게 조언을 하거나 판단을 내리지 않는 것이다.

문제 탐색은 단순히 문제점만 찾는 것이 아니다. 내담자의 강점과 자원도 함께 파악해야 한다. "지금까지 어떤 방법으로 이 문제에 대처해 오셨나요?", "어려운 상황을 잘 극복했던 경험이 있나요?", "도움을 받을 수 있는 사람들이 주변에 있나요?"와 같은 질문을 통해 내담자의 긍정적 자원을 발견한다. 샐리비(Saleebey, 2013)의 강점 관점에 따르면, 이러한 자원들은 나중에 문제 해결의 중요한 도구가 될 수 있다.

(3) 목표 설정

문제가 어느 정도 파악되면 상담의 목표를 설정한다. 목표 설정은 상담자와 내담자가 함께 하는 협력적 작업이다.

효과적인 목표는 SMART 원칙을 따라야 한다. 즉, 구체적(Specific), 측정 가능(Measurable), 달성 가능(Achievable), 현실적(Realistic), 시간 제한적(Time-bound)

이어야 한다. 내담자가 "행복해지고 싶어요"와 같은 막연한 목표를 제시할 때, 상담자는 "구체적으로 어떤 모습이 되었을 때 행복하다고 느끼실 것 같나요?"와 같은 질문을 통해 목표를 구체화하도록 도와야 한다.

(4) 상담 구조화

초기 단계의 마지막 과업은 상담 구조화이다. 이는 상담이 어떻게 진행될 것인지에 대해 내담자에게 설명하고 합의하는 과정이다. 상담 횟수, 시간, 장소, 비용, 비밀보장 등에 대해 명확히 안내한다.

또한 상담자와 내담자의 역할에 대해서도 설명한다. 상담자는 전문적 도움을 제공하지만 마법사가 아니며, 내담자의 적극적인 참여가 필요하다는 점을 강조한다. 이러한 구조화는 내담자가 상담에 대한 현실적인 기대를 가지고 적극적으로 참여할 수 있도록 돕는다.

2) 중기 단계

중기 단계는 상담관계가 안정적으로 형성되고 본격적인 치료적 작업이 이루어지는 단계이다. 이 단계는 상담의 핵심 부분으로, 대부분의 변화와 성장이 일어나는 시기이다. 중기 단계는 상담의 대부분을 차지하며, 내담자의 문제와 목표에 따라 그 기간이 달라진다. 그린버그와 왓슨(Greenberg & Watson, 2006)은 중기 단계에서 이루어지는 깊이 있는 탐색과 감정 작업이 진정한 치료적 변화를 가져온다고 하였다. 이 단계에서는 초기에 형성된 신뢰관계를 바탕으로 더 깊고 의미 있는 작업이 가능해진다.

(1) 깊이 있는 탐색

중기 단계의 첫 번째 주요 과업은 깊이 있는 탐색이다. 초기 단계에서 파악한 문제를 더 깊이 있게 탐색하여 문제의 뿌리와 유지 요인을 찾아낸다. 이 과정에서 내담자는 자신에 대해 새로운 것들을 발견하게 된다.

"이런 감정이 언제부터 시작되었는지 기억나세요?", "어린 시절에도 비슷한 경험이 있었나요?"와 같은 질문을 통해 문제의 역사적 뿌리를 탐색한다. 때로는 어린 시절의 경험이나 가족 관계가 현재의 문제와 어떻게 연결되어 있는지를 발견하게 된다.

또한 현재 문제를 유지시키는 요인들도 탐색한다. "어떤 상황에서 이 문제가 더 심해지나요?", "이 문제가 지속되는 이유가 무엇일까요?"와 같은 질문을 통해 문제의 악순환 고리를 파악한다. 이러한 탐색은 단순히 과거를 파헤치는 것이 아니라, 현재의 문제를 더 잘 이해하기 위한 것이다.

(2) 통찰과 이해의 증진

탐색을 통해 얻은 정보들을 연결하여 새로운 이해를 얻는 과정이 통찰이다. 얄롬(Yalom, 2002)은 통찰이 치료적 변화의 핵심 요소라고 강조하였다. 자신을 이해할 때 비로소 변화가 가능해진다는 것이다.

통찰은 단순히 머리로 아는 것이 아니라 가슴으로 느끼는 것이다. 진정한 통찰이 일어날 때 내담자는 "아하!" 하는 순간을 경험한다. "아, 내가 왜 이런 행동을 하는지 이제 알겠어요", "이런 패턴이 계속 반복되고 있었네요"와 같은 깨달음이 일어난다.

상담자는 내담자가 스스로 통찰을 얻을 수 있도록 도와야 한다. "지금 말씀하신 두 가지 상황 사이에 공통점이 있는 것 같은데요", "이런 패턴이 반복되고 있는 것 같아요"와 같은 해석을 통해 새로운 관점을 제시한다. 중요한 것은 해석을 강요하지 않고, 내담자가 받아들일 준비가 되었을 때 제공하는 것이다.

(3) 감정 작업

중기 단계에서는 감정 작업이 특히 중요하다. 많은 내담자들이 자신의 감정을 억압하거나 회피하는 경향이 있다. 그린버그(Greenberg, 2015)는 감정이 변화의 핵심 동력이라고 강조하면서, 감정을 직면하고 표현하는 것의 중요성을 설명하였다.

상담자는 “지금 여기서 그 감정을 느껴보세요”, “그때 정말 어떤 기분이었나요?”와 같은 개입을 통해 내담자가 자신의 감정을 직면하고 표현할 수 있도록 도와야 한다. 감정이 표출될 때 상담자는 이를 수용하고 지지하는 태도를 보여야 한다. “그런 감정을 느끼는 것이 자연스러운 일이에요”, “그 감정을 표현해 주셔서 고맙습니다”와 같은 반응을 통해 내담자가 안전하게 감정을 경험할 수 있도록 돕는다.

감정 작업에서는 단순히 감정을 표출하는 것을 넘어서 그 감정의 의미와 메시지를 탐색한다. “그 분노 뒤에 어떤 다른 감정이 숨어 있을까요?”, “그 슬픔이 당신에게 무엇을 말해주고 있는 것 같나요?”와 같은 질문을 통해 감정의 깊은 의미를 찾아간다.

(4) 새로운 기술과 전략의 학습

문제를 이해했다면 이제 그것을 해결할 수 있는 구체적인 방법들을 배워야 한다. 상담자는 내담자의 문제와 목표에 맞는 다양한 기술과 전략을 제공한다. 이는 의사소통 기술, 스트레스 관리 방법, 문제해결 기술, 감정 조절 방법 등 다양할 수 있다.

예를 들어, 대인관계에 어려움이 있는 내담자에게는 효과적인 의사소통 방법을 가르칠 수 있다. ‘나-전달법’을 사용하여 자신의 감정을 상대방에게 전달하는 방법, 적극적 경청 기술, 갈등 해결 방법 등을 단계별로 가르친다. 불안이 심한 내담자에게는 이완 기법, 호흡법, 인지적 재구성 기법 등을 제공할 수 있다.

기술 학습에서 중요한 것은 단순히 설명을 듣는 것이 아니라 실제로 연습해 보는 것이다. 상담 시간에 역할 연습을 해보거나, 구체적인 상황을 가정하여 연습해 본다.

(5) 행동 변화의 시도

상담에서 얻은 통찰과 기술을 실제 생활에 적용해 보는 것이 행동 변화 단계이다. 이는 상담실에서의 학습을 현실로 옮기는 중요한 과정이다. 프로차스카와 디클레멘테(Prochaska & DiClemente, 1983)의 변화 단계 모델에 따르면, 실제 행동 변화는 준비와 실행을 거쳐 이루어진다. 변화는 작은 것부터 시작하는 것이 좋다. 예를 들어, 사회불안이 있는 내담자가 처음에는 가족과의 대화를 늘려보고, 다음에는 친한 친구와 만나보며, 점차 새로운 사람들과의 만남으로 확장해 나가는 것이다. 이러한 점진적 접근은 성공 경험을 쌓고 자신감을 높이는 데 도움이 된다.

상담자는 내담자의 변화 시도를 적극적으로 지원해야 한다. "이번 주에 배운 기술을 한번 사용해 보시겠어요?"와 같이 구체적인 과제를 제시하고, 다음 회기에 그 결과를 함께 검토한다. 성공했을 때는 충분히 격려하고, 실패했을 때도 비난하지 않고 이를 학습의 기회로 활용한다.

(6) 저항과 전이 현상 다루기

중기 단계에서는 저항과 전이 현상이 더 강하게 나타날 수 있다. 저항은 변화에 대한 두려움에서 비롯되는 자연스러운 반응이다. 밀러와 롤닉(Miller & Rollnick, 2013)은 저항에 맞서기보다는 함께 탐색하는 것이 효과적이라고 강조하였다.

"변화가 두려운 이유가 있을까요?", "지금 상황을 유지하는 것이 어떤 면에서는 안전하게 느껴질 수도 있겠네요"와 같은 접근을 통해 저항의 의미를 탐색한다. 저항을 적으로 보지 않고 내담자를 보호하려는 마음의 작용으로 이해할 때 더 효과적으로 다룰 수 있다.

전이 현상도 중기 단계에서 중요하게 다루어야 할 현상이다. 내담자가 상담자에게 과거의 중요한 인물에 대한 감정을 투사할 때, 이를 치료적으로 활용할 수 있다. "지금 저에 대해 느끼시는 감정이 과거의 누군가를 떠올리게 하나요?"와 같은 탐색을 통해 내담자의 관계 패턴을 이해하고 새로운 경험을 제공할 수 있다.

3) 종결 단계

종결 단계는 상담 목표가 달성되고 상담을 마무리하는 단계이다. 이 단계는 일반적으로 마지막 2~3회기에 해당하지만, 종결 준비는 중기 단계부터 시작될 수 있다. 골드프리드와 데이비슨(Goldfried & Davison, 1994)은 학습 내용의 일반화가 상담 효과의 지속성을 보장한다고 강조하면서, 종결 단계의 중요성을 설명하였다.

종결 단계에서 내담자는 복합적인 감정을 경험한다. 상담을 통해 많은 것을 배웠고 변화했다는 성취감과 자신감을 느끼는 동시에, 다른 한편으로는 도움을 주던 상담자와 헤어져야 한다는 아쉬움과 혼자서 잘 해나갈 수 있을지에 대한 불안감도 느낀다.

(1) 성과 평가

종결 단계의 첫 번째 과업은 상담의 성과를 평가하는 것이다. 상담을 시작할 때 세웠던 목표가 어느 정도 달성되었는지를 구체적으로 확인한다. 램버트(Lambert, 2013)는 성과 평가가 상담의 효과성을 입증하고 개선하는 데 필수적이라고 강조하였다.

"처음 상담을 시작할 때와 비교해서 지금은 어떤 점이 달라졌나요?", "가장 큰 변화는 무엇이라고 생각하세요?"와 같은 질문을 통해 변화를 구체적으로 확인한다. 이 과정에서 내담자는 자신의 성장을 인식하게 되고, 자신감과 자존감이 높아진다. 때로는 내담자 스스로도 놀랄 만큼 많은 변화가 있었음을 깨닫게 된다.

성과 평가는 긍정적인 변화만 확인하는 것이 아니다. 아직 부족한 부분이나 앞으로 더 노력해야 할 영역도 솔직하게 평가한다. 이는 내담자가 현실적인 자기 인식을 가지고 지속적인 성장을 위한 동기를 유지하는 데 도움이 된다.

(2) 학습 내용의 통합과 일반화

상담에서 배운 것들을 체계적으로 정리하고, 이를 다양한 상황에 적용할 수 있도록 돕는 것이 일반화 과정이다. "상담에서 배운 것 중에서 가장 도움이 되었던 것은 무엇인가요?", "어떤 깨달음이 가장 의미 있었나요?"와 같은 질문을 통해 핵심 내용을 정리한다.

일반화는 상담에서만 통하는 것이 아니라 실제 생활에서 지속적으로 활용할 수 있도록 하는 과정이다. "직장에서도 이 의사소통 기술을 사용할 수 있을까요?", "가족 관계에서는 어떻게 적용해 볼 수 있을까요?"와 같은 질문을 통해 학습 내용의 적용 범위를 확장한다.

상담자는 구체적인 상황을 가정하여 내담자가 어떻게 대처할 것인지를 연습해 볼 수 있도록 도와야 한다. 이는 내담자가 상담 종료 후에도 배운 내용을 기억하고 활용할 수 있게 하는 중요한 과정이다.

(3) 재발 방지 계획 수립

미래에 비슷한 문제가 다시 발생할 가능성에 대비한 구체적인 계획을 세우는 것이 재발 방지 계획이다. "어떤 신호가 나타나면 다시 주의해야 할까요?", "초기 증상이 나타났을 때 가장 먼저 해야 할 일은 무엇일까요?"와 같은 질문을 통해 재발 방지 전략을 구체화한다.

재발 방지 계획에는 여러 요소가 포함되어야 한다. 첫째, 경고 신호 인식이다. 문제가 다시 시작될 때 나타나는 초기 증상들을 미리 파악해 둔다. 둘째, 초기 대응 방법이다. 경고 신호가 나타났을 때 즉시 사용할 수 있는 대처 방법들을 준비한다. 셋째, 지지 자원 활용이다. 어려운 상황에서 도움을 받을 수 있는 사람들과 기관들을 확인해둔다.

"어려운 상황이 생겼을 때 누구에게 도움을 요청할 수 있나요?", "전문가의 도움이 필요한 시점을 어떻게 판단하시겠어요?"와 같은 질문을 통해 지지 체계를 점검하고 활용 방법을 구체화한다.

(4) 이별과 분리 작업

상담관계의 종료는 내담자에게 상실감을 줄 수 있다. 특히 장기간 상담을 받은 내담자나 애착 문제가 있는 내담자에게는 분리가 더욱 어려울 수 있다. 허만(Herman, 1992)은 안전한 분리가 치유 과정의 중요한 부분이라고 강조하였다.

상담자는 종결에 따른 감정을 자연스러운 것으로 받아들이고, 건강한 분리가 이루어질 수 있도록 도와야 한다. "상담이 끝나는 것에 대해 어떤 기분이 드세요?", "헤어짐이 아쉽다고 느끼는 것은 당연한 일이에요"와 같이 분리에 따른 감정을 탐색하고 수용한다.

동시에 분리가 성장의 기회임을 강조해야 한다. "이제 혼자서도 충분히 잘 해나가실 수 있을 만큼 성장하셨어요", "독립적으로 살아가는 것 자체가 큰 성취입니다"와 같이 자립에 대한 자신감을 심어준다.

참/고/문/헌

김동일 · 이윤희(2003). 상담과 생활지도. 교육과학사.

한국상담학회(2020). 상담의 이론과 실제(개정판). 학지사.

Argyle, M.(1994). *The psychology of interpersonal behaviour*(5th ed.). Penguin.

Corey, G.(2017). *Theory and practice of counseling and psychotherapy*(10th ed.). Cengage Learning.

D'Zurilla, T. J., & Goldfried, M. R.(1971). Problem solving and behavior modification. *Journal of Abnormal Psychology, 78*(1), 107-126.

Gladding, S. T.(2019). *Counseling : A comprehensive profession*(9th ed.). Pearson.

Goldfried, M. R., & Davison, G. C.(1994). *Clinical behavior therapy*(3rd ed.). John Wiley & Sons.

Goleman, D.(1995). *Emotional intelligence : Why it can matter more than IQ*. Bantam Books.

Greenberg, L. S.(2015). *Emotion-focused therapy : Coaching clients to work through their feelings.* American Psychological Association.

Greenberg, L. S., & Watson, J. C.(2006). *Emotion-focused therapy for depression.* American Psychological Association.

Herman, J. L.(1992). *Trauma and recovery : The aftermath of violence—from domestic abuse to political terror.* Basic Books.

Janis, I. L., & Mann, L.(1977). *Decision making : A psychological analysis of conflict, choice, and commitment.* Free Press.

Kim, D., & Lee, Y.(2003). *Counseling and guidance.* Kyoyook Kwahaksa.

Lambert, M. J.(2013). Outcome in psychotherapy : The past and important advances. *Psychotherapy, 50*(1), 42-51.

Lambert, M. J., & Barley, D. E.(2001). Research summary on the therapeutic relationship and psychotherapy outcome. *Psychotherapy : Theory, Research, Practice, Training, 38*(4), 357-361.

Lazarus, R. S., & Folkman, S.(1984). *Stress, appraisal, and coping*. Springer.

Maslow, A. H.(1968). *Toward a psychology of being*(2nd ed.). Van Nostrand.

Miller, W. R., & Rollnick, S.(2013). *Motivational interviewing : Helping people change*(3rd ed.). Guilford Press.

Prochaska, J. O., & DiClemente, C. C.(1983). Stages and processes of self-change of smoking : Toward an integrative model of change. *Journal of Consulting and Clinical Psychology, 51*(3), 390-395.

Rogers, C. R.(1951). *Client-centered therapy : Its current practice, implications, and theory.* Houghton Mifflin.

__________(1957). The necessary and sufficient conditions of therapeutic personality change. *Journal of Consulting Psychology, 21*(2), 95-103.

__________(1961). *On becoming a person: A therapist's view of psychotherapy.* Houghton Mifflin.

Saleebey, D.(2013). *The strengths perspective in social work practice*(6th ed.). Pearson.

Sue, D. W., & Sue, D.(2019). *Counseling the culturally diverse : Theory and practice*(8th ed.). Wiley.

Yalom, I. D.(2002). *The gift of therapy : An open letter to a new generation of therapists and their patients.* HarperCollins.

Yalom, I. D., & Leszcz, M.(2020). *The theory and practice of group psychotherapy*(6th ed.). Basic Books.

CHAPTER

08

상담자의 자질과 상담기법

1. 상담자의 자질
2. 상담자의 윤리적 의무
3. 상담의 핵심 기법

08
CHAPTER

상담자의 자질과 상담기법

개 요

이 장에서는 상담자가 갖추어야 할 개인적 · 전문적 자질, 상담 현장에서 반드시 지켜야 할 상담윤리, 그리고 효과적인 상담을 위해 활용되는 주요 상담기법에 대해 다룬다. 상담자의 자질은 단순한 지식과 기술을 넘어 자기인식, 정서적 안정성, 공감능력 등 인간적 성숙함과 윤리적 태도를 포함한다. 또한 상담윤리는 내담자의 안전과 권리를 보호하며, 전문직으로서의 책임을 수행하는 데 필수적이다. 상담현장에서 실제로 활용되는 핵심 기법과 예시를 통해, 상담 실천력 향상을 도모한다.

학습목표

1. 상담자의 개인적 · 전문적 자질과 상담윤리의 핵심 원칙을 체계적으로 설명할 수 있다.
2. 실제 상담 현장에서 상담윤리를 적용할 수 있다.
3. 주요 상담 기법의 목적과 실제 사용 방법을 이해하고 실습에 활용할 수 있다.

핵심어

상담자의 자질, 상담윤리, 상담기법, 기록관리, 비밀보장, 관심 기울이기, 적극적 경청, 질문, 공감, 반영, 자기개방, 직면, 해석, 요약, 명료화

1. 상담자의 자질

상담자는 내담자의 삶에 깊이 개입하여 변화와 성장을 돕는 전문가이다. 따라서 상담자가 어떤 자질을 갖추고 있느냐는 상담의 성패를 좌우하는 결정적 요인이 된다. 상담자의 자질은 단순히 지식이나 기술만을 의미하는 것이 아니라, 인간으로서의 성숙함, 전문적 역량, 그리고 상담 상황에서 수행해야 할 다양한 역할을 포괄하는 개념이다.

코리(Corey, 2017)는 상담자의 자질을 '내담자에게 도움이 되는 상담을 제공하기 위해 필요한 개인적, 전문적 특성들의 총합'이라고 정의하였다. 이는 상담자가 타고난 재능만으로는 충분하지 않으며, 지속적인 노력과 성장을 통해 개발해야 할 영역임을 의미한다. 또한 상담자는 다양한 역할을 수행해야 하는데, 이러한 역할들은 상담의 단계와 내담자의 요구에 따라 유연하게 변화한다.

1) 상담자의 개인적 자질

(1) 자기 인식과 자기 이해

상담자의 가장 기본적인 자질은 자기 인식과 자기 이해이다. 로저스(Rogers, 1961)는 '상담자가 자신을 모르면서 어떻게 다른 사람을 도울 수 있겠는가'라고 물으며 자기 인식의 중요성을 강조하였다. 자기 인식이란 자신의 감정, 생각, 행동 패턴, 가치관, 편견, 강점과 약점을 정확히 아는 것을 의미한다.

상담자는 자신의 성장 과정에서 형성된 가치관과 신념이 무엇인지 알아야 한다. 예를 들어, 어린 시절 엄격한 가정에서 자란 상담자는 무의식적으로 내담자에게도 엄격한 기준을 적용할 수 있다. 이러한 자신의 경향을 인식하지 못하면 내담자를 객관적으로 이해하기 어렵다. 또한 상담자는 자신의 감정적 반응 패턴을 알아야 한다. 어떤 유형의 내담자나 문제에 대해 강한 감정적 반응을 보이는지, 어떤 상황에서 불편함을 느끼는지를 파악해야 한다.

자기 이해는 일회성으로 끝나는 것이 아니라 평생에 걸친 과정이다. 상담자는 지속적인 자기 성찰을 통해 자신을 더 깊이 이해하려고 노력해야 한다. 이를 위해 개인 상담을 받거나, 일기 쓰기, 명상 등의 방법을 활용할 수 있다. 자기 인식이 부족한 상담자는 자신의 문제를 내담자에게 투사하거나, 역전이 현상에 적절히 대처하지 못할 위험이 있다.

(2) 정서적 안정성과 성숙함

상담자는 정서적으로 안정되고 성숙한 사람이어야 한다. 내담자들은 종종 강렬한 감정을 표출하거나 어려운 상황을 이야기한다. 이때 상담자가 정서적으로 불안정하다면 내담자를 제대로 도울 수 없을 뿐만 아니라 오히려 해를 끼칠 수도 있다.

글래딩(Gladding, 2019)은 정서적 안정성을 '자신의 감정을 적절히 인식하고 조절할 수 있으며, 스트레스 상황에서도 균형을 유지할 수 있는 능력'이라고 정의하였다. 이는 감정이 없다는 뜻이 아니라, 감정을 건강하게 경험하고 표현할 수 있다는 의미이다. 정서적으로 안정된 상담자는 내담자의 강한 감정에 압도되지 않으면서도 공감적으로 반응할 수 있다.

정서적 성숙함은 또한 자신의 욕구와 내담자의 욕구를 구분할 수 있는 능력을 포함한다. 상담자가 자신의 인정 욕구나 성취 욕구를 충족하기 위해 상담을 이용해서는 안 된다. 내담자의 복지가 항상 최우선이어야 한다. 예를 들어, 상담자가 자신의 능력을 과시하기 위해 복잡한 해석을 제시하거나, 내담자의 의존을 유도하여 자신의 중요성을 느끼려고 해서는 안 된다.

(3) 진정성과 일치성

진정성(genuineness)은 로저스(Rogers, 1957)가 제시한 상담자의 핵심 조건 중 하나이다. 진정성이란 상담자가 자신의 내적 경험과 외적 표현이 일치하는 상태를 의미한다. 즉, 가면을 쓰거나 역할을 연기하는 것이 아니라, 진실한 자신의 모습을 보여주는 것이다.

진정성 있는 상담자는 완벽한 사람이 아니다. 오히려 자신의 한계와 실수를 인정할 수 있는 솔직한 사람이다. 내담자 앞에서 모든 것을 알고 있는 척하거나 완벽한 척하지 않는다. 필요할 때는 "잘 모르겠습니다", "실수했습니다"라고 솔직하게 말할 수 있다. 이러한 솔직함은 오히려 내담자와의 관계를 더욱 진실하고 깊게 만든다.

그러나 진정성이 무분별한 자기노출을 의미하는 것은 아니다. 상담자는 자신의 감정이나 경험을 내담자에게 이야기할 때, 그것이 내담자에게 도움이 되는지를 신중히 고려해야 한다. 자기노출은 항상 내담자의 이익을 위해서만 이루어져야 한다. 예를 들어, 상담자가 비슷한 경험을 했다고 해서 자신의 이야기를 길게 늘어놓는 것은 적절하지 않다.

(4) 공감 능력

공감(empathy)은 상담자가 갖추어야 할 가장 중요한 자질 중 하나이다. 로저스(Rogers, 1975)는 공감을 '내담자의 내적 준거틀을 정확하게 지각하고, 그 안에 담긴 정서적 요소들과 의미들을 마치 자신의 것처럼 느끼되, '마치 ~인 것처럼'이라는 조건을 잃지 않는 것'이라고 정의하였다.

진정한 공감은 단순히 "이해합니다"라고 말하는 것이 아니다. 내담자의 입장에서 그의 경험을 느껴보려고 노력하는 것이다. 내담자가 "아무도 나를 이해하지 못해요"라고 말할 때, 공감적인 상담자는 그 외로움과 절망감을 함께 느끼려고 한다. 동시에 자신이 내담자가 아니라는 경계를 유지하여 객관성을 잃지 않는다.

공감 능력은 타고나는 것이기도 하지만 개발할 수 있는 능력이기도 하다. 다양한 사람들과의 만남, 독서, 영화 감상 등을 통해 다른 사람의 경험을 간접적으로 체험하고 이해의 폭을 넓힐 수 있다. 또한 자신의 감정을 세밀하게 관찰하고 표현하는 연습을 통해 공감 능력을 향상시킬 수 있다.

(5) 수용성과 비판단적 태도

상담자는 내담자를 있는 그대로 받아들일 수 있는 수용성을 가져야 한다. 이는 내담자의 모든 행동을 승인한다는 뜻이 아니라, 내담자를 한 인간으로서 존중하고 가치 있게 여긴다는 의미이다. 수용성은 내담자가 자신을 솔직하게 드러낼 수 있는 안전한 환경을 조성하는 기초가 된다.

비판단적 태도는 내담자의 가치관, 생활방식, 선택이 상담자와 다르더라도 이를 비난하거나 평가하지 않는 것을 의미한다. 예를 들어, 내담자가 상담자와 다른 종교를 믿거나 다른 성적 지향을 가지고 있더라도, 이를 문제로 보지 않고 내담자의 일부로 받아들인다. 이러한 태도는 내담자가 자신을 방어하지 않고 편안하게 이야기할 수 있게 한다.

수와 수(Sue & Sue, 2019)는 문화적 다양성이 증가하는 현대사회에서 상담자의 수용성이 더욱 중요해지고 있다고 강조하였다. 다양한 문화적 배경을 가진 내담자들을 효과적으로 도우려면, 자신과 다른 문화를 이해하고 존중할 수 있는 열린 마음이 필요하다.

(6) 인내심과 끈기

상담은 즉각적인 변화를 기대하기 어려운 과정이다. 내담자의 변화는 대개 점진적이고 때로는 후퇴도 경험한다. 상담자는 이러한 과정을 인내심을 가지고 기다릴 수 있어야 한다. 특히 저항이 강한 내담자나 변화 동기가 낮은 내담자를 만날 때 상담자의 인내심이 시험받는다.

밀러와 롤닉(Miller & Rollnick, 2013)은 내담자의 저항을 자연스러운 현상으로 받아들이고 인내심을 가지고 기다리는 것이 중요하다고 하였다. 상담자가 조급해하거나 포기한다면 내담자에게 도움이 되지 않는다. 오히려 내담자의 속도를 존중하고 그들이 준비될 때까지 기다려주는 것이 필요하다.

인내심은 또한 자기 자신에 대해서도 필요하다. 상담자 역시 완벽하지 않으며 실수를 할 수 있다. 자신의 부족함을 인정하고 지속적으로 성장하려는 자세가 필요하다. 완벽한 상담자가 되려고 조급해하기보다는 점진적인 성장을 추구하는 것이 바람직하다.

(7) 유연성과 적응력

상담자는 다양한 내담자와 상황에 유연하게 적응할 수 있어야 한다. 모든 내담자에게 똑같은 접근법을 사용하는 것은 효과적이지 않다. 내담자의 성격, 문제의 성격, 문화적 배경, 발달 단계 등에 따라 접근 방식을 조정할 수 있어야 한다.

예를 들어, 내향적인 내담자에게는 충분한 시간을 주고 기다려주는 접근이 필요하고, 외향적인 내담자에게는 보다 활동적인 접근이 효과적일 수 있다. 또한 위기 상황에서는 평상시와 다른 보다 적극적이고 지시적인 접근이 필요할 수도 있다.

유연성은 또한 자신의 실수나 잘못된 접근을 인정하고 수정할 수 있는 능력을 포함한다. 상담이 잘 진행되지 않을 때 고집을 부리기보다는 다른 방법을 시도해 볼 수 있는 열린 마음이 필요하다.

2) 상담자의 전문적 자질

상담자의 전문적 자질은 효과적인 상담을 제공하기 위해 필요한 지식, 기술, 태도를 포함한다. 이는 체계적인 교육과 훈련을 통해 습득되며, 지속적인 전문성 개발을 통해 향상된다.

(1) 이론적 지식과 이해

상담자는 인간의 심리와 행동 전반을 이해할 수 있는 다양한 심리학적 지식을 갖추어야 한다. 정신분석, 인지행동, 인본주의 등 주요 상담 이론의 원리를 숙지하고, 이를 실제 사례에 유연하게 적용할 수 있어야 한다. 상담자의 이론적 이해는 내담자의 특성에 맞는 접근법을 선택하고, 효과적 상담 개입을 수행하는 데 필수적이다.

(2) 사정과 진단 능력

상담자는 내담자의 문제를 정확하게 평가할 수 있는 능력이 필요하다. 이를 위해 증상뿐만 아니라 내담자의 강점, 환경, 가족, 의료력, 사회적 지지 등 전반을 종합적으로 사정한다. 정신상태 검사와 자·타해 위험 평가도 필수적이다. 포괄적 사정은 맞춤형 상담 계획 수립과 안전 확보의 기초가 된다.

(3) 개입과 치료 기법

상담자는 인지행동치료, 정신분석, 인본주의 상담, 가족치료 등 다양한 개입 방법을 숙지해야 한다. 각 치료법의 기법인 인지재구성, 행동실험, 자유연상, 빈 의자 기법 등을 실제 내담자 상황에 따라 적절히 활용할 수 있어야 하며, 치료 목표와 내담자 특성에 따라 효과적인 방법을 선택하는 응용력이 요구된다.

(4) 위기 개입 능력

상담자는 자살 위험, 폭력, 급성 정신병 등 위기 상황에 즉각적으로 대응할 수 있어야 한다. 안전을 최우선으로 하며, 위기 평가와 자원 연계, 현장 개입이 핵심이다. 지역사회 응급서비스, 기관 안내 등 위기 개입 자원을 숙지하고, 필요시 신속하게 내담자를 적절한 기관과 연계하는 실무 능력이 필수적이다.

2. 상담자의 윤리적 의무

상담윤리는 상담자가 전문적 활동을 수행할 때 준수해야 하는 도덕적, 법적 기준과 원칙들을 의미한다. 상담은 내담자의 취약한 상태를 다루는 전문적 활동이므로, 상담자는 높은 윤리적 기준을 유지해야 할 책임이 있다. 상담

윤리는 내담자를 보호하고, 상담 전문직의 신뢰성을 유지하며, 상담자가 올바른 판단을 내릴 수 있도록 돕는 중요한 지침이다.

이러한 윤리 기준은 상담자의 개인적 가치관을 넘어서는 전문직으로서의 의무이며, 상담의 질과 안전성을 보장하는 핵심 요소이다.

상담윤리는 단순히 금지 사항을 나열한 규칙집이 아니다. 오히려 상담자가 복잡한 상황에서 최선의 결정을 내릴 수 있도록 돕는 나침반과 같은 역할을 한다. 코리와 동료들(Corey, Corey, & Callanan, 2019)은 윤리적 의사결정이 상담자의 핵심 역량이라고 강조하면서, 윤리 원칙에 대한 깊이 있는 이해와 실제 적용 능력의 중요성을 설명하였다.

1) 상담윤리의 기본 원칙

상담윤리의 기본 원칙들은 모든 윤리적 의사결정의 토대가 되는 근본적인 가치들이다. 이러한 원칙들은 상호 보완적이면서도 때로는 갈등을 일으킬 수 있어, 상담자는 상황에 따라 균형 있는 판단을 내려야 한다.

(1) 자율성 존중(respect for autonomy)

내담자의 자기결정권과 선택권을 인정하는 윤리 원칙이다. 상담자는 상담의 목적, 과정, 대안 등을 충분히 설명하고, 내담자가 자유롭게 결정할 수 있도록 돕는다. 다만, 자해 위험이나 판단 손상, 미성년자의 경우에는 자율성의 범위가 제한될 수 있다.

(2) 선행(beneficence)

내담자의 복지 증진을 최우선으로 생각하고 도움을 주려는 의무를 뜻한다. 상담자는 효과적이고 전문적인 치료를 제공하며, 내담자의 특성과 문화를 존중하고 맞춤형 서비스를 제공해야 한다. 선행은 자율성과 충돌할 수 있으므로 신중한 조율이 필요하다.

(3) 무해(non-maleficence)

상담자가 내담자에게 해를 끼치지 않아야 한다는 원칙이다. 부적절한 치료, 경계 위반 등 직접적 피해를 피해야 하고, 상담 효과가 불확실할 경우 적절한 전문가에게 의뢰한다. 자기 점검과 전문성 유지 역시 무해의 실천에 포함된다.

(4) 정의(justice)

모든 내담자를 차별 없이 공정하게 대하는 원칙이다. 성별, 연령 등과 관계없이 평등한 서비스를 제공하며, 상담 자원 분배 역시 공정한 기준을 따라야 한다. 상담자는 사회정의 실현과 불평등 해소에도 책임을 갖는다.

(5) 성실성(fidelity)

신뢰와 정직, 약속 이행을 의미한다. 상담자는 내담자와의 약속을 지키고, 정직하게 정보를 제공하며, 한계나 실수를 인정해야 한다. 일관된 태도와 신뢰 형성은 상담관계의 기초가 되는 핵심적 윤리 요소이다.

2) 비밀보장과 사생활 보호

비밀보장(confidentiality)은 상담윤리의 핵심 원칙 중 하나이다. 내담자가 상담에서 나눈 모든 정보는 엄격하게 보호되어야 하며, 이는 상담관계의 신뢰성을 보장하는 기본 조건이다.

(1) 비밀보장의 의미와 중요성

비밀보장은 내담자가 상담에서 공유한 정보를 내담자의 동의 없이 제3자에게 공개하지 않는 것을 의미한다. 이는 단순히 대화 내용뿐만 아니라 상담 기록, 검사 결과, 심지어 내담자가 상담을 받고 있다는 사실까지도 포함한다.

비밀보장은 또한 내담자의 사생활 보호권과 직결된다. 개인의 사적인 정보는 그 자체로 보호받을 가치가 있으며, 이를 함부로 공개하는 것은 인권 침해에 해당한다.

(2) 비밀보장의 한계

비밀보장은 절대적인 것이 아니며, 몇 가지 중요한 예외가 있다. 이러한 예외 상황에서는 내담자의 동의 없이도 정보를 공개할 수 있거나 공개해야 할 의무가 있다.

첫째, 자해나 타해의 위험이 있을 때이다. 내담자가 자살을 시도하려 하거나 다른 사람에게 해를 가하려 할 때는 생명을 보호하기 위해 비밀보장보다 안전이 우선된다.

둘째, 아동학대나 노인학대가 의심될 때이다. 대부분의 국가에서 상담자는 아동학대나 노인학대를 신고할 법적 의무가 있다. 이는 취약한 계층을 보호하기 위한 사회적 합의이다.

셋째, 법원의 명령이 있을 때이다. 법원이 상담 기록을 제출하라고 명령하면 이에 응해야 한다. 그러나 상담자는 가능한 한 내담자의 사생활을 보호하기 위해 노력해야 한다.

넷째, 내담자가 동의한 경우이다. 내담자가 명시적으로 동의하면 필요한 범위 내에서 정보를 공유할 수 있다. 이는 다른 전문가와의 협력이나 가족의 참여가 필요한 경우에 해당한다.

(3) 정보 공유와 협력

현대 상담에서는 팀 접근이나 다학제적 협력이 중요해지고 있다. 이런 경우 내담자의 동의하에 필요한 정보를 공유할 수 있다. 그러나 정보 공유는 최소한의 범위에서 이루어져야 하며, 상담의 목적에 직접적으로 관련된 정보만 공유해야 한다.

슈퍼비전이나 사례 회의에서도 비밀보장 원칙이 적용된다. 내담자의 신원을 알 수 있는 정보는 제거하고, 상담의 질 향상이라는 목적에 필요한 정보만 공유해야 한다.

(4) 기록 관리와 보안

상담 기록의 관리도 비밀보장의 중요한 부분이다. 기록은 안전한 장소에 보관되어야 하며, 권한이 없는 사람이 접근할 수 없도록 해야 한다. 전자 기록의 경우 암호화, 접근 권한 설정 등의 보안 조치가 필요하다. 또한 기록 보관 기간과 폐기 방법에 대한 명확한 규정을 따라야 한다.

최근에는 온라인상담이나 원격상담이 증가하면서 디지털 보안의 중요성이 더욱 커지고 있다. 화상회의 플랫폼의 보안성, 메시지 암호화, 클라우드 저장소의 안전성 등을 신중히 고려해야 한다. 바넷과 콜름즈(Barnett & Kolmes, 2016)는 디지털 시대의 비밀보장이 새로운 도전과제라고 지적하면서, 기술적 보안 조치와 함께 윤리적 고려가 필요하다고 강조하였다.

3) 이중관계와 경계 설정

이중관계(dual relationships)는 상담자가 내담자와 전문적 관계 이외의 다른 관계를 동시에 갖는 것을 의미한다. 이는 상담의 객관성을 해치고 내담자를 착취할 위험을 증가시킬 수 있어 윤리적으로 문제가 된다.

(1) 이중관계의 유형과 위험성

이중관계는 여러 형태로 나타날 수 있다. 사업적 관계(상담자와 내담자가 사업 파트너가 되는 경우), 사회적 관계(친구가 되는 경우), 성적 관계, 가족 관계 등이 대표적이다. 또한 상담자가 내담자로부터 개인적 서비스를 받는 경우(내담자가 운영하는 상점에서 물건을 사는 것 등)도 이중관계에 해당할 수 있다.

주르(Zur, 2007)는 이중관계의 위험성을 다음과 같이 설명하였다. 첫째, 객관성의 손상이다. 상담자가 내담자와 다른 관계를 갖게 되면 상담에서 객관적 판단을 내리기 어려워진다. 둘째, 권력 남용의 위험이다. 상담관계에서 상담자는 상대적으로 권력이 있는 위치에 있는데, 이를 다른 관계에서 악용할 수 있다. 셋째, 착취의 위험이다. 내담자의 취약한 상태를 이용하여 개인적 이익을 추구할 수 있다.

(2) 경계 설정의 중요성

적절한 경계 설정은 건강한 상담관계를 유지하는 데 필수적이다. 경계는 상담관계를 다른 관계와 구분하고, 상담의 전문성을 보장하며, 내담자를 보호하는 역할을 한다.

경계 설정은 여러 차원에서 이루어진다. 시간적 경계(상담 시간의 시작과 끝), 공간적 경계(상담실이라는 물리적 공간), 역할적 경계(상담자와 내담자의 역할 구분), 감정적 경계(적절한 감정적 거리 유지) 등이 있다.

그러나 경계 설정이 지나치게 경직되어서는 안 된다. 문화적 배경이나 상황에 따라 유연한 접근이 필요할 수 있다. 예를 들어, 작은 지역사회에서는 상담자와 내담자가 우연히 마주치는 것을 완전히 피하기 어려울 수 있다. 이런 경우 상담자는 사전에 이러한 상황에 대해 내담자와 논의하고 적절한 대응 방안을 마련해야 한다.

4) 역량과 전문성

상담자는 자신의 역량 범위 내에서만 상담을 제공해야 할 윤리적 의무가 있다. 이는 내담자의 안전을 보장하고 최선의 서비스를 제공하기 위한 기본 조건이다.

(1) 역량의 정의와 구성 요소

역량(competence)은 특정 업무를 효과적으로 수행할 수 있는 능력을 의미한다. 상담에서 역량은 지식, 기술, 태도의 통합체로 이해된다. 로돌파와 동료들(Rodolfa et al., 2005)은 상담자 역량을 '내담자에게 효과적이고 안전한 서비스를 제공하기 위해 필요한 지식, 기술, 태도, 가치의 통합'이라고 정의하였다.

지식 영역에는 심리학 이론, 상담 이론, 연구 방법론, 윤리, 문화적 다양성 등이 포함되며, 기술 영역에는 상담 기법, 사정 기술, 개입 방법, 위기 개입 등이 포함되고, 태도 영역에는 전문적 정체성, 자기 인식, 윤리적 민감성, 문화적 겸손 등이 포함된다.

(2) 역량 범위의 인식과 한계 설정

상담자는 자신의 역량 범위를 정확히 파악하고 이를 벗어나는 경우에는 적절한 조치를 취해야 한다. 이는 자신의 교육 배경, 훈련 경험, 실무 경험을 객관적으로 평가하는 것을 포함한다.

예를 들어, 아동 상담에 대한 전문 훈련을 받지 않은 상담자는 아동 내담자를 받아서는 안 된다. 또한 특정 장애나 질환에 대한 전문 지식이 없는 상담자는 해당 문제를 가진 내담자를 적절한 전문가에게 의뢰해야 한다.

역량 범위를 벗어나는 상황에서는 여러 선택지가 있다. 첫째, 적절한 전문가에게 의뢰하는 것이다. 둘째, 전문가와 협력하여 공동으로 서비스를 제공하는 것이다. 셋째, 추가 교육이나 훈련을 받아 역량을 확장하는 것이다. 그러나 세 번째 선택지는 시간이 오래 걸리므로 긴급한 상황에서는 적절하지 않다.

(3) 지속적인 전문성 개발

상담자는 평생에 걸쳐 전문성을 개발해야 할 의무가 있다. 이는 새로운 지식과 기술을 습득하고, 기존 역량을 유지하며, 변화하는 사회적 요구에 대응하기 위함이다.

지속적인 전문성 개발에는 여러 방법이 있다. 정규 교육 과정 참여, 워크숍이나 세미나 참석, 전문 서적 읽기, 연구 활동 참여, 슈퍼비전 받기, 동료와의 사례 토의 등이 있다. 많은 국가에서는 상담자 자격 유지를 위해 일정한 계속 교육을 의무화하고 있다.

노크로스와 가이(Norcross & Guy, 2007)는 상담자의 소진(burnout)을 예방하고 효과성을 유지하기 위해서는 지속적인 자기 관리와 전문성 개발이 필수적이라고 강조하였다. 이는 내담자에 대한 책임이기도 하고 자신에 대한 책임이기도 하다.

5) 기록 관리와 온라인 상담 윤리

(1) 기록 작성과 관리의 원칙

상담 기록은 정확하고 객관적이어야 한다. 사실과 해석을 구분하여 기록하고, 개인적 의견이나 편견이 개입되지 않도록 주의해야 한다. 기록은 시기적절하게 작성되어야 하며, 상담 날짜, 시간, 참석자, 주요 내용, 개입 방법, 내담자의 반응, 향후 계획 등이 포함되어야 한다.

기록은 안전한 장소에 보관되어야 하며, 권한이 없는 사람의 접근을 차단해야 한다. 물리적 기록의 경우 잠금장치가 있는 캐비닛에 보관하고, 전자기록의 경우 암호화와 접근 권한 설정 등의 보안 조치를 취해야 한다.

기록 보관 기간은 법적 요구사항과 전문직 기준에 따라 결정된다. 일정 기간 동안 보관한 후 보관 기간이 끝나면 기록을 안전하게 폐기해야 한다.

(2) 온라인 상담의 윤리적 고려사항

온라인 상담의 확산으로 기존 윤리 원칙의 새로운 적용이 요구된다. 비밀보장을 위해 상담자는 인터넷 보안, 플랫폼의 암호화, 데이터 보호를 확인하고 관리해야 한다. 내담자에게는 온라인 상담의 특성, 기술 요구, 장애 발생 시 대응, 대면 상담과의 차이점 등을 충분히 안내해야 한다. 또한 상담자는 온라인 환경에서 비언어적 신호 파악, 기술적 문제 해결, 라포 형성 등 새로운 역량을 갖추기 위해 별도 교육과 연습이 필요하다.

(3) 디지털 발자국과 프라이버시

디지털 환경에서는 모든 활동이 기록으로 남을 수 있다. 이메일, 메시지, 접속 기록 등이 디지털 발자국으로 남아 나중에 문제가 될 수 있다. 상담자는 이러한 디지털 발자국의 특성을 이해하고 적절히 관리해야 한다.

소셜 미디어의 사용도 신중해야 한다. 상담자가 개인적으로 사용하는 소셜 미디어가 내담자에게 노출될 수 있으며, 이는 경계 문제를 일으킬 수 있다. 내담자가 상담자의 소셜 미디어를 팔로우하거나 친구 요청을 보내는 경우에 대한 정책을 미리 정해두어야 한다.

3. 상담의 핵심 기법

상담에서 사용되는 기법들은 내담자와의 효과적인 소통과 치료적 변화를 촉진하는 중요한 도구들이다. 이러한 기법들은 상담자가 내담자를 이해하고, 내담자가 자신을 탐색하며, 궁극적으로 성장과 변화를 이룰 수 있도록 돕는다. 각 기법은 고유한 목적과 사용법을 가지고 있으며, 상황에 따라 적절히 활용되어야 한다.

1) 관심 기울이기

관심 기울이기(attending)는 상담의 가장 기본이 되는 기법으로, 상담자가 내담자에게 완전히 집중하고 관심을 보이는 전체적인 태도를 의미한다. 이는 단순히 듣는 것을 넘어서 내담자가 자신이 중요하게 여겨지고 있다는 느낌을 갖도록 하는 포괄적인 접근이다.

관심 기울이기는 언어적 요소와 비언어적 요소로 구성된다. 비언어적 요소가 특히 중요한데, 연구에 따르면 의사소통에서 비언어적 메시지가 차지하는 비중이 매우 크다고 한다. 상담자의 자세, 눈맞춤, 표정, 몸짓 등은 내담자에게 진정성과 관심을 전달하는 핵심 요소이다. 적절한 눈맞춤은 관심과 집중을 보여주지만, 지나치게 응시하는 것은 내담자를 불편하게 만들 수 있다.

내담자를 향해 몸을 기울이는 자세는 관심을 표현하며, 열린 자세는 수용적인 태도를 보여준다. 고개 끄덕임이나 "음", "그렇군요"와 같은 간단한 반응은 내담자의 이야기를 격려하고 계속 말할 수 있도록 돕는다.

관심 기울이기에서 중요한 것은 진정성이다. 기계적이거나 형식적인 관심이 아니라, 진심으로 내담자에게 관심을 가지고 있다는 것이 전달되어야 한다. 내담자는 상담자의 진정성을 민감하게 감지하며, 이것이 신뢰관계 형성의 기초가 된다.

예시 **20대 대학생이 처음 상담실에 와서 긴장하고 있는 상황**

내담자 : (문을 조심스럽게 열며) 안녕하세요… 이런 곳은 처음이라 좀 어색하네요.

상담자 : (부드럽게 미소 지으며) 어서 오세요. 낯선 곳에 오시느라 용기 내주셔서 고마워요. 여기 편하게 앉으세요. (의자를 가리키고)

내담자 : (의자에 앉으며) 네… 어디서부터 얘기해야 할지…

상담자 : (눈을 맞추고 고개를 끄덕이며) 처음엔 누구나 그런 마음이 들어요. 편안하게, 떠오르는 이야기부터 천천히 시작해 볼까요? (기다려 주는 태도)

2) 적극적 경청

적극적 경청(active listening)은 단순히 듣는 것을 넘어서 내담자의 말에 완전히 집중하여 언어적·비언어적 메시지를 모두 파악하려는 적극적인 과정이다. 이는 내담자의 표면적인 말뿐만 아니라 그 속에 담긴 감정, 의미, 그리고 말하지 않은 것까지도 이해하려는 노력을 포함한다. 적극적 경청에서는 완전한 집중이 필요하다. 상담자는 자신의 생각이나 판단을 잠시 멈추고 온전히 내담자의 세계에 몰입해야 한다. 이는 내담자가 무엇을 말하고 있는지뿐만 아니라 어떻게 말하고 있는지, 어떤 감정으로 말하고 있는지를 모두 파악하는 것을 의미한다.

비판단적 태도는 적극적 경청의 핵심이다. 상담자는 내담자의 말을 옳고 그름으로 평가하지 않고, 있는 그대로 수용해야 한다. 이러한 태도는 내담자가 자신을 솔직하게 드러낼 수 있는 안전한 환경을 조성한다.

예시 **직장인이 직장 스트레스에 대해 이야기하는 상황**

내담자 : 요즘 회사가 너무 힘들어요. 부장님한테 잘하려고 해도 계속 지적만 받으니까 자신감도 떨어지고 아침마다 출근하기가 싫어져요.

상담자 : (진지하게 고개를 끄덕이며) 부장님의 지적이 반복되면서 자신감이 많이 떨어지셨군요. 출근이 부담스럽고 힘든 마음이 매일 이어지는 것 같아요.

내담자 : 네, 주말에도 회사 생각에 잠이 안 오고 답답해요.

상담자 : 억울함도 크실 것 같아요. 열심히 하는데도 인정받지 못하고 오히려 비난만 받으니까요.

3) 질 문

질문(questioning)은 정보를 수집하고, 내담자의 사고를 자극하며, 새로운 관점을 제시하는 중요한 기법이다. 효과적인 질문은 내담자가 자신을 더 깊이 탐색하고 새로운 통찰을 얻을 수 있도록 돕는다. 질문은 단순히 정보를 얻기 위한 도구가 아니라, 내담자의 자기이해와 성장을 촉진하는 치료적 개입이다.

개방형 질문은 내담자가 자유롭게 답변할 수 있는 질문으로, 자기탐색과 표현을 촉진한다. '어떻게', '무엇을', '왜' 등으로 시작하는 질문들이 대표적이다. 이러한 질문들은 내담자가 자신의 경험을 더 자세히 탐색하고 표현할 수 있도록 격려한다.

폐쇄형 질문은 구체적인 정보를 얻기 위해 사용하며, 주로 "예/아니요"나 간단한 답변으로 대답할 수 있는 질문이다. 이는 사실적 정보를 확인하거나 구체적인 세부사항을 파악할 때 유용하다.

예시 **대학생이 친구 관계의 어려움을 호소하는 상황**

내담자 : 친구들 만나는 게 부담스러워요. 모임에 나가면 조용해지고 할 말이 잘 없어서요.
상담자 : 그럴 때 어떤 기분이 드시나요? (감정 탐색)
내담자 : 저만 소외된 느낌이 들어요.
상담자 : 그런 느낌을 언제부터 경험하셨나요? (시간 탐색)
내담자 : 고등학교 때부터요.
상담자 : 혹시 그때 특별히 기억나는 일이 있으신가요? (구체 탐색)
내담자 : 친구들이 제가 재미없다고 한 적이 있어요.
상담자 : 그때 그 말을 들었을 때 어떤 생각이 드셨나요? (인지적 탐색 질문)

4) 공 감

공감(empathy)은 내담자의 감정과 경험을 그들의 관점에서 이해하고 느끼려고 노력하는 것이다. 진정한 공감은 단순히 “이해합니다”라고 말하는 것이 아니라, 내담자의 내적 세계에 들어가서 그들의 경험을 함께 느끼는 것이다. 공감은 상담관계의 핵심이며, 내담자가 이해받고 있다는 느낌을 갖게 하는 중요한 요소이다.

공감에는 여러 수준이 있다. 1차 공감은 내담자가 직접 표현한 감정을 정확히 파악하고 반영하는 것이다. 이는 내담자의 말과 표정, 몸짓 등을 통해 드러나는 감정을 인식하고 이를 적절히 표현해 주는 것이다.

2차 공감은 내담자가 직접 표현하지 않았지만 내재되어 있는 감정까지 파악하는 것이다. 이는 내담자의 말 속에 숨겨진 감정이나 아직 의식하지 못한 감정을 알아차리고 이를 조심스럽게 표현해 주는 것이다.

공감과 동정은 구별되어야 한다. 동정은 내담자를 불쌍히 여기거나 자신의 경험과 동일시하는 것이지만, 공감은 내담자의 독특한 경험을 그들의 관점에서 이해하려는 노력이다.

예시 **중년 여성이 이혼 과정에서 겪는 어려움을 이야기하는 상황**

내담자 : (눈물을 글썽이며) 20년을 함께한 남편이 갑자기 이혼하자고 해요. 너무 충격이고, 아이들에게 뭐라고 해야 할지, 앞으로가 막막해요…

상담자 : (부드러운 목소리로) 크게 당황스럽고 슬프시겠어요. 상상도 못 했던 일이니 더 많이 힘드실 것 같아요. 아이들 걱정, 미래에 대한 불안, 그리고 자신을 탓하는 마음까지 겹쳐서 고통이 클 거라 생각됩니다.

내담자 : 네, 매일 잠도 못 자고 불안해요.

상담자 : 그 고통이 온몸으로 느껴지시는군요. 잠도 못 이룰 정도로 마음이 아프시고, 머릿속이 복잡하실 거예요. 지금 이 순간이 얼마나 견디기 어려우신지 충분히 이해됩니다.

5) 반 영

반영(reflection)은 내담자가 표현한 감정이나 내용을 다시 말해주는 기법으로, 내담자가 자신의 경험을 더 명확히 인식하도록 돕는다. 반영은 단순한 앵무새처럼 따라 하는 것이 아니라, 내담자의 핵심 메시지를 정확히 파악하여 전달하는 것이다. 이는 내담자가 자신의 말을 다시 듣게 함으로써 새로운 인식을 갖도록 돕는다.

감정 반영은 내담자의 감정을 파악하여 명확히 표현해 주는 것이다. 내담자가 직접 감정을 표현하지 않더라도, 말투나 표정, 몸짓 등을 통해 감정을 파악하고 이를 언어로 표현해 준다.

내용 반영은 내담자가 말한 사실적 내용을 정리하여 전달하는 것이다. 복잡하게 얽힌 이야기를 핵심적인 내용으로 정리하여 내담자가 자신의 상황을 더 객관적으로 볼 수 있도록 돕는다.

의미 반영은 내담자의 말 속에 담긴 깊은 의미나 가치를 반영하는 것이다. 표면적인 내용을 넘어서 그 속에 담긴 개인적 의미나 중요한 가치를 파악하고 이를 표현해 준다.

예시 **고등학생이 진로 고민을 이야기하는 상황**

내담자 : 부모님은 의대에 가라고 하시지만, 저는 음악이 하고 싶어요. 그렇다고 꿈을 포기하고 싶지도 않고… 정말 어떻게 해야 할지 모르겠어요.

상담자 : 부모님의 기대와 본인의 꿈 사이에서 큰 고민을 하고 계시군요. (내용 반영) 부모님을 실망시키고 싶지 않은 마음과 동시에, 자신이 좋아하는 음악을 포기하고 싶지 않은 열정이 모두 느껴집니다. (감정 반영) 그래서 마음이 더욱 무겁고 답답하신 것 같아요. (의미 반영)

6) 자기개방

자기개방(self-disclosure)은 상담자가 자신의 경험, 감정, 생각을 내담자와 나누는 것이다. 이는 매우 신중하게 사용되어야 하며, 항상 내담자의 이익을 위해서만 이루어져야 한다. 적절한 자기개방은 내담자의 고립감을 줄이고, 문제를 정상화하며, 상담관계를 강화하는 효과가 있다.

경험적 자기개방은 상담자의 과거 경험을 나누는 것이다. 이는 내담자가 자신만의 문제라고 생각하는 것이 실제로는 많은 사람들이 경험하는 보편적인 것임을 알게 해준다. 하지만 상담자의 경험이 내담자의 관심을 상담자에게로 돌리지 않도록 주의해야 한다.

자기개방을 사용할 때는 몇 가지 원칙을 지켜야 한다. 항상 내담자 중심적이어야 하고, 간단하고 적절한 수준이어야 하며, 치료적 목적이 명확해야 한다.

예시 **대학생이 새로운 환경 적응의 어려움을 호소하는 상황**

내담자 : 요즘 친구 사귀는 게 어렵고, 학교 생활도 적응이 잘 안 돼요. 저만 그런 것 같아서 더 힘들어요.

상담자 : 저도 대학에 처음 들어갔을 때 같은 어려움을 겪었어요. 저 역시 처음엔 누구와도 쉽게 어울리지 못했거든요. (자기개방)

7) 직 면

직면(confrontation)은 내담자의 말과 행동, 감정, 생각 사이의 불일치나 비현실적인 기대, 회피 경향을 상담자가 직접적으로 지적하는 기법이다. 이는 비난이나 공격이 아니라 변화와 성장을 위한 관심과 배려에서 출발한다. 모순 직면은 내담자의 말과 행동이 다를 때, 회피 직면은 중요한 감정이나 주제를 반복적으로 피할 때, 현실 직면은 비현실적인 기대나 인식을 가지고 있을 때 사용된다. 직면은 내담자가 자신의 패턴을 인식하고 변화의 필요성을 깨닫도록 돕는다. 타이밍과 관계 형성이 매우 중요하다.

예시 **직장인이 변화에 대한 양가감정을 보이는 상황**

내담자 : 저는 정말 변하고 싶어요. 확실히 달라지고 싶어요.
상담자 : 변화를 원하신다는 의지가 강하게 느껴집니다.

(몇 주 후)

상담자 : 그런데 우리가 약속했던 변화 관련 과제들은 아직 시도하지 않으셨네요. (직면)

8) 해 석

해석(interpretation)은 내담자의 행동이나 감정의 의미를 상담자가 새로운 시각에서 설명해 주는 기법이다. 이는 내담자가 미처 인식하지 못한 자신의 심리적 연결고리나 행동의 숨은 의미를 밝혀주어 통찰을 촉진한다. 해석은 무의식적 동기, 방어기제, 관계 패턴, 과거와 현재의 연결 등 다양한 영역에서 활용된다. 해석을 제시할 때는 내담자가 받아들일 준비가 되었는지 확인해야 하며, 사실처럼 단정하지 않고 하나의 가능성이나 가설로 부드럽게 제안하는 것이 중요하다.

예시 **성인이 완벽주의 성향으로 인한 스트레스를 호소하는 상황**

내담자 : 저는 늘 완벽하게 해야 한다고 느껴요. 조금만 실수해도 불안해서 힘들어요.
상담자 : 완벽해야 한다는 압박이 많이 힘드시군요.
내담자 : 네, 실수하면 다른 사람들이 저를 싫어할까 봐 걱정돼요.
상담자 : 그런 생각이 혹시 어릴 때 실수하면 혼났던 경험 때문일 수도 있겠네요. (해석)

9) 요 약

요약(summarizing)은 내담자가 말한 내용을 핵심적으로 정리해 주는 상담 기법이다. 이를 통해 상담의 진행 상황을 점검하고, 다음 단계로 자연스럽게 넘어갈 수 있다. 요약은 복잡하고 산만한 정보를 체계화해 내담자가 자신의 상황을 더 명확히 볼 수 있도록 돕는다. 회기 중간에는 전환점으로, 마무리에는 주요 내용 정리와 성찰 기회로 활용된다. 여러 회기를 통합하는 요약은 성장 과정을 파악하게 한다. 요약 뒤에는 내담자에게 확인해 정확성과 누락된 부분이 없는지 점검하는 것이 중요하다.

예시 **중년 남성이 여러 가지 문제를 복합적으로 이야기한 후 상담자가 요약하는 상황**

내담자 : (30분간 직장, 가족, 건강, 경제 등 여러 문제를 이야기함)
상담자 : 정리해 보면 네 가지 어려움을 말씀하셨어요. 첫째, 직장 스트레스와 상사와의 갈등. 둘째, 가족과의 대화 단절과 죄책감. 셋째, 건강 악화와 불면. 넷째, 경제적 부담이 크시다는 점이에요.
특히 이 문제들이 서로 엮여서 전체적으로 큰 압박감을 느끼신다는 말씀도 하셨죠. 혹시 제가 놓친 부분이 있거나 더 추가하고 싶은 내용이 있으신가요?

10) 명료화

명료화(clarification)는 내담자의 모호한 표현이나 애매한 내용을 구체적으로 확인하는 상담 기법이다. 이를 통해 상담자와 내담자가 같은 의미로 소통하고 있는지 확인하고 오해를 방지할 수 있다. 명료화는 애매한 말, 모순된 진술, 불분명한 감정, 추상적 개념 등이 등장할 때 특히 필요하다. 상담자는 구체적인 질문을 통해 의도를 명확히 파악하고, 내담자가 자신의 경험을 더 분명히 인식하도록 돕는다. 요청할 때는 비판이 아닌 진심 어린 이해의 태도를 보여야 한다.

예시 **대학생이 모호한 표현으로 대인관계 문제를 이야기하는 상황**

내담자 : 사람들이 저를 이상하게 봐요. 요즘 정말 힘들어요.

상담자 : 사람들이 이상하게 본다고 하셨는데, 제가 정확히 이해하고 싶어서 그런데요, 구체적으로 어떤 의미인지 좀 더 자세히 말씀해 주시겠어요? (명료화 요청)

내담자 : 그냥… 뭔가 저를 피하는 것 같고, 제가 다가가면 어색해하는 것 같아요.

상담자 : 아, 사람들이 당신을 피하고 어색해한다고 느끼시는군요. 그런 느낌을 구체적으로 어떤 행동을 통해 받으시는 건가요? (더 구체적인 명료화)

참/고/문/헌

Barnett, J. E., & Kolmes, K.(2016). *The ethics of private practice : A practical guide for mental health clinicians.* Oxford University Press.

Beauchamp, T. L., & Childress, J. F.(2019). *Principles of biomedical ethics*(8th ed.). Oxford University Press.

Corey, G.(2017). *Theory and practice of counseling and psychotherapy*(10th ed.). Cengage Learning.

Corey, G., Corey, M. S., & Callanan, P.(2019). *Issues and ethics in the helping professions*(10th ed.). Cengage Learning.

Gladding, S. T.(2019). *Counseling : A comprehensive profession*(9th ed.). Pearson.

Ivey, A. E., Ivey, M. B., & Zalaquett, C. P.(2018). *Intentional interviewing and counseling : Facilitating client development in a multicultural society*(9th ed.). Cengage Learning.

Miller, W. R., & Rollnick, S.(2013). *Motivational interviewing : Helping people change*(3rd ed.). Guilford Press.

Norcross, J. C., & Guy, J. D.(2007). *Leaving it at the office : A guide to psychotherapist self-care.* Guilford Press.

Norcross, J. C., & Wampold, B. E.(2011). Evidence-based therapy relationships : Research conclusions and clinical practices. *Psychotherapy, 48*(1), 98-102.

Rodola, E., Bent, R., Eisman, E., Nelson, P., Rehm, L., & Ritchie, P.(2005). A cube model for competency development : Implications for psychology educators and regulators. *Professional Psychology : Research and Practice, 36*(4), 347-354.

Rogers, C. R.(1957). The necessary and sufficient conditions of therapeutic personality change. *Journal of Consulting Psychology, 21*(2), 95-103.

__________(1961). *On becoming a person : A therapist's view of psychotherapy.* Houghton Mifflin.

__________(1975). Empathic : An unappreciated way of being. *The Counseling Psychologist, 5*(2), 2-10.

Seligman, L.(2006). *Theories of counseling and psychotherapy : Systems, strategies, and skills*(2nd ed.). Pearson.

Sue, D. W., & Sue, D.(2019). *Counseling the culturally diverse : Theory and practice*(8th ed.). Wiley.

Yalom, I. D., & Leszcz, M.(2020). *The theory and practice of group psychotherapy*(6th ed.). Basic Books.

Zur, O.(2007). *Boundaries in psychotherapy : Ethical and clinical explorations.* American Psychological Association.

CHAPTER 09

상담이론 Ⅰ

1. 정신분석 상담
2. 분석심리 상담
3. 개인심리 상담
4. 인간중심 상담

09
CHAPTER

상담이론 Ⅰ

개 요

이 장에서는 심리상담의 주요 이론적 접근법인 정신분석 상담, 분석심리 상담, 개인심리 상담, 인간중심 상담의 핵심 개념과 주요 이론, 상담목표 및 과정, 상담 기법을 체계적으로 비교 분석한다. 각 이론의 고유한 관점을 통해 인간에 대한 이해의 폭을 넓히고, 실제 상담 현장에서 효과적으로 활용할 수 있는 실무 지침을 제공한다. 이 장의 학습을 통해 상담이론들 간의 차이점과 공통점을 명확히 파악하고, 이를 바탕으로 실제 상담에 적용할 수 있는 이론적 토대를 구축한다.

학습목표

1. 주요 상담이론과 핵심 개념을 명확히 설명할 수 있다.
2. 각 이론의 상담목표, 과정, 기법을 체계적으로 비교 · 정리할 수 있다.
3. 상담이론과 기법을 현장에 적용하는 방법을 이해하고 제시할 수 있다.

핵심어

정신분석 상담, 분석심리 상담, 개인심리 상담, 인간중심 상담, 상담목표, 상담과정, 상담기법

1. 정신분석 상담

정신분석 상담은 지그문트 프로이트(Sigmund Freud)에 의해 창시된 심리치료 접근법으로, 인간의 무의식적 동기와 갈등을 탐구하여 심리적 문제를 해결하고자 하는 상담이론이다. 이 접근법은 현재까지도 상담 및 심리치료 분야에서 중요한 이론적 토대를 제공하고 있다.

1) 주요 개념

(1) 의식구조론

프로이트는 인간의 정신을 의식(conscious), 전의식(preconscious), 무의식(unconscious)의 세 층위로 구분하였다(Freud, 1915). 의식은 현재 우리가 인식하고 있는 정신적 내용들을 의미하며, 전의식은 주의를 기울이면 의식으로 떠올릴 수 있는 내용들이다. 무의식은 억압되어 의식으로 떠오르지 못하는 정신적 내용들로, 프로이트는 이것이 인간 행동의 주요 동력이라고 보았다.

무의식은 빙산에 비유되곤 하는데, 물 위에 떠 있는 작은 부분이 의식이라면 물 아래 숨겨진 거대한 부분이 무의식이다. 성인학습자들이 학습 과정에서 경험하는 저항이나 불안, 동기 부족 등의 문제들은 종종 무의식적 갈등에서 비롯되는 경우가 많다.

(2) 성격 구조론

프로이트는 성격을 원초아(id), 자아(ego), 초자아(superego)의 세 구조로 설명하였다(Freud, 1923). 원초아는 쾌락 원칙에 따라 작동하는 원시적 충동의 저장소로, 즉각적인 만족을 추구한다. 자아는 현실 원칙에 따라 작동하며, 원초아의 욕구와 현실적 제약 사이에서 균형을 맞추려 한다. 초자아는 도덕 원칙에 따라 작동하며, 사회적 규범과 이상을 내재화한 양심의 역할을 한다.

성인학습자의 경우, 학습 동기나 목표 설정에서 이러한 세 구조 간의 갈등이 나타날 수 있다. 예를 들어, 새로운 기술을 배우고 싶은 원초아의 욕구, 현실적 제약을 고려하는 자아의 판단, 그리고 '나이가 들어서 공부하는 것이 적절한가'라는 초자아의 비판 사이에서 내적 갈등을 경험할 수 있다.

(3) 심리성적 발달단계

프로이트는 인간의 성격 발달을 구강기(oral stage), 항문기(anal stage), 남근기(phallic stage), 잠복기(latency stage), 생식기(genital stage)의 다섯 단계로 구분하였다(Freud, 1905). 각 단계에서 적절한 발달이 이루어지지 않으면 고착(fixation)이 발생하여 성인기에도 그 영향이 지속된다고 보았다.

구강기(0~18개월)에서는 입을 통한 만족이 중심이 되며, 이 시기의 고착은 성인기에 의존적이거나 공격적인 성격으로 나타날 수 있다. 항문기(18개월~3세)에서는 배변 훈련을 통해 자율성과 통제를 학습하며, 이 시기의 고착은 강박적이거나 무질서한 성격으로 발현될 수 있다. 남근기(3~6세)에서는 오이디푸스 콤플렉스가 나타나며, 동성 부모와의 동일시를 통해 성 정체성을 형성한다. 잠복기(6~12세)에서는 성적 충동이 억압되고 학업이나 또래 관계에 집중하며 사회적 기술을 발달시킨다. 생식기(12세 이후)에서는 성적 성숙과 함께 이성에 대한 관심이 나타나며, 성인으로서의 성숙한 성적 관계를 형성하는 능력을 발달시킨다.

(4) 방어기제

방어기제는 자아가 불안이나 스트레스를 이겨내기 위해 무의식적으로 사용하는 심리적 전략이다. 이 개념은 안나 프로이트가 아버지 지그문트 프로이트의 이론을 발전시켜 체계화한 것이다. 어려운 현실이나 내면의 갈등으로부터 자신을 보호하기 위해 방어기제는 자동으로 작동한다. 방어기제는 정신적 안정을 유지하는 데 도움을 주나, 과도하게 사용되거나 현실을 심하게 왜

곡할 경우 부적응적일 수 있다. 방어기제는 무의식적으로 일어나며, 즉각적으로 반응하고, 현실을 왜곡하는 특징을 가진다.

① **억압**

억압(repression)은 가장 기본적인 방어기제로, 고통스럽거나 위협적인 기억, 감정, 충동을 무의식으로 밀어내는 것이다(Freud, 1915). 이는 의식적인 망각과는 다른 무의식적 과정이다. 예를 들면, 어린 시절 받은 심각한 학대나 트라우마를 전혀 기억하지 못하는 경우, 사랑하는 사람의 죽음에 대한 기억을 완전히 차단하는 경우, 자신의 공격적 충동이나 성적 욕구를 전혀 인식하지 못하는 경우 등이 있다.

② **투사**

투사(projection)는 자신의 용납할 수 없는 감정, 충동, 특성을 다른 사람에게 돌리는 방어기제이다. 자신 안의 부정적인 측면을 인정하기보다는 타인이 그런 특성을 가지고 있다고 믿는다(Klein, 1946). 예를 들면, 자신이 화가 났는데 '저 사람이 나에게 화를 내고 있다'고 생각하는 경우, 자신의 부정직함을 인정하지 못하고 '모든 사람들이 거짓말쟁이다'라고 말하는 경우, 자신의 무능함을 감추기 위해 '상사가 나를 싫어한다'고 믿는 경우 등이 있다.

③ **반동형성**

반동형성(reaction formation)은 용납할 수 없는 충동이나 감정과 정반대의 행동이나 태도를 보이는 방어기제이다. 무의식적 충동을 의식에서 완전히 차단하기 위해 극단적으로 반대되는 행동을 취한다(Freud, 1926). 예를 들면, 누군가를 미워하면서도 지나치게 친절하게 대하는 경우, 성적 충동을 억압하기 위해 극도로 순결한 행동을 보이는 경우, 의존적 욕구를 부인하기 위해 지나치게 독립적인 모습을 보이는 경우 등이 있다.

④ 합리화

합리화(rationalization)는 자신의 행동이나 실패에 대해 사회적으로 받아들여질 만한 이유를 만들어 내는 방어기제이다. 진짜 이유는 인정하기 어렵기 때문에 그럴듯한 핑계나 변명을 만든다(Jones, 1908). 예를 들면, 승진에서 탈락한 후 "어차피 그 자리는 원하지 않았다"고 말하는 경우, 다이어트 실패 후 "건강에 좋지 않다고 해서 그만뒀다"고 설명하는 경우, 시험에서 떨어진 후 "문제가 너무 이상했다"고 탓하는 경우 등이 있다.

⑤ 치환

치환(displacement)은 원래 대상에게 향해야 할 감정이나 충동을 다른 대상으로 옮기는 방어기제이다. 보통 위험하거나 위협적인 대상 대신 안전한 대상을 선택한다(Freud, 1926). 예를 들면, 상사에게 화가 났지만 집에 와서 가족에게 화를 내는 경우, 배우자와의 갈등을 반려동물에게 표현하는 경우 등이 있다.

⑥ 승화

승화(sublimation)는 사회적으로 용납되지 않는 충동을 건설적이고 창조적인 활동으로 전환하는 방어기제이다. 가장 성숙하고 적응적인 방어기제로 여겨진다(Freud, 1930). 예를 들면, 공격적 충동을 스포츠나 경쟁 활동으로 승화하는 경우, 성적 에너지를 예술 창작이나 학문 연구로 전환하는 경우, 권력욕을 사회봉사나 리더십 활동으로 승화하는 경우 등이 있다.

⑦ 부인

부인(denial)은 받아들이기 어려운 현실이나 사실을 인정하지 않는 방어기제이다. 현실을 완전히 거부하거나 존재하지 않는 것처럼 행동한다(Freud, 1925). 예를 들면, 심각한 질병 진단을 받고도 '의사가 잘못 진단했다'고 믿는 경우, 알코올 중독임에도 '나는 언제든 끊을 수 있다'고 주장하는 경우, 관계의 종료를 받아들이지 못하고 '일시적인 오해일 뿐'이라고 생각하는 경우 등이 있다.

⑧ 퇴행

퇴행(regression)은 스트레스나 불안 상황에서 이전의 발달 단계로 되돌아가는 방어기제이다. 더 어린 시절의 행동 패턴이나 사고방식을 보인다(Freud, 1917). 예를 들면, 스트레스를 받으면 어린아이처럼 떼를 쓰거나 울음을 터뜨리는 경우, 어려운 상황에서 부모에게 과도하게 의존하려는 경우, 성인이 되어서도 유치한 행동이나 말투를 보이는 경우 등이 있다.

⑨ 지적화

지적화(intellectualization)는 감정적으로 고통스러운 상황을 순전히 지적이고 논리적인 관점에서만 다루는 방어기제이다. 감정을 배제하고 이성적 분석에만 의존한다(Fenichel, 1945). 예를 들면, 이별의 아픔을 '통계적으로 이런 관계는 지속되기 어렵다'고 분석하는 경우, 부모의 죽음을 '자연스러운 생물학적 과정'으로만 설명하는 경우, 자신의 실패를 감정 없이 객관적으로만 분석하는 경우 등이 있다.

⑩ 격리

격리(isolation)는 고통스러운 기억이나 경험에서 감정을 분리시키는 방어기제이다. 사실은 기억하지만 그와 관련된 감정은 차단한다(Freud, 1926). 예를 들면, 트라우마 경험을 담담하게 이야기하지만 전혀 감정을 보이지 않는 경우, 중요한 상실을 겪고도 마치 남의 일처럼 객관적으로만 말하는 경우, 자신의 실수나 잘못을 인정하지만 죄책감이나 후회를 전혀 느끼지 않는 경우 등이 있다.

2) 상담 목표와 과정

(1) 상담 목표

정신분석 상담의 주요 목표는 무의식을 의식화하여 내담자의 자기 이해를 증진시키는 것이다. 프로이트는 '원초아가 있던 곳에 자아가 있어야 한다(Where id was, there ego shall be)'라고 표현하며, 무의식적 충동을 의식적 통제하에 두는 것을 강조하였다(Freud, 1933).

구체적인 목표로는 첫째, 억압된 무의식적 갈등과 충동을 의식화하는 것, 둘째, 과거 경험이 현재 행동에 미치는 영향을 이해하는 것, 셋째, 방어기제의 패턴을 인식하고 보다 적응적인 대처 방식을 개발하는 것, 넷째, 전이 관계를 통해 대인관계 패턴을 이해하고 수정하는 것 등이 있다.

(2) 상담 과정

정신분석 상담은 일반적으로 장기간에 걸쳐 진행되며, 주 3~5회, 회기당 50분씩 수년간 지속되는 것이 전통적인 형태이다. 상담 과정은 크게 초기, 중기, 종결기로 나눌 수 있다.

첫째, 초기 단계이다, 이 단계에서는 치료적 관계를 형성하고 내담자의 주요 문제와 역사를 파악한다. 상담자는 내담자의 방어기제와 저항 패턴을 관찰하며, 기본적인 신뢰 관계를 구축한다. 이 시기에는 내담자가 자유연상에 익숙해지도록 돕고, 꿈이나 실수 등을 통해 무의식적 내용에 접근하기 시작한다.

둘째, 중기 단계이다. 상담의 핵심 작업이 이루어지는 시기로, 전이 신경증이 발달하고 해석 작업이 본격화된다. 내담자는 상담자에 대해 강한 감정을 경험하게 되며, 이를 통해 과거의 관계 패턴을 재경험한다. 상담자는 전이와 저항을 해석하여 내담자의 무의식적 갈등을 의식화시킨다.

셋째, 종결 단계이다. 치료적 관계의 종료를 준비하며, 내담자가 얻은 통찰을 일상생활에 적용할 수 있도록 돕는다. 분리에 대한 불안과 상실감을 다루며, 내담자가 독립적으로 기능할 수 있는 능력을 강화한다.

3) 상담 기법

(1) 자유연상

자유연상(free association)은 정신분석의 기본 기법으로, 내담자가 마음에 떠오르는 모든 것을 검열 없이 말하도록 하는 것이다(Freud, 1904). 이를 통해 무의식적 내용이 의식으로 떠오를 수 있는 통로를 만든다. 상담자는 "마음에 떠오르는 모든 것을 말해보세요"라고 격려하며, 내담자가 자연스럽게 연상할 수 있는 분위기를 조성한다.

(2) 꿈 분석

프로이트는 꿈을 '무의식으로 가는 왕도(royal road to the unconscious)'라고 불렀다(Freud, 1900). 꿈의 현재 내용(manifest content)과 잠재 내용(latent content)을 구분하여, 꿈 작업(dream work)을 통해 변형된 무의식적 욕구를 해석한다. 압축(condensation), 치환(displacement), 상징화(symbolization) 등의 꿈 작업 과정을 분석하여 무의식적 갈등을 이해한다.

(3) 전이 분석

전이 분석은 정신분석 치료의 핵심 기법으로, 내담자가 상담자에게 투사하는 과거의 관계 패턴을 분석한다. 상담자는 전이의 패턴을 관찰하고 해석하여, 내담자가 자신의 관계 방식을 이해할 수 있도록 돕는다. "지금 저에 대해 느끼시는 감정이 과거의 누군가를 떠올리게 하지 않나요?"와 같은 해석을 통해 전이를 다룬다.

(4) 저항 분석

저항(resistance)은 내담자가 무의식적으로 치료 과정을 방해하는 현상으로, 이를 분석하는 것이 중요한 치료 기법이다. 저항은 침묵, 지각, 주제 회피, 지적화 등 다양한 형태로 나타날 수 있다. 상담자는 저항을 비난하지 않고 이해하려 하며, 저항 뒤에 숨겨진 불안이나 갈등을 탐색한다.

(5) 해석

해석(interpretation)은 내담자의 무의식적 내용을 의식화시키는 핵심 기법이다. 상담자는 내담자의 행동, 감정, 꿈, 연상 등을 종합하여 무의식적 의미를 해석한다. 효과적인 해석은 적절한 타이밍에 내담자가 수용할 수 있는 수준에서 이루어져야 한다.

2. 분석심리 상담

분석심리 상담은 스위스의 정신과 의사인 칼 구스타프 융(Carl Gustav Jung)에 의해 창시된 심리치료 이론이다. 융은 프로이트의 제자였지만, 인간의 심리 구조에 대해 보다 폭넓은 시각을 제시하면서 독자적인 분석심리학을 발전시켰다(Corey, 2017). 프로이트는 인간의 무의식이 주로 억압된 충동과 욕구에서 비롯된다고 보았으나, 융은 인간의 무의식이 훨씬 더 풍부하고 창조적인 힘을 지니고 있다고 강조하였다. 이에 따라 분석심리 상담은 인간의 내면 세계를 깊이 있게 이해하고, 개인이 자기 자신의 본질에 더 가까워지도록 돕는 데 중점을 두고 있다(Sharp, 1991).

1) 주요 개념

(1) 정신의 구조

① 의식

의식(consciousness)은 우리가 평소에 '내 마음'으로 느끼는 부분이다. 즉, 지금 내가 무엇을 생각하는지, 무엇을 느끼는지, 어떤 행동을 하고 있는지 스스로 알고 있다면, 그 순간이 바로 의식이다. 심리학자 융은 이 의식을 자아(ego)가 담당한다고 보았다(Corey, 2017).

예를 들어, 어떤 성인학습자가 '나는 오늘 하루에 몇 시간씩 집중해서 공부를 했다'라든지, '이번 시험은 꼭 합격하고 싶다'는 생각을 한다면, 이는 자아와 의식이 스스로를 인식하고 판단하는 모습이다.

② 개인무의식

개인무의식(personal unconscious)은 우리가 살아오면서 마음속으로 억누르거나 잊어버린 기억, 감정, 그리고 경험이 쌓여 있는 창고와 같다(Gladding, 2019). 겉으로는 잊고 지내지만, 이런 기억과 감정은 꿈, 실수, 또는 갑자기 느끼는 감정(이를테면 이유 없는 두려움 등)으로 나타날 수 있다.

예를 들어, 한 성인학습자가 앞에서 발표를 할 때마다 심하게 떨고 자신감이 없어진다면, 이는 어릴 적 발표에서 실수하거나 창피를 당했던 경험이 개인무의식에 남아 있기 때문일 수 있다.

③ 집단무의식

집단무의식(collective unconscious)은 인간 한 사람을 넘어 모든 인류가 공유하고 태어날 때부터 마음에 지니고 있는 심리의 깊은 바닥이다(Jung, 1964). 융은 이를 '심리의 유전자'라고 비유하여 설명한 바 있다. 이곳에는 내가 직접 겪어보지 않았어도, 모든 사람에게 공통된 감정, 이야기, 그림, 상징 같은 것이 들어 있다.

예를 들어, 누구나 '엄마' 하면 떠올리는 따뜻함, '영웅'을 보면 존경심을 느끼는 일, 혹은 새로운 환경 앞에서 막연한 기대감과 불안을 느끼는 현상 등이 모두 집단무의식의 영향이다.

(2) 원형

① 자아

자아(ego)는 의식의 중심으로, '이것이 나야'라고 느끼는 자기 자신이다. 자아는 내가 누구인지, 어떤 사람인지, 어떻게 살고 싶은지 생각하고 결정하는 역할을 맡는다. 예를 들어, 어떤 성인학습자가 "나는 꼼꼼하고 책임감 있는 사람이라고 생각한다"고 말한다면, 이건 자기 자아에 대한 인식이다. 새 직업을 고민하면서 "이 일이 나에게 잘 맞을까?"라고 질문하는 것도 자아의 기능이다.

② 페르소나

페르소나(persona)는 우리가 사회에서 다양한 역할에 맞춰 쓰는 '가면'이다(Sharp, 1991). 진짜 내 모습은 아니지만, 사회에서 성공적으로 살아가기 위해, 또는 누군가에게 인정받기 위해 우리는 각종 가면을 쓴다. 예를 들어, 회사에서는 늘 당당하고 자신감 넘치는 척하지만, 집에서는 힘들고 우울한 본모습을 가족에게조차 숨기는 경우가 있다. 또, 부모로서 자녀 앞에서는 약한 모습을 보이지 않으려 일부러 더 엄격해지는 것도 페르소나의 예이다. 페르소나는 사회생활에 꼭 필요하지만, 계속해서 페르소나에만 매달리면 내 진짜 감정이나 욕구를 놓치고, 결국 자아와 멀어질 수 있다.

③ 그림자

그림자(shadow)는 우리가 남에게 보이고 싶지 않거나, 스스로 받아들이지 않는 내면의 어두운 부분이다(Corey, 2017). 즉, 부정적인 감정, 공격성, 질투, 두려움, 약점 등이 모두 그림자에 속한다. 예를 들어, 평소에는 아주 착하고 타인을 잘 도와주지만 때로는 사소한 일에도 과하게 화가 나거나, 다른 사람을 질투하는 생각이 들어 당황하는 경우가 있다. 이런 모습은 누구에게나 있지만, 억누르고 참기만 하면 언젠가 더 큰 문제로 나타날 수 있다. 상담에서는 그림자와 솔직하게 마주하고, 이를 인정하고 받아들이는 것이 자기 성장의 중요한 계기가 된다.

④ 아니마와 아니무스

아니마(anima)는 남성 안에 숨어있는 여성성, 아니무스(animus)는 여성 안에 숨어있는 남성성을 의미한다(Gladding, 2019). 남성도 감정적이고 섬세한 부분이 있고, 여성도 이성적이고 단호한 힘이 있다. 예를 들어, 평소에는 논리적인 남성 학습자가 갑자기 감성적이고 눈물까지 흘리며 "나도 아내나 친구에게 기대고 싶다"고 한다면, 그의 아니마가 드러난 것이다. 반대로, 상냥하고 소극적이던 여성 학습자가 새 일을 시작하면서 단호하게 자신의 목표를 말하고 손해를 감수하며 결정을 내린다면, 이것은 아니무스가 활발해진 경우이다.

⑤ 자기

자기(self)는 융 이론의 핵심으로, 나 자신이라는 존재 전체의 중심이자 의식과 무의식, 긍정적인 면과 부정적인 면을 모두 아우르는 '진짜 나'이다(Jung, 1964). 심리적으로 성숙해진다는 것은 바로 이 자기(self)를 실현하는 과정이다.

예를 들어, 평범한 직장에 다니던 성인학습자가 오랜 꿈을 따라 미술을 배우기 시작하고, '이게 바로 내 인생, 내가 진짜 원하는 삶이구나'라고 느꼈다면, 이것은 자기 실현이 시작된 것이다. 자기(self)는 '누구의 기준'이 아니라, 나만의 기준과 의미에서 내 인생을 받아들이는 최종 목적지라 할 수 있다.

(3) 개성화(individuation) 과정

분석심리학에서 가장 중요한 성장 과정은 '개성화(individuation)'라고 한다. 개성화란 우리가 자신의 내면을 깊이 탐색하면서, 의식과 무의식의 여러 부분, 그리고 다양한 원형들을 하나로 통합해 '진정한 자기'로 성장해 가는 여정을 뜻한다(Sharp, 1991). 이 과정은 청소년기를 지나 성인기에도 계속되며, 우리가 자신의 삶에서 의미를 찾아내고 궁극적으로 자아실현에 이르는 길을 열어준다.

2) 상담 목표와 과정

(1) 상담 목표

분석심리 상담의 궁극적 목표는 내담자가 자기(self)와 자아를 통합하여 전인적인 자기실현을 이룰 수 있도록 돕는 것이다(von Franz, 1982). 이는 내면에 억압된 심리적 요소나 충동을 인식하고 통합함으로써 자기 자신의 진정한 본질을 발견하는 과정이다.

나아가 콤플렉스 극복, 그림자 인정과 수용, 아니마와 아니무스와의 관계 개선, 그리고 자아와 자기를 잇는 전인적 통합 과정에 참여하게 한다. 상담은 내담자가 자신의 내면 갈등과 원형적 에너지 사이에서 균형을 찾도록 도와준다.

(2) 상담 과정

분석심리 상담은 보통 네 단계로 이루어진다.

첫째, 초기 단계이다. 이 단계에서는 상담자와 내담자가 서로 신뢰를 쌓는 시간이 필요하다. 내담자가 현재 의식하고 있는 문제뿐만 아니라 상담자에게 느끼는 감정이나 반응인 전이 현상도 함께 살펴본다. 상담자는 내담자가 겉으로 드러내는 페르소나와 무의식 속에 자리한 콤플렉스를 세심하게 관찰한다.

둘째, 중기 단계이다. 이때는 꿈 분석과 상징 해석, 그리고 내면 깊숙이 숨겨진 그림자와의 만남에 집중한다. 내담자는 평소 억눌렀거나 부정했던 내면의 감정과 생각을 의식적으로 경험하게 된다.

셋째, 심화 단계이다. 이 단계에서는 남성 내면의 여성성인 아니마, 여성 내면의 남성성인 아니무스, 그리고 마음의 중심인 자기라는 원형과의 관계를 탐색한다. 서로 대립하는 내면 요소들이 조화롭게 통합되는 경험을 하며, 삶의 의미와 방향에 대해 새롭게 깨닫는 계기가 된다.

넷째, 종결 단계이다. 상담자가 내담자로 하여금 상담을 통해 성장한 모습을 유지하며 독립적으로 자신의 삶을 살아갈 수 있도록 지원한다. 상담 종료는 단순한 끝이 아니라 내담자가 새로운 내면의 통합을 바탕으로 지속적인 성장을 이어가는 새로운 시작점임을 강조한다.

3) 상담 기법

(1) 꿈 분석

분석심리 상담에서 가장 널리 쓰이는 기법이 꿈 분석이다. 융은 '꿈은 무의식이 보내는 메시지'라고 보았다. 상담에서는 내담자가 최근에 꾼 꿈이나 반복적으로 나타나는 꿈의 내용을 자세히 이야기하도록 유도한다. 예를 들어, 한 성인학습자가 "꿈에서 끝없는 계단을 오르다가 자꾸만 미끄러진다"고 털어놓을 수 있다. 상담자는 이 꿈을 내담자가 현실에서 느끼는 불안, 반복적인 실패 경험, 혹은 더 나은 자신이 되고 싶은 성장 욕구와 연결해 해석할 수 있다. 그 과정에서 내담자는 자신의 고민을 새로운 시각에서 바라보고, 무의식의 심층적 메시지를 깨달을 수 있다.

(2) 적극적 상상

적극적 상상(active imagination)은 내담자에게 떠오르는 이미지나 느낌, 상상 속 이야기를 자유롭게 이어가도록 돕는 기법이다. 예를 들어, 상담자가 "마음속에 떠오르는 가장 선명한 장면을 그려보세요. 그 장면에서 어떤 인물이 등장합니까? 그 인물에게 말을 걸어보면 어떨까요?"라고 안내하기도 한다. 한 내담자가 상상 속에서 헤매던 어두운 숲에서 자신을 이끌어 주는 동물을 발견했다면, 상담자는 그 동물이 내담자에게 어떤 의미가 있는지 함께 탐구한다. 이런 과정에서 내담자는 자신의 내면에 숨겨진 자원이나 두려움, 갈등을 창의적이고 안전한 방식으로 만날 수 있다.

(3) 예술적 · 상징적 표현

내담자가 그림을 그리거나, 만다라(원형 도안)를 완성하거나, 상징적인 시 · 글을 써보는 것도 분석심리 상담에서 자주 쓰이는 방법이다. 예를 들어, 내담자가 '현재 내 마음'을 색깔과 모양으로 자유롭게 그리고, 상담자와 함께 그 그림의 상징적 의미를 이야기한다. 한 성인학습자가 검은색과 회색으로 가득 찬 그림을 그렸다면, 상담자는 "이 색깔은 어떤 감정이나 상황과 연결될까요?"라고 물으며 내담자가 자신의 무의식을 자연스럽게 표현하고 이해하도록 돕는다.

(4) 신화 · 동화의 활용

상담자가 내담자에게 자신과 비슷한 상황이 등장하는 신화나 동화를 소개하거나, "내 인생을 동화로 만든다면 어떤 이야기일까요?"라고 질문하여 스스로 주인공이 되는 이야기를 만들어 보게 할 수도 있다. 이 과정에서 내담자는 자신의 삶의 패턴, 갈등, 성장 주제와 맞닿은 보편적 원형이 무엇인지 발견하게 된다.

3. 개인심리 상담

개인심리 상담은 오스트리아의 정신과 의사 알프레드 아들러(Alfred Adler)가 창시한 이론적 틀에 바탕을 두고 있다. 아들러는 인간을 독립적인 존재가 아니라, 사회적 맥락 속에서 성장하고 살아가는 사회적 존재로 이해하였다(Corey, 2017). 그는 인간의 심리 문제를 단순히 개인 내부의 결함이나 병리로 보지 않고, 삶 전체의 방향성과 대인관계 속에서 바라보아야 한다고 강조하였다.

아들러 심리학에서 가장 핵심적인 전제는 인간을 '목표 지향적 존재'로 본다는 점이다. 즉, 인간의 행동은 과거의 상처나 결함 때문이 아니라, 자신이 원하는 목표와 삶의 의미를 향해 움직이는 과정에서 나타난다고 보았다(Adler, 1931).

예를 들어, 한 성인학습자가 자격증 시험에 실패했을 때, 단순히 실패의 원인을 자신의 능력 부족이나 운 탓으로만 돌리지 않는다. 오히려 "나는 왜 이 시험을 통해 성장하고 싶었는가?", "나의 진짜 목표는 무엇인가?"를 질문하게 한다.

1) 주요 개념

(1) 열등감과 보상

아들러 심리학에서 열등감(inferiority)은 매우 중요한 개념이다. 모든 인간은 성장 과정에서 신체적 · 심리적 · 사회적 열등감을 경험하며, 이를 극복하려는 노력이 삶의 동기가 된다고 보았다(Adler, 1931). 예를 들어, 어린 시절 말이 느렸던 한 학생이 훗날 언변 훈련에 몰두해 뛰어난 강연자가 되거나, 신체적 약점을 가진 사람이 남다른 노력으로 성취를 이루는 경우가 이에 해당한다.

열등감 자체는 결함이 아니라 성장의 원동력이다. 아들러는 '열등감이 없다면 발전도 없다'고 보았다. 그러나 열등감이 지나쳐서 '패배감'으로 굳어지거나, 반대로 이를 과도하게 보상하려고 비현실적 목표를 세울 때, 심리적 어려움이 생길 수 있다.

(2) 생활 양식(lifestyle)

아들러는 인간이 유년기부터 형성해 온 생활양식(lifestyle)이 개인의 행동, 사고, 감정, 대인관계를 결정한다고 보았다. 생활양식은 부모와의 관계, 형제 순위, 사회적 경험 등을 통해 어린 시절에 무의식적으로 형성되며, 이후 성인이 되어서도 삶의 방식을 좌우한다(McAdams, 2001).

생활양식에는 '지배형', '획득형', '회피형', '사회적 유용형' 등이 있다. 예를 들어, 부모의 지나친 간섭 아래 성장한 사람은 자기 의사결정보다 타인의 눈치를 많이 보는 회피형 생활양식을 가질 수 있다. 반면 어릴 때부터 주도적 역할을 경험한 사람은 자신감 있게 이끌고 조직을 주도하는 지배형의 생활양식을 보일 수 있다. 아들러는 건강한 생활양식으로 '사회적 유용형(socially useful type)', 즉 다른 사람과 조화를 이루고 사회적 유익을 추구하는 유형을 강조하였다(Corey, 2017).

(3) 우월성 추구

아들러는 인간이 근본적으로 우월성 추구(striving for superiority)라는 내적 동기를 가지고 있다고 보았다. 여기서 우월성은 남을 지배하거나 이기려는 대도가 아니라, '보다 나은 자기 자신'이 되려는 성장의 의지이다(Corey, 2017). 예를 들어, 직장에서 새로운 프로젝트에 도전하거나, 자기계발을 위해 학습을 지속하는 성인학습자 모두 자기 발전을 추구하는 우월성의 본능에 해당한다.

이 우월성 추구는 각자 삶의 목표(life goal)와 연결된다. 아들러는 모든 인간이 의식적이든 무의식적이든 삶의 방향성을 스스로 설정한다고 보았다.

예를 들어, '성공적인 직업인', '좋은 부모', '사회에 기여하는 사람' 등 자신의 목표에 따라 생각과 행동, 선택이 결정된다(McAdams, 2001).

(4) 사회적 관심(social interest)

아들러 심리학은 인간이 '사회적 존재'로 태어났으며, 건강한 심리적 성장의 핵심은 타인과 협력하고, 소속감과 유대감을 느끼는 '사회적 관심(social interest)'에 있다고 보았다(Bubert, 2017). 사회적 관심이란 단지 남을 돕는 차원을 넘어서, 집단 전체의 이익과 행복을 생각하며 실천하는 능력 그 자체이다.

아들러는 개인이 심리적으로 건강해지려면 '내가 나만을 위한 존재가 아니라 사회적 전체의 일부임을 자각하고, 소속감을 느껴야 한다'고 강조했다. 예를 들어, 성인학습자가 자격증을 따는 과정에서 혼자만의 성공이 아니라, 함께 공부하는 동료들과 경험과 지식을 나누며 소속감을 체험하는 것은 사회적 관심이 발달하는 모습이다(김춘경, 2020).

(5) 허구적 최종목적론(fictional finalism)

아들러는 인간이 어떤 허구적이거나 이상적인 목표를 내면적으로 설정해 두고, 이를 향해 행동한다고 보았다. 이를 '허구적 최종목적론'이라고 부른다. 이것은 다소 비현실적이거나 명확하게 인지하지 못하더라도, 자신 안에 무의식적으로 '이상적인 삶', '완전한 나'에 대한 상을 그리고 그 목표를 지향하기 때문에 행동에 영향을 끼친다는 의미이다(Shulman & Mosak, 2017).

예를 들어, '완벽하게 인정받는 전문가가 되고 싶다', '모두가 나를 좋아해 주어야 한다' 등 내면화된 기본 목표가 있다면, 그 목표가 현실적으로 도달할 수 없어도 실제 행동, 관계, 문제 대처 방식에 끊임없이 영향을 미친다.

(6) 가족 구성 및 출생 서열

아들러는 가족 구조와 출생 서열을 인간 심리와 행동 이해의 중요한 요소로 보았다. 가족 내에서 첫째, 둘째, 막내, 외동 등 출생 서열, 부모와의 관계, 양육 방식 등이 모두 개인의 성격과 생활 양식 형성에 결정적 영향을 미친다고 하였다(김춘경, 2020). 예를 들어, 첫째는 책임감이 강하고, 막내는 의존성이 높으며, 외동은 완벽주의적인 성향을 보일 수 있다.

2) 상담 목표와 과정

(1) 상담 목표

개인심리 상담은 내담자가 자신의 삶을 새롭게 바라보고 심리적 건강과 자기효능감을 높이도록 돕는다. 과거의 상처와 열등감에 머무르지 않고 현재와 미래에 집중하며, 삶의 의미와 목적을 재정립하고 성장의 에너지로 전환한다. 이를 통해 내담자는 사회적 관심을 키우며 주체적이고 책임감 있는 삶의 주인공으로 성장하게 된다.

(2) 상담 과정

첫째, 관계 형성 단계이다. 상담 초반에 상담자와 내담자는 신뢰롭고 안전한 관계를 형성한다. 내담자는 고민과 아픔을 솔직하게 털어놓으며, 상담자는 비난 없이 공감하며 수용적 태도를 유지한다(김춘경, 2020). 이렇게 신뢰가 쌓이면 내담자는 내면을 깊이 들여다볼 준비가 된다.

둘째, 성장 배경과 생활양식 탐색 단계이다. 상담자는 내담자의 가족 구성, 출생 서열, 어린 시절 기억 등을 탐색하며, 내담자가 자신의 생활양식과 신념이 어떻게 반복되는지 자각하도록 돕는다(Shulman & Mosak, 2017).

셋째, 사고와 행동 패턴 및 열등감, 허구적 목표 의식화 단계이다. 상담 중반부에는 내담자의 반복된 행동과 무의식적 열등감, 비현실적 목표를 깊이 살피며, 내담자가 과거 경험과 현재 문제를 연결해 깨닫게 한다.

넷째, 경험과 감정의 재해석과 격려 단계이다. 상담자는 내담자가 부정적으로 인식한 자신을 긍정적으로 재해석하도록 돕고, 작은 성공과 노력을 격려하여 의미를 발견하게 한다(김춘경, 2020).

다섯째, 삶의 의미 재설정 및 실천적 변화 단계이다. 내담자는 목표를 새롭게 세우고 사회적 관심을 확장하는 행동 변화를 시도한다. 예를 들어, 동료와의 관계 개선을 위한 구체적 실천 계획을 수립하며, 이를 통해 성장과 기쁨을 경험한다(최영민, 2016).

3) 상담 기법

(1) 초기 기억 탐색(early recollections)

상담자는 내담자에게 어린 시절 가장 기억에 남는 경험이나 장면을 이야기하도록 하여, 내담자의 생활양식과 삶의 신념, 목표를 파악한다. 예를 들어, 한 내담자가 "어릴 때 혼자 놀던 기억이 자주 난다"고 할 때, 상담자는 이를 통해 내담자가 대인관계에서 소극적이거나 고립감을 느끼는 경향이 있을 수 있음을 탐색한다.

(2) 생활양식 탐색과 해석(lifestyle assessment & interpretation)

상담자는 내담자의 가족 구성, 성장 배경, 중요한 인생 사건, 형제 순위 등을 자세히 묻고, 내담자의 생활양식이 현재 행동이나 고민에 어떻게 연결되는지 함께 해석한다. 예를 들어, '첫째여서 부모님의 기대가 컸다'는 내담자는 책임감이 강하지만 자기 감정을 억누르는 생활양식을 가질 수 있다.

(3) 격려(encouragement)

격려는 내담자의 작은 변화나 노력을 적극적으로 인정하고 용기를 북돋우는 기법이다. 예를 들어, 내담자가 "이번 주에 혼자 학원 등록을 했다"고 하면, 상담자는 "새로운 시도를 두려워하지 않은 점이 대단하다"고 격려하여 내담자가 변화에 대한 자신감을 갖도록 돕는다.

(4) 과제 부여(task assignment)와 행동실험(behavioral experiments)

상담자는 내담자가 늘 회피하거나 두려워했던 행동을 작은 단위로 정해 직접 시도해 볼 수 있도록 과제를 제공한다. 예를 들어, '이번 주에는 직장 동료에게 먼저 인사해 보기', '수업 시간에 한 번은 질문해 보기' 등 실천과제를 정하고 내담자는 이 과제를 경험한 뒤 상담에서 그 변화를 돌아보고, 실제 행동 변화를 위한 연습을 꾸준히 이어간다.

4. 인간중심 상담

인간중심 상담은 미국의 심리학자 칼 로저스(Carl R. Rogers)가 창시한 상담이론이다. 로저스는 인간을 수동적으로 환경이나 무의식에 의해 결정되는 존재가 아니라, 스스로 성장과 변화를 추구하는 능동적 존재로 보았다(Rogers, 1957). 인간중심 상담은 내담자 중심 상담(Client-Centered Counseling)이라고도 불린다.

이 이론의 독특한 점은 '상담자가 아니라 내담자가 자기 삶의 진정한 전문가'라는 전제에서 출발한다. 즉, 내담자에게는 스스로 문제를 인식하고 해결할 수 있는 '자기실현의 경향(actualizing tendency)'이 내재해 있다고 본다(김중술 외, 2021).

인간중심 상담에서는 내담자의 자기실현 경향을 촉진하기 위해 상담자의 태도가 무엇보다 중요하다. 로저스는 상담자가 갖추어야 할 핵심 태도로 일치성(congruence), 무조건적 긍정적 존중(unconditional positive regard), 공감적 이해(empathic understanding)를 제시했다. 이러한 상담자의 치료적 태도가 내담자로 하여금 자신을 개방하고 성장할 수 있는 안전한 환경을 조성한다는 것이다.

이런 관점은 기존의 지시적 상담이나 해석 중심 상담에서 한 단계 나아간 것으로, 성인학습자가 자기 문제 해결능력과 성장에 대한 주도성을 갖는 데 매우 중요하다.

1) 주요 개념

(1) 인간관과 자기실현 경향

로저스는 인간을 본질적으로 긍정적인 존재로 보았다. 모든 사람은 성장하고 성숙하며 자기 자신을 실현하려는 강한 내적 힘, 즉 '자기실현 경향'을 가지고 있다. 이는 식물이 빛을 향해 자라는 것처럼 인간이 더 나은 모습으로 나아가려는 자연스러운 욕구이다. 이 관점은 성인학습자에게 특히 의미가 크다. 나이가 들고 다양한 경험을 쌓아도 여전히 변화와 성장을 원하기 때문이다. 환경이 어렵고 상처가 많아도 이 자기실현 경향은 완전히 사라지지 않는다. 상담자의 역할은 내담자가 이 성장의 힘을 깨닫고 회복하며 자유롭게 표현하도록 도와주는 것이다.

(2) 자아(self : 자기개념)와 경험

인간중심 상담에서는 '자기개념'이 매우 중요하다. 자기개념이란 '나는 누구인지, 어떤 가치를 가진 존재인지'에 대한 스스로의 생각과 평가를 말한다.

이는 가족, 학교, 직장 등에서 받은 경험과 타인의 반응을 통해 계속 형성되고 바뀐다. 로저스는 자기개념과 실제 경험이 잘 맞을수록 정신적으로 건강하다고 보았다. 반면 자기 자신에 대한 생각과 실제 경험이 많이 다르면 '불일치'라고 하는 심리적 어려움이 생긴다. 예를 들어, 스스로를 성실한 사람이라 생각했는데 작은 실수 때문에 자신을 쓸모없다고 느낄 때 이런 불일치가 일어난다. 이로 인해 불안과 무기력 같은 문제가 생길 수 있다.

(3) 가치 조건(condition of worth)과 왜곡(distortion)

인간중심 상담에서는 사람이 성장하며 타인에게 '이럴 때만 사랑받는다'라는 조건부 사랑을 받으면 자기개념에 큰 영향을 받는다고 본다. 예를 들어, 부모나 선생님, 직장 상사에게 "이렇게 해야 좋은 사람이다"라는 말을 자주 들으면, 자신도 모르게 '조건부로만 가치 있는 사람'이라고 믿게 된다. 이런 생각은 진짜 자신의 감정과 욕구를 숨기게 만들고 거짓된 자기 모습을 키우게 한다. 예를 들어, 직장에서 성과나 실수에만 집중하는 환경에 오래 있으면, 본래 자기 자신보다는 외부가 원하는 모습으로 살려고 한다. 이것이 심리적인 갈등과 자기 비하를 깊게 만들 수 있다.

(4) 실현적 기능자(fully functioning person)

로저스는 상담의 궁극적 목적이 '실현적 기능자(fully functioning person)'로 성장하는 것이라 하였다. 실현적 기능자는 자기 자신을 왜곡 없이 받아들이고, 자신의 느낌, 생각, 욕구를 자유롭게 경험하며, 외적 기준에 얽매이지 않고 내면의 목소리에 따라 사는 사람을 의미한다(Rogers, 1961).

이런 사람은 삶의 경험을 개방적으로 받아들여 직감과 감정, 이성과 판단을 균형 있게 사용하며, 새로운 변화에 유연하게 대처할 수 있다. 성인학습자가 진로, 가족, 대인관계, 자기 개발 등 다양한 삶의 과제를 긍정적이고 창의적 태도로 맞이하게 된다면 이는 실현적 기능자가 된 좋은 예라 볼 수 있다.

(5) 비지시적, 비해석적 접근

인간중심 상담은 '비지시적, 비해석적' 접근이 특징이다. 상담자는 내담자의 문제나 감정을 분석하거나 해석하려 들지 않고, 스스로 자신의 내면을 탐색하고 이해하도록 격려한다. 상담자가 내담자를 통제하거나 조언하는 것이 아니라, 내담자 자신의 속도로 자기 발견의 여정을 걷도록 공간을 제공하는 것이 중요하다(김춘화, 2019). 이 접근은 성인학습자가 더 주체적이고 자율적인 학습과 자기 성장을 이룰 수 있게 한다.

2) 상담 목표와 과정

(1) 상담 목표

인간중심 상담의 궁극적 목표는 '충분히 기능하는 사람'으로의 성장을 지원하는 것이다. 내담자가 자신의 감정을 솔직하게 경험하고 표현하며, 자신의 내면 욕구와 현실을 조화롭게 통합하도록 돕는다. 결국 이러한 과정을 통해 자아실현을 촉진하고 내담자가 자기 자신과 타인에 대해 보다 긍정적이고 건강한 관계를 형성하도록 하는 데 그 목표가 있다.

(2) 상담 과정

첫째, 라포(신뢰) 형성 단계이다. 상담의 출발점은 상담자와 내담자 사이에 신뢰를 쌓는 것으로 상담자는 진정성, 무조건적 긍정적 존중, 공감적 이해를 바탕으로 내담자가 자신의 고민과 감정을 안전하게 표현할 수 있도록 돕는다. 이를 통해 내담자는 마음의 문을 조금씩 연다(김춘화, 2019).

둘째, 내담자 경험과 감정 탐색 단계이다. 이 단계에서 내담자는 자신의 감정, 생각, 경험을 자유롭고 솔직하게 표현하고, 상담자는 반영과 탐색적 질문을 사용하며 내담자가 자신의 진짜 감정을 마주할 수 있도록 안내한다. 예를 들어, 내담자의 불안을 공감하며 다시 전달하는 과정에서 내담자는 자기 감정을 이해하고 받아들이게 된다(Rogers, 1961).

셋째, 자기 수용과 내적 통합의 단계이다. 내담자는 상담자의 수용과 공감 속에서 자신을 더 깊이 이해하고, 자기 경험과 자기 개념의 불일치에서 생긴 내적 갈등을 자각하게 된다. 상담자는 내담자가 감정과 약점을 안전하게 탐색하도록 지지하며, 내담자가 자기 자신을 긍정적으로 바라볼 수 있도록 격려한다(김중술 외, 2021).

넷째, 자기결정과 성장 실천의 단계이다. 상담 후반에는 내담자가 자신의 감정과 욕구에 따라 삶의 새로운 방향을 주도적으로 선택하고, 실제 변화 행동을 실천해 본다. 이런 변화는 내담자가 자기 삶의 주체로 성장했다는 증거가 된다(Rogers, 1961).

3) 상담 기법

(1) 무조건적 긍정적 존중(unconditional positive regard)

상담자는 내담자의 행동이나 감정에 대해 판단하지 않고 온전히 수용하는 태도를 가져야 한다. 내담자가 어떤 경험, 감정, 생각을 이야기하더라도 수용과 존중, 따뜻함으로 받아들여야 한다. 이를 통해 내담자는 스스로를 비난하거나 숨기지 않고 온전히 자신을 표현할 수 있게 된다. 예를 들어, 내담자가 실패한 경험에 대해 죄책감을 느끼며 말할 때 상담자는 "당신이 느끼는 그 감정들을 충분히 이해하고 받아들입니다"라고 말함으로써 내담자가 있는 그대로의 자신이 받아들여지는 경험을 하게 할 수 있다.

(2) 공감적 이해(empathic understanding)

상담자는 내담자의 감정과 경험을 진심으로 이해하고 이를 적절히 표현해야 한다. 이는 상담자가 내담자의 입장에서 그들의 감정과 생각을 깊이 이해하려는 태도를 보이는 것이다. 상담자는 내담자의 내면을 있는 그대로 '느끼는 것'에 가깝게 공감하며, 이를 섬세한 언어와 태도로 전달해야 한다. 예를 들어, 내담자가 직장에서의 스트레스를 토로할 때 상담자가 "그 상황이 당신을 얼마나 힘들고 지치게 하는지 느껴집니다"라고 말함으로써 내담자의 감정에 깊이 공감하고 있음을 보여줄 수 있다.

(3) 일치성(congruence)

상담자는 가식 없이 자기 자신으로서 내담자를 만나는 진정성 있는 태도를 보여야 한다. 이러한 상담자의 진정한 태도는 내담자에게 신뢰와 심리적 안정감을 제공한다. 상담자는 상담 과정에서 자신의 진실된 감정을 적절하게 표현함으로써 내담자와의 관계를 더욱 깊게 만들어 간다. 예를 들어, 상담자가 내담자의 이야기를 듣는 도중 "당신의 이야기를 들으며 제가 때로는 놀라기도 하고 당황스러움을 느끼기도 합니다"라고 진솔하게 표현함으로써 내담자와의 신뢰 관계를 강화할 수 있다.

(4) 반영(reflection)

상담자가 내담자의 말과 감정을 다시 표현하여 내담자가 스스로를 더 명확히 이해하도록 돕는다. 예를 들어, 내담자가 "아무도 나를 이해하지 못해 외로워요"라고 말하면 상담자가 "당신은 주변 사람들로부터 이해받지 못한다는 외로움을 깊게 느끼고 있군요"라고 반영하여 내담자의 감정을 명확히 한다.

참 / 고 / 문 / 헌

김정택(2022). 융의 분석심리학 입문. 시그마프레스.
김중술 외(2021). 상담이론의 이해. 학지사.
김춘경(2020). 아들러 개인심리 상담이론과 실제. 학지사.
김춘화(2019). 융 분석심리 상담의 실제. 학지사.
_____(2019). 인간중심 상담. 학지사.
임창재(2020). 그림자 심리학과 분석심리학. 집문당.
정여주(2018). 프로이트 심리학과 상담. 시그마프레스.
조용익(2016). 심리상담의 이론과 실제. 정민사.
조현춘(2015). 정신분석적 상담이론과 실제. 양서원.
최영민(2016). 아들러 심리학 이해. 학지사.
최혜란 · 김혜숙 · 이숙영(2021). 상담심리학의 이론과 실제. 학지사.

Adler, A.(1931). *What life should mean to you*. Viking Press.
Bubert, B.(2017). *Understanding Adlerian counselling*. Routledge.
Corey, G.(2017). *Theory and practice of counseling and psychotherapy*(10th ed.). Cengage Learning.
Fenichel, O.(1945). *The psychoanalytic theory of neurosis.* New York : Norton.
Freud, S.(1900). *The interpretation of dreams.* London : Hogarth Press.
________(1904). *On psychotherapy.* In Collected Papers, Vol. 1. Hogarth Press.
________(1915). The unconscious. *Standard Edition, 14,* 159-215.
________(1917). Mourning and melancholia. *Standard Edition, 14,* 237-258.
________(1923). The ego and the id. *Standard Edition, 19*, 1-66.
________(1925). Negation. *Standard Edition, 19,* 235-239.
________(1926). Inhibitions, symptoms and anxiety. *Standard Edition, 20,* 75-176.
________(1930). Civilization and its discontents. *Standard Edition, 21,* 64-145.
________(1933). New introductory lectures on psycho-analysis. *Standard Edition, 22,* 3-182.
Gladding, S. T.(2019). *Counseling : A comprehensive profession*(9th ed.). Pearson.
Jones, E.(1908). Rationalization in everyday life. *Journal of Abnormal Psychology, 3*(3), 203-211.
Jung, C. G.(1964). *Man and his symbols.* Aldus Books.
Klein, M.(1946). Notes on some schizoid mechanisms. *International Journal of Psycho-Analysis, 27,*

99-110.

McAdams, D. P.(2001). The psychology of life stories. *Review of General Psychology, 5*(2), 100-122.

Rogers, C. R.(1957). The necessary and sufficient conditions of therapeutic personality change. *Journal of Consulting Psychology, 21*(2), 95-103.

__________(1959). A theory of therapy, personality and interpersonal relationships as developed in the client-centered framework. In S. Koch(Ed.), *Psychology : A study of a science*(Vol. 3, pp. 184-256). McGraw Hill.

__________(1961). *On becoming a person : A therapist's view of psychotherapy.* Boston : Houghton Mifflin.

Sharp, D.(1991). *Jungian psychology unplugged : My life as an elephant.* Inner City Books.

Shulman, B. H., & Mosak, H. H.(2017). *Manual for life style assessment.* Routledge.

Von Franz, M. L.(1982). *Projection and re-collection in Jungian psychology.* Open Court Publishing.

CHAPTER
10

상담이론 II

1. 행동주의 상담
2. 인지행동 상담
3. 게슈탈트 상담
4. 해결중심 상담

10
CHAPTER

상담이론 Ⅱ

개 요

이 장에서는 성인학습자의 특성과 교육 환경에 적합한 다양한 상담이론들을 소개하고, 그 이론들이 실제 성인상담 현장에서 어떻게 적용되는지를 살펴본다. 특히 행동주의 상담, 인지행동 상담, 게슈탈트 상담, 해결중심 상담을 중심으로 각 이론의 주요 개념, 상담 과정 및 기법을 비교 분석하며, 성인학습자의 자아 성장과 학습 동기 강화에 실질적으로 기여할 수 있는 상담 전략을 모색한다.

학습목표

1. 행동주의 상담, 인지행동 상담, 게슈탈트 상담, 해결중심 상담의 핵심 이론과 개념을 이해할 수 있다.
2. 각 상담이론의 적용 과정을 이해하고, 성인학습 상담 사례에 적절히 활용할 수 있다.
3. 성인상담 상황에 맞는 상담 기법을 선택하고 실천 방안을 설계할 수 있다.

핵심어

행동주의 상담, 인지행동 상담, 게슈탈트 상담, 해결중심 상담, 지금-여기, 기적 질문, 강화

1. 행동주의 상담

상담 장면에서 인간의 부적응 행동을 이해하고 효과적으로 변화시키기 위해 여러 이론들이 제시되어 왔다. 그중 행동주의 상담(Behavioral Counseling)은 인간의 행동이 학습된 결과라는 가정에서 출발하여, 잘못 학습된 행동을 다시 학습의 원리를 적용하여 변화시키는 데 목적이 있다. 이 이론은 인간의 행동을 직접 관찰할 수 있는 영역에서 다루기 때문에, 상담자가 구체적이고 실제적인 변화를 이끌어 낼 수 있다는 점에서 실용성이 크다. 특히 성인학습자처럼 학습동기나 태도, 행동 변화가 중요한 집단에게 적용하기 적합한 이론으로 평가받고 있다.

행동주의 상담은 단일 학자의 주장으로 성립된 이론이 아니라, 행동주의 심리학의 여러 학자들이 제시한 학습 원리를 상담 장면에 체계적으로 적용한 접근법이다. 대표적으로 파블로프의 고전적 조건형성, 스키너의 조작적 조건형성, 반두라의 사회학습이론이 있으며, 이들 이론은 인간 행동의 변화에 영향을 미치는 다양한 요인을 설명하는 데 기여하였다.

1) 주요 개념

행동주의 상담은 고전적 행동주의에서 시작되어 점차 인지적 요소를 포함하는 확장형 이론으로 발전하였다. 행동주의적 접근에서는 내담자의 감정이나 사고를 직접적으로 다루기보다는, 관찰 가능하고 측정 가능한 행동을 중심으로 분석하고 변화시키는 데 집중한다. 핵심적인 가정은 '모든 행동은 학습된 것이다'라는 점이며, 바람직하지 못한 행동도 환경과의 상호작용을 통해 학습된 것이므로, 같은 원리로 새로운 행동을 학습하거나 문제 행동을 수정할 수 있다는 것이다.

(1) 고전적 조건형성 이론

러시아의 생리학자 파블로프(I. Pavlov)는 실험을 통해 고전적 조건형성의 원리를 발견하였다. 그는 개에게 종소리(조건자극)와 먹이(무조건자극)를 반복적으로 동시에 제시함으로써, 나중에는 종소리만으로도 개가 침을 흘리는 반응(조건반응)을 보이게 됨을 입증하였다. 이처럼 중립자극이 반복적인 연합을 통해 조건자극으로 전환되며 특정 반응을 유도하게 되는 과정을 설명한 것이다. 고전적 조건형성은 공포, 불안, 혐오감 등 정서적 반응의 형성과 소거에 유용하게 활용되며, 특히 체계적 둔감화와 같은 치료 기법의 이론적 근거가 된다.

(2) 조작적 조건형성 이론

미국의 심리학자 스키너(B. F. Skinner)는 인간의 행동은 그 결과에 따라 강화되거나 약화된다고 보았다. 그는 실험쥐가 레버를 누르면 먹이가 나오는 실험을 통해, 보상이 주어질 때 행동의 빈도가 증가함을 확인하였다. 이 원리를 '조작적 조건형성(operant conditioning)'이라 하며, 행동의 결과에 따른 강화(정적/부적 강화)나 처벌, 소거 등을 통해 행동을 조절할 수 있다는 개념이다. 조작적 조건형성은 학습자의 바람직한 행동을 촉진하고 유지시키는 데 매우 효과적인 방식으로, 상담에서는 토큰 경제, 행동 조형, 정적 강화 등의 다양한 기법으로 응용된다.

(3) 사회학습이론

캐나다의 심리학자 반두라(A. Bandura)는 인간이 타인의 행동을 관찰하고 이를 모방함으로써 학습할 수 있다는 '관찰학습(observational learning)' 이론을 제시하였다. 그는 행동주의의 자극-반응 모형을 넘어서, 개인의 인지적 능력과 동기를 고려한 '모델링(modelling)' 개념을 통해 학습을 설명하였다. 반두라는 관찰학습이 주의집중, 파지, 재생, 동기화의 네 단계를 거쳐 이루어지며, 단순한 행동의 모방을 넘어서 자율적 학습으로 이어질 수 있음을 강조하였다.

특히 그는 자기효능감(self-efficacy)이라는 개념을 도입하여, 개인이 과제를 성공적으로 수행할 수 있다는 믿음이 행동 변화의 지속성과 일반화에 중요한 역할을 한다고 보았다.

이처럼 행동주의 상담은 인간의 행동이 외부 자극과의 상호작용, 학습 경험, 관찰 등에 의해 변화될 수 있음을 강조하며, 실질적인 행동 변화를 목표로 하는 실천적 상담 접근이라 할 수 있다.

2) 상담 목표와 과정

(1) 상담 목표

행동주의 상담은 구체적이고 측정 가능한 행동의 변화를 중심으로 하기 때문에, 상담의 목표 역시 명확하게 설정된다. 다음은 행동주의 상담의 대표적인 목표이다.

첫째, 내담자가 지닌 부적응적 행동이나 문제 행동을 감소시키거나 제거하는 것이다.

둘째, 내담자가 학습하지 못했던 바람직하고 적응적인 행동을 새롭게 습득할 수 있도록 돕는 것이다.

셋째, 학습된 긍정적 행동이 상담 장면을 넘어 실제 생활에서도 유지되고 일반화되도록 돕는다.

넷째, 내담자가 스스로 문제를 해결할 수 있는 능력과 자기조절력을 갖추도록 하는 것이다.

(2) 상담 과정

행동주의 상담은 내담자의 문제 행동을 변화시키기 위해 매우 구조적이고 계획적인 절차를 따른다. 특히 행동의 원인과 결과를 파악하고, 바람직한 행동을 형성하거나 문제 행동을 제거하기 위해 개입 전략을 구체화하는 것이 특징이다. 다음은 일반적인 행동주의 상담의 전개 단계이다.

① 상담 관계 형성

내담자와 상담자 간에 신뢰로운 관계를 형성하며, 행동 변화에 대한 동기와 기대를 탐색한다. 문제 행동의 규명하며 관찰 가능한 행동을 중심으로 문제를 정의하며, 빈도, 강도, 발생 상황 등을 기록하여 구체화한다.

② 기능적 행동 분석

선행 자극(Antecedent), 행동(Behavior), 결과(Consequence)의 ABC 틀을 활용하여 행동의 유발 요인과 유지 요인을 분석한다.

③ 목표 행동 설정

상담 목표를 행동 단위로 구체화하며, 행동의 변화가 측정 가능하도록 정량적 기준을 설정한다.

④ 개입 전략 수립 및 실행

분석 결과를 바탕으로 적합한 기법을 선정하고 실천 계획을 세운다. 이때 내담자의 협력을 유도하여 자기관리 요소를 포함할 수 있도록 한다.

⑤ 진행 상황의 관찰 및 수정

행동 변화의 경과를 관찰하고, 필요시 개입 전략을 조정하며, 강화 계획을 지속적으로 점검한다.

⑥ 상담 종결 및 일반화

상담 목표가 달성되면 점진적으로 상담을 종결하며, 변화된 행동이 다양한 상황에서 유지될 수 있도록 일반화 전략(자기강화, 타인 피드백 등)을 적용한다.

3) 상담 기법

(1) 고전적 조건형성 기반 기법

① **체계적 둔감화** : 공포나 불안을 유발하는 자극에 대해 불안의 강도가 낮은 단계부터 점차적으로 노출하면서 동시에 이완 상태를 유도하여 부정적 감정을 소거하는 방법이다. 예를 들어, 발표 불안이 있는 성인에게 이완 훈련을 병행하며 '청중을 상상하기 → 소그룹에서 발표 → 전체 발표' 순으로 노출시킨다.

② **노출치료** : 내담자가 회피하는 상황에 반복적으로 직접 노출시켜 불안을 감소시키는 방법이다. 예를 들면, 대중교통을 피하는 공황장애 내담자에게 짧은 시간부터 지하철에 탑승하도록 계획을 세워 반복 노출한다.

③ **홍수법** : 공포 자극에 장시간 강하게 노출시켜 공포 반응이 사라질 때까지 유지하는 고강도 기법이다. 예를 들어, 고소공포증 내담자를 고층 엘리베이터에 오랫동안 머무르게 하여 공포 반응의 소거를 유도한다.

(2) 조작적 조건형성 기반 기법

① **정적 강화** : 바람직한 행동 이후에 긍정적인 자극(보상)을 제공하여 행동의 빈도를 증가시키는 방법이다. 예를 들어, 출석률이 낮은 학습자에게 출석할 때마다 칭찬 메모를 전달하고, 일정 수가 모이면 커피 쿠폰을 제공한다.

② **부적 강화** : 불쾌한 자극을 제거하여 특정 행동을 강화하는 방식이다. 예를 들면, 과제 제출을 꾸준히 한 내담자에게 다음 주 과제 면제라는 보상을 제공한다.

③ **소거** : 이전에 강화되던 행동에 대한 강화를 중단하여 행동을 약화시키는 방법이다. 예를 들면, 상담 중 주의를 끌기 위해 큰 소리를 내는 학습자에게 무반응으로 일관하여 주의 끌기 행동을 감소시킨다.

④ **타임아웃** : 문제 행동을 보인 후 강화가 일어나는 장면에서 일정 시간

분리시키는 방식이다. 예를 들어, 수업 중 방해 행동을 보인 학생을 잠시 학습 공간 밖으로 이동시켜 학습 기회를 제한한다.

⑤ **행동 연쇄**(조성법) : 복잡하거나 어려운 행동을 여러 하위 행동으로 나눈 뒤 단계별로 강화하여 점진적으로 형성하는 방법이다. 예를 들어, PPT 발표를 어려워하는 학습자에게 먼저 발표 준비 → 1분 말하기 → 전체 발표 순으로 단계적으로 지도하며 강화한다.

⑥ **토큰 경제** : 표적 행동을 하면 상징적인 보상(토큰)을 제공하고, 이를 일정 수 모으면 실질적 보상으로 교환할 수 있게 하는 시스템이다. 예를 들면, 매회 학습 후 과제를 완료한 학습자에게 별 스티커를 주고, 5개 모으면 문화상품권으로 교환할 수 있게 한다.

(3) 사회학습이론 기반 기법

① **모델링** : 타인의 행동을 관찰하고 모방하는 방식으로, 바람직한 행동을 학습할 수 있게 하는 기법이다. 예를 들어, 조별 활동에서 발표를 잘하는 동료의 사례를 소개하고 동영상으로 시청하게 하여 비슷한 행동을 유도한다.

② **자기관리 훈련** : 내담자가 자신의 행동을 스스로 계획, 실행, 관찰, 평가하는 과정을 통해 행동을 조절하는 훈련이다. 예를 들어, 공부 계획표를 직접 작성하고, 매일 실천 여부를 기록하며 성공 시 자가 보상을 주도록 설계한다.

4) 적용 사례

행동주의 상담 이론은 성인학습자의 실제 상담 현장에서도 다양하게 적용되고 있다. 다음은 이 이론을 실제 상담 장면에 적용한 사례이다.

사례 1 **발표 불안이 심한 성인학습자의 체계적 둔감화 적용**

40대 직장인 여성 A씨는 직무 능력 향상을 위해 직장 내 교육 프로그램에 참여하게 되었다. 그러나 매주 조별 발표 시간이 다가올수록 불안감과 두려움이 심해져 프로그램 중도 포기를 고민하고 있었다. 상담자는 그녀의 발표 불안을 체계적으로 완화시키기 위해 불안 계층표를 구성한 후, 발표 상황을 상상하며 이완 훈련을 병행하는 '체계적 둔감화' 기법을 적용하였다. 초기에는 단순히 발표 장소를 상상하는 단계에서 시작하여 점차 실제 발표 장면을 연습하는 단계까지 진행되었고, 6회기 상담 후에는 짧은 분량의 발표를 무리 없이 수행할 수 있게 되었다.

사례 2 **학습 회피 행동에 대한 토큰 경제 기법 적용**

50대 남성 B씨는 온라인 학위 과정에 등록하였으나, 과제 미제출과 수업 결석이 반복되고 있었다. 상담자는 행동주의적 관점에서 그의 학습 회피 행동을 분석하고, 조작적 조건 형성에 기반한 토큰 경제 기법을 적용하였다. 학습을 마친 후 체크리스트에 스스로 표시를 하도록 하고, 일정 토큰이 누적되면 원하는 보상(자신이 좋아하는 취미 시간 확보, 가족 외식 등)을 제공하였다. 그 결과 B씨는 학습 습관을 점차 회복하였고, 자발적 과제 수행률도 증가하였다.

사례 3 **사회적 위축이 있는 학습자의 모델링 기법 활용**

사회복지 관련 자격증 과정에 참여 중인 30대 여성 C씨는 실습 시간 중 타인과의 상호작용을 피하고 발표나 피드백에 소극적인 태도를 보였다. 이에 상담자는 그룹 내에서 먼저 적극적으로 소통하는 동료 학습자의 행동을 관찰하게 하였고, 해당 학습자가 긍정적인 반응을 얻는 장면을 반복적으로 보여주며 모델링 기법을 적용하였다. 이후 C씨는 점차 타인과의 대화에 참여하는 빈도가 증가하였고, 발표 활동에도 적극적으로 임하게 되었다.
이와 같은 사례들은 행동주의 상담 기법이 학습자 개인의 특성과 환경을 고려하여 설계되었을 때 실질적인 행동 변화를 이끌어 내는 데 효과적이라는 것을 보여준다. 이러한 개입은 단기적인 행동 개선뿐 아니라, 학습자의 자기효능감 향상과 자율성 증진에도 기여할 수 있다.

2. 인지행동 상담

인지행동 상담(Cognitive Behavioral Counseling)은 인간의 인지, 정서, 행동이 서로 긴밀히 연결되어 있다는 전제에서 출발한다. 즉, 개인이 경험하는 부정적 정서와 부적응 행동은 잘못된 인지에서 비롯된다는 것이다. 이러한 이론적 기반은 정신분석이나 인본주의적 상담이 내면의 무의식이나 감정에 초점을 맞춘 것과는 달리, 인지와 행동을 실질적 변화의 통로로 본다. 인지행동 상담은 논리적이고 구조화된 접근을 통해 내담자의 사고를 점검하고, 비합리적 사고를 현실적이고 적응적인 사고로 재구성하며 행동 실험을 통해 구체적인 삶의 변화를 도모한다.

또한 이 상담은 비교적 짧은 회기 내에서 구체적인 문제 해결을 목표로 하며, 자기관찰과 훈련, 피드백의 과정을 중시한다. 이론적 배경은 아론 벡(Aaron T. Beck)의 인지치료와 알버트 엘리스(Albert Ellis)의 합리정서치료에서 비롯되었으며, 현재는 다양한 임상 및 교육 현장에서 매우 널리 활용되고 있다.

1) 주요 개념

인지행동치료(CBT : Cognitive Behavioral Therapy)는 인지와 정서, 행동이 서로 유기적으로 영향을 주고받는다는 전제를 기반으로 한 심리치료 접근법이다. CBT의 핵심은 인간의 부적응 행동과 정서적 고통이 잘못된 인지, 즉 비합리적인 사고 패턴에서 비롯된다고 보는 것이다. 따라서 내담자의 인지 왜곡을 발견하고 수정함으로써 정서적 안정과 행동의 긍정적인 변화를 도모하는 데 초점을 둔다.

이 접근은 아론 벡(Aaron T. Beck)에 의해 처음 체계화되었으며, 이후 다양한 임상 분야에서 그 효과성을 입증받으며 널리 활용되고 있다. 벡(Beck)은 사람들이 사건 그 자체보다 그 사건에 대한 해석을 통해 감정을 느낀다고 보았다.

예컨대, '상사에게 인사를 했는데 무시당했다'는 사건에 대해 어떤 사람은 '내가 잘못했나 보다'라고 해석해 불안을 느끼고, 다른 사람은 '그가 바빴겠지!' 라고 해석하여 별다른 감정을 느끼지 않을 수도 있다. 이처럼 사람마다 다른 인지적 해석이 정서적 반응과 행동에 중대한 영향을 미친다는 점에 주목한 것이 CBT의 출발점이다.

CBT는 구조화되고 시간 제한적인 접근으로, 일반적으로 10~20회기의 단기상담에 적합하며, 치료 초기에 명확한 목표 설정과 구체적인 문제 해결을 지향한다. 주요 개입 대상은 우울, 불안, 분노, 스트레스, 대인관계 문제 등이며, 정신의학적 진단을 받은 환자뿐 아니라 일반적인 삶의 문제에 직면한 사람들에게도 효과적이다.

CBT는 다음의 세 가지 핵심 구성 요소를 중심으로 작동한다.

- **인지**(thinking) : 자동적 사고(automatic thoughts), 핵심 신념(core beliefs), 중간 신념(intermediate beliefs) 등으로 구성된 내면적 인지 구조를 탐색한다.
- **정서**(feeling) : 사건에 대한 해석이 유발하는 감정 반응을 자각하고, 이를 조절하는 방법을 훈련한다.
- **행동**(behavior) : 회피, 부정, 비효율적 행동 등을 대체할 수 있는 적응적 행동을 계획하고 실천한다.

CBT의 핵심은 '사건 → 자동적 사고 → 감정 · 행동'이라는 인지적 도식에 있다. 이때 자동적 사고는 보통 빠르고 무의식적으로 발생하며, 내담자가 인식하지 못하는 경우가 많다. 따라서 상담자는 이러한 자동적 사고를 인식하고 논박하며 대체 사고로 전환할 수 있도록 돕는다. 이 과정에서 내담자는 자신의 왜곡된 신념과 비합리적 기대를 자각하게 되며, 현실적이고 합리적인 인지적 틀을 구축해 간다.

2) 상담 목표와 과정

(1) 상담 목표

인지행동치료는 인간의 정서적 어려움과 부적응 행동이 비합리적이고 왜곡된 인지에서 비롯된다고 보고, 이를 수정함으로써 심리적 안정을 도모하고 보다 적응적인 행동을 유도하는 데 목적이 있다. 따라서 인지행동치료에서는 다음과 같은 구체적인 상담 목표를 설정한다.

첫째, 내담자가 자동적으로 떠오르는 부정적인 사고와 그 기저에 있는 핵심 신념을 자각하고, 그것이 자신의 감정과 행동에 어떤 영향을 미치는지를 이해하도록 돕는다. 이러한 인식은 사고의 변화를 위한 첫걸음이 된다.

둘째, 내담자가 자신의 사고에서 나타나는 다양한 인지 왜곡을 식별하고, 이를 보다 현실적이고 균형 잡힌 사고로 재구조화할 수 있도록 한다. 이는 내담자의 사고 유연성을 높이고 정서적 반응을 안정시키는 데 도움이 된다.

셋째, 내담자가 자신의 감정을 보다 명확히 인식하고, 적절하게 표현하며 조절하는 능력을 향상시킬 수 있도록 한다. 정서 조절력은 일상생활에서의 대인관계와 자아존중감 향상에 중요한 영향을 미친다.

넷째, 내담자가 실제 삶의 문제 상황에서 구체적인 행동 변화를 시도하고, 효과적인 문제해결 전략을 습득함으로써 자기효능감을 높일 수 있도록 한다.

다섯째, 사고-감정-행동의 상호작용을 통합적으로 이해함으로써 자기이해를 높이고, 자기조절 능력을 강화하도록 한다. 이는 장기적인 심리적 회복력 향상에 기여한다.

마지막으로, 내담자가 자신의 사고를 현실에 비추어 검토하고, 비합리적 신념이나 예측이 타당한지를 점검할 수 있는 현실 검증 능력을 기르도록 한다. 이를 통해 보다 객관적이고 건강한 사고를 형성해 나갈 수 있도록 돕는다.

(2) 상담 과정

CBT는 보통 10~20회기의 단기상담으로 진행되며, 각 회기에는 명확한 주제와 목표가 설정된다. 초기에는 문제 정의와 사고 기록을 통해 내담자의 인지 구조를 파악하고, 중기에는 핵심 신념을 논리적으로 도전하고 행동 실험을 수행한다. 후기로 갈수록 자기관리 기술을 훈련하고 재발 방지를 계획한다.

- **1단계 문제 정의 및 목표 설정** : 내담자의 주호소 문제를 명확히 진단하고, 변화 가능한 인지적 · 행동적 목표를 설정한다. 내담자가 자신의 문제를 단순 감정 문제가 아니라 인지적 오류로 바라보도록 유도한다.
- **2단계 사고 탐색 및 사고기록지 작성** : 일상 속 자동적 사고를 인지하고 '사건–생각–감정–행동'의 연결 구조를 이해시킨다. 이때 사고기록지는 내담자가 스스로 자신의 사고와 감정을 분석하는 데 효과적인 도구로 활용된다.
- **3단계 : 인지 재구조화**(cognitive restructuring) : 자동적 사고의 타당성을 평가하고, 대안적이고 적응적인 사고를 개발하도록 돕는다. 내담자에게 "그 생각이 사실인지 확인할 수 있는 증거가 있나요?" 등의 질문을 통해 비합리적 사고를 논박하게 한다.
- **4단계 행동실험 및 기술 훈련** : 주장훈련(assertiveness training), 활동계획표(activity scheduling), 체계적 둔감화(desensitization) 등 구체적 행동기법을 통해 실제 행동변화를 유도한다. 이 단계는 내담자가 새로운 사고를 실제 삶에 적용해 보는 실험의 장이다.
- **5단계 재발 방지 및 종결** : 자기조절계획(self-regulation plan)을 수립하고, 배운 전략을 유지할 수 있도록 한다. 내담자가 상담 밖에서도 스스로 문제를 해결할 수 있는 자율성을 갖도록 지원한다.

3) 상담 기법

인지행동 상담에서는 내담자의 사고, 감정, 행동이 서로 영향을 주고받는다는 기본 전제에 따라, 잘못된 인지를 수정하고 정서적 안정과 행동의 변화를 유도하기 위한 다양한 기법들이 활용된다. 이들 기법은 주로 인지적 개입과 행동적 개입으로 나누어 설명할 수 있으며, 실제 상담 장면에서는 상황에 맞게 통합적으로 사용된다.

(1) 인지적 기법

① **자동적 사고 파악하기** : 내담자가 문제 상황에서 떠오르는 즉각적인 생각을 인식하고, 그것이 감정과 행동에 어떤 영향을 주는지를 탐색하도록 돕는다. 예를 들어, "시험을 망쳤어, 나는 바보야!"라는 사고를 인식하게 하고, 그 근거를 검토하게 한다.

② **인지 기록지 작성하기** : 내담자가 일상에서 경험한 사건, 그에 대한 자동적 사고, 감정, 반응 행동을 표 형식으로 기록하여 자기인지의 흐름을 점검하게 한다. 이를 통해 인지-감정-행동의 연계를 시각화하고 통찰을 유도할 수 있다.

③ **인지 재구조화**(cognitive restructuring) : 내담자의 사고에 내재된 인지 왜곡(예 이분법적 사고, 과잉 일반화 등)을 식별하고, 보다 현실적이고 균형 잡힌 대안적 사고로 바꾸는 과정을 말한다. 예를 들어, "나는 항상 실패해!"라는 사고를 "이번에는 어려웠지만, 다음엔 더 잘할 수 있어!"로 바꾸도록 유도한다.

④ **소크라테스식 문답법**(Socratic questioning) : 상담자가 질문을 통해 내담자가 자신의 신념과 사고를 스스로 탐색하고 논리적 모순을 발견하게 유도하는 기법이다. 이는 인지적 자각과 변화 동기를 강화하는 데 효과적이다.

(2) 행동적 기법

① **행동 실험**(behavioral experiments) : 내담자가 현실에서 특정한 사고가 사실인지 검증해 보는 실험을 제안한다. 예컨대 "사람들이 나를 싫어할 거야"라는 사고를 가진 내담자에게 사람들과 대화를 시도해 보도록 하고, 실제 반응을 통해 자신의 믿음을 점검하게 한다.

② **활동계획표**(activity scheduling) : 우울이나 무기력 상태의 내담자에게 일상적인 긍정적 활동을 계획하고 실행하게 함으로써 행동 활성화와 기분 개선을 유도한다.

③ **숙제 과제**(homework assignment) : 상담 시간 외에도 내담자가 스스로 변화할 수 있도록 독립적인 활동과 실습 과제를 부여한다. 이는 상담 효과의 일반화와 지속성을 돕는다.

④ **노출기법**(exposure technique) : 회피하거나 두려워하는 상황에 점진적으로 노출되도록 하여 불안 반응을 감소시키고 회복력을 강화한다. 예를 들어, 사회불안을 가진 내담자에게 발표 연습을 단계적으로 수행하게 한다.

4) 적용 사례

사례 **직장 내 대인관계 불안으로 상담을 의뢰한 30대 여성**

이 내담자는 동료와 눈을 마주치는 것조차 불편해하며 늘 '나는 이상하게 보일 거야'라는 생각을 반복했다. 상담자는 자동적 사고를 사고기록지를 통해 탐색하게 하였고, '다른 사람도 내 감정을 모를 수 있다', '불안해도 말은 할 수 있다'와 같은 대안 사고를 제시하였다. 이후 실제로 점심시간에 동료에게 먼저 말을 걸고, 그 경험을 다음 회기에 공유하면서 자기 인식이 확장되었다. 이후 주도적으로 회식 자리에서 의견을 내는 등 행동 변화도 관찰되었으며, 상담 종결 시점에는 '불안을 느껴도 표현할 수 있다'는 자기확신을 갖게 되었다.

3. 게슈탈트 상담

게슈탈트 상담(Gestalt Counseling)은 인간을 신체, 감정, 사고, 지각 등이 통합된 하나의 전체로 바라보며, 현재의 자각과 접촉을 통해 성장과 변화를 이끌어 내는 접근이다. 이 이론은 개인이 자신의 욕구와 감정을 온전히 인식하고, 환경과의 접촉을 통해 문제를 해결해 나갈 수 있다고 본다. 게슈탈트 상담은 무엇보다 '지금–여기(here & now)'에 초점을 두며, 미해결 과제와 자각의 방해 요소를 탐색하는 데 관심이 있다. 인간은 자신의 경험을 전체적인 구조, 즉 '게슈탈트'로 지각하며, 이를 완결시키기 위한 욕구를 지닌다. 정신적으로 건강한 개인은 내적 자각과 외적 접촉을 조화롭게 유지할 수 있으며, 이를 통해 심리적 안정과 성장의 가능성을 높인다.

게슈탈트 상담은 특히 성인학습자에게 있어 자기 이해와 삶의 통합성을 회복하는 데 유용하게 적용될 수 있다. 고령의 성인학습자 또한 삶의 전환기에서 겪는 혼란과 감정의 미해결 과제를 해결하는 데 이 상담 접근을 효과적으로 활용할 수 있다.

1) 주요 개념

게슈탈트 상담은 인간을 독립된 부분들의 단순한 집합이 아닌, 통합된 전체로 이해하는 관점에서 출발한다. 이 접근법은 '전체는 부분의 합보다 크다(The whole is more than the sum of its parts)'는 게슈탈트 심리학의 기본 전제에서 비롯되며, 인간의 신체, 감정, 사고, 감각, 지각이 상호작용하면서 하나의 유기적 존재로서 작동한다는 점을 강조한다. 게슈탈트 상담은 내담자가 현재 자신에게 일어나고 있는 감정, 신체 반응, 사고 등을 '지금–여기(here & now)'에서 자각할 수 있도록 돕는다. 다음은 게슈탈트 상담에서 중시하는 핵심 개념들이다.

(1) 지각(perception)

지각은 내담자가 현재 자신의 신체 감각, 정서 상태, 충동, 욕구 등을 알아차리는 능력을 의미한다. 이는 게슈탈트 상담에서 자각(self-awareness)의 출발점으로, 내담자가 무엇을 느끼고 경험하고 있는지 명료하게 인식함으로써 변화의 가능성이 시작된다. 지각은 자동적인 과정이 아닌 훈련을 통해 예민해질 수 있으며, 상담자는 내담자의 감각에 주의를 기울이도록 도와 자각의 폭을 넓힌다.

(2) 접촉(contact)

접촉은 개인이 자신의 환경과 상호작용하며 자기를 인식하는 주요 수단이다. 이는 감각기관을 통해 이루어지며, 시각 · 청각 · 촉각 · 후각 · 미각 등의 기능을 통해 환경과 끊임없이 접속하고 반응하게 된다. 건강한 접촉은 자신과 타인, 환경과의 경계를 유연하게 조절할 수 있게 하며, 변화는 이 접촉의 과정에서 일어난다. 반대로, 접촉이 회피되거나 차단되면 정서적 고립이나 자기인식의 왜곡이 발생할 수 있다.

(3) 전경과 배경(figure & ground)

게슈탈트 이론에서 인간의 지각은 항상 '전경(figure)'과 '배경(ground)'의 구조로 이루어진다. 개인은 순간순간 자신의 욕구나 관심 중에서 가장 강렬한 것을 전경으로 떠올리고, 나머지는 배경으로 물러나 있게 된다. 상담에서는 내담자의 전경에 떠오르는 미해결 과제나 강한 감정, 혹은 억압된 욕구를 탐색함으로써 현재의 어려움을 이해하고 통합하도록 돕는다. 이 과정은 '여기-지금'의 상황 속에서 자각을 통해 진행된다.

|그림 10-1| 루빈의 잔(Rubin's Vase), 전경과 배경

(4) 지금–여기(here & now)

게슈탈트 상담은 과거에 머물거나 미래를 지나치게 염려하는 태도보다는, 현재 이 순간의 감각과 경험에 집중할 것을 강조한다. '지금–여기'는 자각의 핵심이자 변화가 가능한 유일한 시점이다. 상담자는 내담자가 현재의 감정, 신체 반응, 행동 등을 명확히 자각하도록 유도하며, 과거의 경험도 현재의 감각 수준에서 다시 체험되도록 구조화한다. 이 과정을 통해 내담자는 자신의 감정과 행동을 보다 능동적으로 통제할 수 있게 된다.

(5) 접촉 경계 장애(contact boundary disturbances)

게슈탈트 상담에서 접촉 경계는 자기(self)와 환경(other)의 구분을 의미한다. 건강한 경계는 유익한 자극은 받아들이고 해로운 것은 차단하지만, 경계가 모호하거나 경직되면 심리적 문제가 발생한다. 이러한 경계의 혼란은 다음과 같은 다섯 가지 형태로 나타난다.

① **내사**(introjection) : 타인의 가치나 신념을 비판 없이 받아들이며, 자신의 욕구를 인식하지 못하고 타인의 기대에 따라 행동한다. 예를 들어, "착한 아이가 되어야 해"라는 말을 그대로 믿고 화가 나도 표현하지 못하는 것이다.

② **투사**(projection) : 자신의 감정이나 책임을 타인에게 전가하여, 즉 남의 탓으로 여기며 감정을 자각하지 못하고 관계 갈등을 유발한다. 예를 들어, 자신이 짜증이 나 있는데도 상대가 자신을 싫어한다고 여기는 것이다.

③ **반전**(retroflection) : 타인에게 표현해야 할 감정을 자신에게 돌려, 자기비난이나 자해로 이어진다. 예를 들어, 화가 나도 그 감정을 억누르고 스스로를 탓하거나 몸을 다치게 하여 자신을 공격하는 것이다.

④ **편향**(deflection) : 불편한 접촉을 회피하고 관심을 딴 데로 돌려, 진실한 상호작용을 피한다. 예를 들어, 중요한 이야기 도중 웃어 넘기거나 시선을 회피하여 자신의 감각을 차단하는 것이다.

⑤ 융합(confluence) : 자기와 타인의 경계가 흐려져 감정과 욕구를 구분하지 못하고, 자율성과 개성이 약화된다. 예를 들어, "나는 너 없이는 아무것도 못 해!"라며 상대에게 지나치게 의존하여 그 대가로 안정을 얻고자 하는 것이다.

(6) 미해결 과제(unfinished business)

미해결 과제란 과거에 처리되지 못하고 억눌린 감정, 사건, 욕구 등이 현재까지 영향을 미치는 상태를 의미한다. 이는 분노, 슬픔, 죄책감, 수치심 등으로 남아 현재의 인간관계나 의사결정에 부정적인 작용을 한다. 게슈탈트 상담은 이 미해결 과제를 현재의 '전경'으로 끌어올려 자각하게 하고, 이를 표현하고 정리하는 과정을 통해 정서적 통합을 이루도록 한다. 빈 의자 기법(empty-chair technique) 등은 대표적인 개입 방식이다.

(7) 양극성(polarity)

게슈탈트 이론에서는 인간의 내면에 서로 상반되는 감정, 태도, 성격 특성이 공존한다고 본다. 예를 들어, 내면에는 '이기적인 나'와 '이타적인 나', '강한 나'와 '약한 나'가 함께 존재한다. 건강한 자아는 이들 양극성을 인식하고 수용·통합할 수 있는 능력을 갖추는 데 있다. 상담자는 내담자가 억압하거나 혐오했던 자기의 일부와 접촉하게 하고, 다양한 자기 측면을 포용하도록 돕는다.

(8) 성격층(character layers)

펄스(F. Perls)는 인간의 성격을 다층적 구조로 설명하며, 내담자가 각 층을 통과하면서 진정한 자아에 도달할 수 있다고 보았다. 이 5단계 성격층은 다음과 같다.

- 피상층(phony layer) : 타인의 기대에 맞춰 살아가는 가식적인 층
- 공포층(phobic layer) : 진짜 자기를 드러내는 것에 대한 두려움

- **난국층**(impasse layer) : 새로운 행동을 시도하지 못하고 멈추는 정체의 상태
- **내파층**(implosive layer) : 감정을 안으로 억누르는 상태. 변화 직전의 긴장 단계
- **폭발층**(explosive layer) : 억압된 감정을 자유롭게 표출하면서 해방되는 단계

상담자는 내담자가 각 층을 순차적으로 통과할 수 있도록 도우며, 마침내 진정한 자각과 통합된 자기(self)에 도달하도록 유도한다.

2) 상담 목표와 과정

(1) 상담 목표

게슈탈트 상담의 궁극적인 목표는 내담자가 성숙한 존재로 성장하여 자신의 삶에 대해 책임을 지고, 환경 및 타인과의 건강한 접촉을 통해 자신만의 완전한 게슈탈트를 완성해 가도록 돕는 데 있다. 이는 내담자가 불안을 자신의 삶의 일부로 수용하고, 스스로 그것을 다룰 수 있는 힘을 기르도록 조력하는 것을 포함한다. 게슈탈트 상담은 인간 유기체가 본래적으로 자기조절 기능을 지니고 있다고 보며, 내담자가 자신의 경험을 있는 그대로 수용하고 진정성 있게 살아가도록 돕는 것을 제안한다.

이러한 궁극적 목표를 실현하기 위한 구체적인 상담 목표는 다음과 같다.

첫째, 내담자가 자신의 자아 경계를 확장하도록 돕는다. 많은 내담자들은 억압된 감정이나 욕구를 직면하는 데 두려움을 느끼고, 이를 방어하기 위해 많은 에너지를 소모한다. 게슈탈트 상담은 내담자가 이러한 방어를 해체하고 자신 안의 억압된 부분과 다시 접촉할 수 있도록 도와줌으로써, 더 창의적이고 자유로운 삶을 살아가도록 한다.

둘째, 분열되고 소외된 인격의 부분들이 통합되도록 지원한다. 심리적 어려움은 자신 안의 일부를 부정하거나 회피함으로써 발생하므로, 상담에서는 이러한 내면의 단절된 요소들을 다시 만나고 체험하게 하여 통합된 자아를 형성하도록 돕는다.

셋째, 증상의 제거보다는 내담자의 성장을 지향한다. 인간은 스스로 성장하고 변화할 수 있는 잠재적 자생력을 지니고 있으므로, 상담자는 문제 해결이나 교정보다는 내담자의 자율성과 내적 힘을 북돋워 스스로 변화의 주체가 되도록 지원한다.

넷째, 내담자가 실존적인 삶을 살아가도록 격려한다. 이는 타인의 기대나 사회적 역할에 맞추어 살아가기보다는, 진정한 자기 자신이 되는 것을 목표로 하며, 자율적이고 책임 있는 삶을 살아가려는 내담자의 선택을 지지한다.

(2) 상담 과정

게슈탈트 상담은 비교적 자유로운 구조를 지니지만, 내담자의 자각(awareness)을 핵심으로 하는 과정으로 구성된다. 상담자는 상담 장면을 주도하며, 내담자와의 진솔한 접촉 속에서 현재 이 순간에 벌어지는 경험에 초점을 맞춘다. 이 과정을 통해 내담자는 자신의 감정, 행동, 미해결 과제들을 인식하고 그것과 직접적으로 접촉할 수 있도록 촉진된다.

게슈탈트 상담의 과정은 일반적으로 다음의 두 단계로 구분된다.

첫째, 관계 형성과 자각 단계이다. 이 단계에서는 상담자와 내담자 간의 신뢰로운 상담관계를 형성하고, 내담자가 '지금-여기'의 경험을 명료하게 자각할 수 있도록 한다.

둘째, 체험과 변화의 단계이다. 이 단계에서는 다양한 실험과 기법을 통해 내담자가 억압된 감정이나 미해결 과제를 직면하고, 이를 재경험함으로써 통합된 게슈탈트를 완성해 나가도록 돕는다. 이러한 일반적인 상담 흐름에 더해, 폴스터(Polster, 1987)는 내담자의 성장 과정을 다음의 세 단계로 설명하였다.

① **발견 단계** : 내담자가 그동안 인식하지 못했던 자신의 감정이나 행동을 새롭게 발견하게 되는 초기 단계이다.

② **조절 단계** : 내담자가 새로운 행동을 연습하고, 상담자의 지지를 바탕으로 삶의 다양한 상황에 효과적으로 대처하는 기술을 익히게 되는 과정이다.

③ **동화 단계** : 새롭게 익힌 행동방식이나 인식이 내담자의 삶 속에 통합되어, 환경에 수동적으로 적응하는 것을 넘어서 능동적으로 변화에 참여하게 되는 단계이다.

3) 상담 기법

게슈탈트 상담에서는 내담자가 현재의 감정, 신체 반응, 행동에 주목하며 자각(self-awareness)을 높이고, 자신의 욕구와 감정을 보다 분명하게 표현할 수 있도록 다양한 기법들을 활용한다. 이들 기법은 주로 '지금-여기(now and here)'의 경험에 초점을 맞추고, 억압되거나 미해결된 감정과의 접촉을 통해 통합을 유도하는 데 목적이 있다.

(1) 빈 의자 기법(empty chair technique)

빈 의자 기법은 게슈탈트 상담에서 가장 대표적이고 상징적인 기법이다. 내담자는 빈 의자에 마치 특정 인물이 앉아 있는 것처럼 상상하고, 그 인물에게 직접 말하는 방식으로 감정을 표현하도록 한다. 이 인물은 과거의 관계 인물(예 부모, 배우자, 상사 등)일 수도 있고, 자기 자신의 한 측면(예 비판적인 자기, 약한 자기)일 수도 있다. 상담자는 상황에 따라 역할 전환을 시켜, 내담자가 빈 의자에 자신을 옮겨 앉아 상대방의 입장에서 말을 해보게 하기도 한다. 이를 통해 감정의 흐름을 외화하고, 양극성을 통합하거나 미해결 과제를 완결짓는 정서적 통찰을 얻을 수 있다.
활용 예시 : "그 사람에게 말해보세요. 지금, 이 자리에서."

(2) 과장하기 연습 기법(exaggeration exercise)

과장하기 연습 기법은 내담자가 반복하거나 억제하는 특정 감정 표현이나 신체 움직임을 과장하여 표현하게 함으로써, 무의식적으로 억눌려 있던 감정을 의식화하도록 돕는 기법이다. 예를 들어, 내담자가 무의식적으로 손을 움

커지거나 다리를 떨고 있을 경우, 상담자는 "그 동작을 조금 더 과장해서 반복해 보세요!"라고 지시한다. 그 움직임을 반복하면서 내담자는 그 동작이 자신의 억눌린 분노나 불안과 연결되어 있다는 사실을 자각하게 될 수 있다. 이 기법은 신체 감각과 감정 간 연결 고리를 강화시키고, 감정 해방을 유도하는 데 효과적이다.

(3) 지금–여기 강조(now & here awareness)

게슈탈트 상담의 핵심 철학은 '지금–여기'의 경험에 집중하여 자각하는 것이다. 과거에 머물러 있거나 미래를 걱정하는 내담자가, 현재의 감각 · 감정 · 상황에 주의를 기울일 수 있도록 유도한다. 상담자는 내담자에게 반복적으로 다음과 같은 질문을 던진다. "지금, 당신은 어떤 감정이 드나요?", "그 말을 하면서 몸에서는 어떤 느낌이 있나요?" 이 기법은 내담자가 자신의 현재 경험을 명료하게 인식하고, 감정과 감각을 분리되지 않은 전체로 받아들이도록 돕는다. 이를 통해 자각이 일어나고, 정서적 반응에 대한 주체적인 통제감도 회복된다.

(4) 책임 전가 언어 수정(responsibility reversal)

게슈탈트 상담에서는 내담자가 자신의 문제나 감정을 타인이나 상황 탓으로 돌리는 언어 사용을 줄이고, 자기 책임성을 회복하도록 언어를 수정하도록 한다. 예컨대 "그 사람이 나를 화나게 했어요"라는 표현을 "내가 그 상황에서 화가 났어요"로 바꾸게 한다. 이는 단순한 언어 수정이 아니라, 자기 삶의 주도권을 되찾는 자각수련이다. 책임을 회피하는 언어를 지속적으로 사용하면 내담자는 수동적인 태도에 머무르게 되고, 상담의 변화 효과도 낮아진다.

활용 예시 : "지금 말한 문장에서, 책임을 타인에게 돌리는 표현을 '내가'라는 표현으로 바꿔보면 어떨까요?"

4) 적용 사례

사례 **노인성 우울을 겪는 성인학습자 A씨**

A씨는 배우자의 사별 이후 무기력과 고립감을 호소하였다. 상담자는 A씨가 외면하고 있던 감정을 빈 의자 기법으로 표현하게 하여, 사별 당시의 슬픔과 분노를 재경험하고 해소할 수 있도록 도왔다. 이후 A씨는 자신의 감정을 명확히 인식하고, 지역 커뮤니티 프로그램에 자발적으로 참여하며 회복을 도모하였다.

4. 해결중심 상담

해결중심 상담(SFBT : Solution-Focused Brief Therapy)은 문제 자체보다 해결에 초점을 맞추는 단기상담 접근이다. 이 접근은 내담자가 이미 문제를 해결할 수 있는 자원과 능력을 가지고 있다고 전제하며, 상담자는 그 자원을 발견하고 활용하도록 돕는다. 해결중심 상담은 내담자가 과거의 문제 원인보다는 미래의 바람직한 변화에 집중할 수 있도록 유도한다. 특히 '예외 상황의 발견', '척도 질문', '기적 질문' 등은 내담자가 자신의 강점과 성공 경험을 기반으로 현실적인 변화를 모색하도록 지원하는 주요 기법이다. 이 접근은 단기간에 구체적인 행동변화를 도출하는 데 효과적이며, 자기효능감 회복과 동기 부여에도 긍정적인 영향을 준다. 성인학습자에게는 학습 동기의 유지, 역할 갈등 해결, 삶의 전환기에서의 방향 설정 등 다양한 문제 상황에 실용적으로 적용 가능하다.

1) 주요 개념

해결중심 상담은 다음과 같은 핵심 전제에 기초한다.

- 문제보다 해결에 집중한다 : 문제의 원인을 깊이 분석하기보다는, 내담자의

삶에서 이미 효과적이었던 행동이나 상황을 찾아내고 확장한다.

- 내담자는 변화할 수 있는 자원을 가진 존재이다 : 상담자는 내담자의 강점, 장점, 예외 상황을 탐색하며 이를 상담의 주요 자료로 삼는다.
- 작은 변화가 큰 변화를 이끈다 : 내담자가 시도할 수 있는 작고 현실적인 행동계획을 세움으로써 자기효능감이 높아지고 변화가 촉진된다.

2) 상담 목표와 과정

해결중심 상담은 전통적인 문제중심 상담과 달리, 문제 그 자체보다는 해결의 가능성, 예외 상황, 내담자의 강점과 자원을 중심으로 상담을 진행한다. 이 접근은 내담자가 자신의 삶에서 이미 가지고 있는 능력과 경험을 발견하고, 이를 활용하여 원하는 미래를 실현할 수 있도록 구체적인 변화를 유도하는 데 초점을 둔다. 즉, 문제의 원인을 분석하거나 과거를 깊이 파고드는 대신, 내담자가 스스로 변화 가능성을 인식하고 '가능했던 경험(what works)'을 찾아내어 '가능할 변화(what can work)'로 연결하도록 돕는 과정이라 할 수 있다. 상담 과정은 대체로 다음의 다섯 가지 주요 단계로 이루어진다.

(1) 목표 설정(goal setting)

상담 초기에는 내담자가 상담을 통해 이루고 싶은 '바람직한 미래의 모습'을 구체적이고 긍정적으로 진술하도록 유도한다. 이때 상담자는 "어떻게 달라졌으면 좋겠나요?", "문제가 해결된다면 어떤 일이 일어나야 할까요?"와 같은 질문을 통해 내담자의 내적 희망을 명확히 탐색한다. 이 단계의 목표는 '문제가 없는 상태'가 아닌 '원하는 상태'를 정의하는 것이다. 예를 들면, '불안하지 않은 상태' 대신에 '자신 있게 사람들과 이야기하는 나의 모습' 등을 들 수 있다.

(2) 예외 상황 발견(identifying exceptions)

모든 문제 상황에는 항상 동일하게 문제만 지속되는 것은 아니며, 문제의 영향이 줄어들거나 일시적으로 사라졌던 '예외적 순간(exception moments)'이 존재한다. 상담자는 내담자가 과거에 문제를 경험했지만 그 문제를 효과적으로 다루었거나 영향받지 않았던 시기를 되돌아보게 하며, 그때 어떤 조건이나 행동, 생각이 있었는지를 탐색한다.

(3) 척도 질문 활용(scaling questions)

척도 질문은 내담자의 현재 상태나 변화 정도, 목표 달성 수준 등을 0~10 사이의 수치로 표현하게 하여, 변화를 구체적으로 인식하고 점진적인 개선 목표를 설정하는 데 효과적인 기법이다. 이 기법은 막연한 감정을 가시화할 수 있게 해주며, 내담자가 자신의 위치와 가능성을 현실적으로 조망하게 만든다.

(4) 기적 질문 적용(miracle question)

기적 질문은 해결중심 상담의 대표적인 핵심 질문으로, 내담자가 바라는 미래의 변화를 상상하고 언어화하도록 유도한다. 기적 질문을 통해 내담자는 문제 없는 상태를 막연한 이상이 아닌 구체적인 변화의 징후(signs of change)로 인식하게 되며, 행동의 목표가 명확해진다. 이 기법은 특히 정체된 상태에서 상상력을 동원한 변화 촉진에 효과적이다.

(5) 강점 기반 전략 설계(strength-based strategy building)

상담 후반에는 내담자의 과거 성공 경험, 개인적 자원(능력, 성격, 환경 등), 사회적 지지체계 등을 확인한 뒤, 실행 가능한 작은 단계의 전략들을 함께 수립한다. 이때 상담자는 변화를 위한 '작은 시도(small steps)'를 강조하며, 실패 가능성이 낮고 즉시 실천 가능한 행동들을 제시하도록 돕는다. "지금 당장 할 수 있는 가장 작은 변화는 무엇인가요?", "이 변화를 도와줄 수 있는 사람은 누구일까요?" 이 단계는 내담자의 주체적 참여를 강화하며, 일상 속 실천을 통해 상담의 지속가능성을 높이는 데 핵심적인 역할을 한다.

3) 상담 기법

해결중심 상담에서는 문제를 깊이 분석하기보다는 해결 가능성, 예외적 경험, 내담자의 강점과 자원에 주목한다. 다음의 기법은 위의 상담 과정에서 언급하였듯이 상담 현장에서 자주 활용되는 중요한 핵심 기법들이다.

(1) 예외 질문(exception questions)

예외 질문은 문제가 존재하지 않았거나 약화되었던 시점의 상황을 탐색함으로써, 내담자가 변화 가능성을 인식하도록 돕는 기법이다. 모든 문제 상황에는 일정한 '예외적 순간(exception moments)'이 존재하는데, 상담자는 이 시점을 찾고 그때 어떤 행동이나 상황이 문제를 완화시켰는지를 질문한다.

① **목적** : 내담자의 '이미 가능한 해결 경험'을 발굴하여, 현재의 문제 해결에 활용할 수 있도록 유도한다.

② **상담자 질문 예시**

- "최근 일주일 중에서 문제가 덜했던 날은 언제였나요?"
- "그날은 뭐가 달랐던 것 같나요?"
- "그때 무엇을 했나요? 누가 함께 있었나요?"

(2) 척도 질문(scaling questions)

척도 질문은 내담자의 상태, 변화의 정도, 목표 달성 수준 등을 수치로 표현하도록 하여, 막연한 정서를 구체화하는 데 활용된다. 일반적으로 0~10의 수치를 사용하며, 내담자가 어느 위치에 있는지, 어디까지 변화할 수 있을지를 함께 탐색한다.

① **목적** : 내담자의 상태를 시각화하여, 변화 가능성을 구체적으로 계획하게 한다.

② **상담자 질문 예시**

- “현재의 스트레스 정도를 0~10으로 표현하면 몇 점인가요?”
- “그 점수보다 한 단계 올라가려면 어떤 변화가 필요할까요?”
- “10점에 도달했을 때 당신의 삶은 어떤 모습일 것 같나요?”

(3) 기적 질문(miracle question)

기적 질문은 해결중심 상담의 대표적인 전략으로, 문제가 해결된 미래를 상상하고 구체화함으로써 목표를 명확히 설정하게 하는 기법이다. 기적 질문은 내담자의 무의식을 자극하여, 바라는 삶의 모습과 변화를 상상하게 하며 그 실현 가능성을 탐색한다.

① **대표 질문** : “오늘 밤 당신이 자는 동안 기적이 일어나 모든 문제가 해결되었다고 가정해 봅시다. 내일 아침 눈을 떴을 때, 어떤 점이 달라져 있을까요?”

② **추가 질문** : “그 변화를 가장 먼저 눈치채는 사람은 누구일까요?”
“무엇이 당신의 행동에서 달라질까요?”

(4) 강점 재구성(reframing strengths)

강점 재구성은 내담자의 부정적인 경험이나 자기 인식에 대해 새로운 시각으로 의미를 전환시키는 기법이다. 내담자가 자신을 무기력하거나 실패한 존재로 느낄 때, 상담자는 그 행동이나 경험을 숨겨진 의도, 노력, 의미 있는 결과로 재해석함으로써 변화의 가능성을 제시한다.

① **목적** : 부정적 자기 인식을 긍정적 자원으로 전환하여, 상담의 동기를 고취시키고 자존감을 높인다.

② **상담자 표현 예시**

- “그만큼 참았다는 것은, 당신이 관계를 유지하려는 책임감이 있었던 것

같네요."

- "화를 낸다는 것은, 사실 그만큼 이 상황이 중요하다는 뜻일 수도 있어요."
- "실패라고 느꼈던 경험이, 새로운 시도를 가능하게 해준 토대가 되었네요."

4) 적용 사례

사례 **자기주도 학습에 어려움을 겪는 60대 여성 학습자 C씨**

C씨는 은퇴 후 새로운 자격증을 준비하고 있었지만, 학습 지속에 어려움을 겪고 있었다. 상담자는 척도 질문을 통해 현재 동기 수준을 파악하고, 이전에 공부를 즐겼던 경험을 예외 상황으로 탐색하였다. 이후 그때의 학습 환경과 전략을 현재에 적용하도록 유도하였고, 매일 일정 시간 공부하는 루틴을 스스로 수립하였다.

참 / 고 / 문 / 헌

구본권 외(2005). 성찰적 학습과 성인교육. 교육과학사.
권석만 외(2020). 상담 이론과 실제. 시그마프레스.
김성남 · 정현숙(2019). 성인학습 및 상담. 학지사.
김성훈(2002). 성인교육의 현대적 실제 : 아동교육에서 성인교육으로. 교육과학사.
김정규 외(2009). 상담심리학의 이론과 실제. 학지사.
김정희 외(2023). 상담이론의 실제와 적용. 양서원.
김종운(2022). 상담심리학(개정판). 동문사.
김춘경 · 한수미(2022). 상담이론과 실제. 양서원.
노안영 · 강영희(2021). 심리상담의 이론과 실제(제6판). 학지사.
보건복지부(2025). 2025 노인복지통계 연보. https://www.mohw.go.kr
_________(2025). 2025 노인심리 및 정신건강 실태조사 결과보고서. https://www.mohw.go.kr
양성옥(2018). 성인교육론. 교육과학사.
유성상(2017). 상담이론과 실제. 교육과학사.
이영애(2007). 사람이 되어간다는 것. 학지사.
이현수 · 김은영(2022). 단기상담이론과 실제. 학지사.
정현숙(2016). 성인학습 및 상담의 실제. 학지사.
조 벽 · 정재승 · 김대수(2015). 인간의 감정 : 뇌과학에서 심리학까지. 21세기북스.
조복희 외(2021). 상담심리학의 이론과 실제. 학지사.
한국상담학회(2024). 사례자료집. https://www.counselors.or.kr
___________(2025). 상담사례 연구자료집. https://www.counselors.or.kr

Beck, J. S.(2011). *Cognitive behavior therapy : Basics and beyond*(2nd ed.). Guilford Press.
Brookfield, S. D.(1995). *Becoming a critically reflective teacher.* Jossey-Bass.
Corey, G.(2021). *Theory and practice of counseling and psychotherapy*(10th ed.). Cengage Learning.
de Shazer, S.(1985). *Keys to solution in brief therapy.* W. W. Norton & Company.
Kim, J. S.(2020). *Solution-focused brief therapy : A multicultural approach.* Sage Publications.
Kolb, D. A.(1984). *Experiential learning : Experience as the source of learning and development.* Prentice Hall.
Perls, F.(1969). *Gestalt therapy verbatim.* Real People Press.
Polster, M., & Polster, E.(1987). *Gestalt therapy integrated.* Brunner/Mazel.
Yontef, G.(1995). *Gestalt therapy : An introduction.* The Gestalt Journal Press.

CHAPTER 11

성인학습 상담의 이해 및 실제

1. 성인학습 상담의 개념
2. 성인학습 상담의 일반적 방향
3. 성인학습 상담의 방법
4. 성인학습 상담의 한계

11
CHAPTER

성인학습 상담의 이해 및 실제

개 요

이 장에서는 성인학습자의 특성과 교육적 요구를 바탕으로 상담의 필요성을 설명하고, 성인학습 상담의 개념과 주요 접근 방향을 소개한다. 또한 성인학습자를 대상으로 하는 상담자의 태도와 역할, 상담의 방법 및 절차, 실제 교육현장에서의 상담 적용 사례 등을 통해 성인학습 상담의 실제적 의미를 이해할 수 있도록 한다.

학습목표

1. 성인학습자의 상담 필요성과 특성을 설명할 수 있다.
2. 성인학습 상담의 개념과 일반적 방향을 이해하고 설명할 수 있다.
3. 성인학습 상담자의 태도와 자질에 대해 설명할 수 있다.
4. 성인학습 상담의 방법과 절차를 실제 사례에 적용할 수 있다.

핵심어

성인학습자, 상담의 필요성, 상담자의 태도, 상담의 방향, 상담방법, 상담절차, 교육현장 상담, 교육적 지원, 문제 해결중심상담, 학습상담 환경

1. 성인학습 상담의 개념

1) 성인학습의 환경 변화와 상담의 필요성

오늘날 성인학습자는 단순히 배움의 기회를 누리는 존재가 아니라, 급변하는 사회환경 속에서 개인적 · 직업적 역량을 개발하고 삶의 전환기를 주체적으로 헤쳐나가는 능동적 주체로 자리매김하고 있다. 평생학습사회의 도래, 고등교육의 대중화, 일과 학습의 병행 등 다양한 요소들이 성인학습자에게 새로운 역할과 도전을 요구하고 있다. 이에 따라 성인학습자들은 학업 지속에 대한 동기 유지, 자기효능감 회복, 학습전략 확보, 진로 및 경력전환 상담 등 다양한 심리적 · 교육적 지원을 필요로 하게 되며, 이러한 요구에 응답하는 방식으로 성인학습 상담의 중요성이 대두되고 있다.

2) 성인학습자와 청소년 학습자의 차이점

성인학습자는 생애주기의 한가운데서 학습을 수행하는 존재로, 가족, 직장, 사회적 책임과 같은 다양한 역할을 병행하는 경우가 많다. 이들은 다음과 같은 특성을 가진다.

- 자기주도성과 경험 기반의 학습 성향
- 정체성과 자기실현 욕구
- 실용성과 목표 지향성
- 사회적 관계에 기초한 학습 동기
- 학습에 대한 심리적 저항이나 불안 요소 존재

따라서 성인학습자를 대상으로 한 상담은 단순한 문제 해결 차원을 넘어, 학습 동기와 자아실현을 촉진하는 통합적 접근이 필요하다.

3) 성인학습 상담의 정의

성인학습 상담이란, 성인학습자의 전 생애에 걸친 학습 경험을 존중하며, 그들의 학습 동기, 목표, 환경, 심리적 상태를 고려하여 학습 지속, 전환, 적응, 성장을 돕는 전문적 상호작용 과정을 의미한다.

이는 단순한 진로상담이나 학업상담과 구별되며, 다음과 같은 특징을 가진다.

- 성인학습자의 자율성과 경험을 존중
- 심리적 지지와 실용적 정보 제공을 병행
- 경력, 가족, 건강 등 삶 전반의 요소를 포괄
- 문제해결 중심보다는 가능성 중심의 상담 지향

4) 성인학습 상담의 주요 영역

성인학습 상담은 다음과 같은 영역에서 이루어진다.

- 학습계획 및 목표설정 상담
- 학습동기 저하에 대한 심리적 개입
- 시간관리 및 학습전략 컨설팅
- 직업 및 진로 탐색, 전환 지원
- 가족 갈등, 일-학습 병행 스트레스 상담

이처럼 성인학습 상담은 교육적 맥락에서 출발하되, 심리적 지원과 진로상담 기능이 통합된 형태로 구성되어야 한다.

5) 성인학습 상담의 의의

성인학습 상담은 단지 학습을 돕는 도구가 아니라, 삶의 전환과 회복을 지원하는 상담의 새로운 지평이라 할 수 있다. 특히 코로나19 이후 변화된 교육환경, 디지털 리터러시 격차, 중장년층의 재교육 수요 증대 등은 성인학습 상담의 필요성과 전문성을 더욱 강조하고 있다. 이 장에서는 이러한 배경을 바탕으로 성인학습 상담의 방향, 방법, 절차를 구체적으로 살펴보고자 한다.

2. 성인학습 상담의 일반적 방향

성인학습 상담은 단순한 진로나 학업지도의 의미를 넘어서 학습자의 삶과 학습을 통합적으로 조망하고 지원하는 활동이다. 성인은 삶의 다양한 과업을 수행하며 학습에 참여하기 때문에, 상담은 이들의 개별적 맥락과 생애과정에 맞는 접근이 요구된다. 특히 학습 중단, 생활 스트레스, 자아정체감 혼란, 진로 방향 미확정 등 현실적 문제들이 성인학습자의 학습 지속에 장애 요인으로 작용한다. 따라서 상담자는 성인이 처한 복합적인 삶의 문제를 이해하고, 이를 완화하거나 해결할 수 있도록 다차원적인 접근이 필요하다.

성인학습 상담은 다음과 같은 문제들을 포함한다. 첫째, 학습 중단의 위기와 관련된 문제이다. 시간 부족, 건강 문제, 가족 돌봄 등은 학습 참여를 지속하기 어렵게 만든다. 둘째, 생활환경과 관련된 현실 문제이다. 경제적 부담, 역할 갈등, 사회적 고립감 등은 학습에 집중하지 못하게 하는 원인으로 작용한다. 셋째, 자아정체성과 동기 저하 문제이다. 특히 중장년 학습자는 생애 전환기에서 진로에 대한 혼란과 자존감 저하를 함께 경험할 수 있다.

이러한 다양한 문제에 대응하기 위해서는 성인학습자의 상황을 정확히 이해하고, 상담 목적에 따라 적절한 방법을 선택해야 한다.

1) 학습 정보의 제공

성인학습자가 학습에 자발적으로 참여하고 이를 지속하기 위해서는 단순한 교육 내용뿐 아니라, 학습 과정 전반에 필요한 절차와 방법에 대한 정보까지 종합적으로 제공되어야 한다. 성인학습자는 자신의 수준, 목적, 생활환경에 적합한 학습 기회를 스스로 선택하고자 하는 경향이 강하기 때문에, 정확하고 실질적인 학습 정보는 학습 동기 유발에 핵심적인 역할을 한다.

그러나 실제로 성인학습자는 방대한 정보 속에서 본인에게 적합한 학습 자료를 찾는 데 어려움을 겪는다. 예컨대 영어 학습을 원하는 성인이 도서관이나 인터넷에서 자료를 찾을 때, 대부분이 청소년 중심의 자료로 구성되어 있어 방향을 잃기 쉽다. 이처럼 성인학습자에게는 수준과 목적에 맞춘 정보 안내가 필요하며, 이를 위해 상담자의 전문적 개입이 중요하다.

하지만 현재 학습 정보 제공 체계는 부족한 실정이다. 신문, 전단지 등 제한된 매체에 의존하거나 정보가 파편적으로 제공되어, 성인학습자가 필요로 하는 정보를 체계적으로 얻기 어렵다(윤성일 외, 2005). 따라서 평생교육기관과 상담자는 프로그램별 정보를 정리하여 제공하고, 학습자의 이해 수준에 맞는 설명과 안내를 함께 제공해야 한다. 정보는 최신성을 유지하고 다양한 채널을 통해 접근성을 높이는 것이 중요하다.

특히 노인과 같이 디지털 정보에 취약한 학습자를 위해서는 오프라인 안내, 유선 상담, 문자 자료 등 다양한 방식으로 접근 경로를 마련해야 한다. 이러한 학습자 중심의 정보 제공은 상담자의 전문성, 기관의 조직적 준비가 함께 이루어질 때 효과적으로 운영될 수 있다.

2) 학습 의욕 저해 요인의 극복

성인학습자들은 학습을 시작할 때는 높은 의욕을 보이지만, 시간이 지남에 따라 학습을 지속하기 어려워지는 경우가 많다. 이는 단순한 의지 부족의 문제가 아니라, 바쁜 일상, 낮은 자기효능감, 기대와 현실의 차이, 주변의 지지 부족 등 다양한 요인이 복합적으로 작용한 결과일 수 있다. 학습 중단의 위험은 누구에게나 존재하며, 이를 방지하기 위해 상담자의 체계적인 지원이 필요하다.

상담자는 학습자의 불안과 좌절을 공감하고, 학습 목표를 세분화하거나 단기 성취를 경험하도록 도와 자기효능감을 높일 수 있다. 또한 스트레스, 시간 부족, 건강 문제와 같은 외적 요인도 학습 의욕 저하와 직결되기 때문에 이에 대한 현실적인 상담 개입이 병행되어야 한다.

성인학습자의 중도 포기 원인은 매우 다양하며, 대표적으로는 정서 조절의 어려움, 학습전략 부족, 다중역할 갈등, 낮은 성적, 진로 혼란, 경제적 부담 등이 있다. 이러한 문제는 학습 동기뿐 아니라 자존감과 정서적 안정감에도 부정적인 영향을 미치므로, 상담자는 학습 기술뿐 아니라 삶 전반을 고려한 포괄적인 개입을 수행해야 한다.

무엇보다 학습 상담은 학습자가 자신의 문제를 인식하고, 스스로 변화할 수 있도록 돕는 교육적 동행이어야 한다. 일방적인 조언보다는 공감과 지지를 바탕으로 한 상담을 통해 성인학습자는 자기주도성을 회복하고, 학습에 대한 긍정적인 태도를 형성해 나갈 수 있다.

3) 자기주도적 학습의 진작

평생교육이 강조하는 핵심 원리 중 하나는 자기주도 학습이다. 성인학습자는 타인의 지시보다는 자신의 필요와 목표에 따라 학습을 계획하고 실행하는 주체적인 존재로서, 이에 맞는 상담적 지원이 필요하다. 성인학습 상담의 주요 과제는 학습자의 자기주도적 학습능력을 길러주는 데 있다.

상담자는 학습자의 학습욕구를 정확히 파악하고, 적절한 학습자원과 연결해 자발적인 학습 참여를 유도해야 한다. 이를 위해 목표 설정, 학습전략 수립, 자원 탐색, 평가 기준에 대한 이해 등을 단계적으로 지원하며, 실질적인 사례를 제시해 학습자의 동기를 강화할 수 있다.

특히 학습자가 스스로 목표를 설정하고 이를 달성할 수 있도록 문제해결력, 정보탐색력, 요구분석 능력 등의 역량을 기르도록 도와야 한다. 단순한 지식 전달보다는 실생활 경험을 반영한 학습이 이루어지도록 조력하는 것이 중요하다.

상담자는 지시자가 아닌 학습의 동반자로서, 신뢰를 바탕으로 한 상담 관계를 형성하고, 학습자가 스스로 자원을 탐색하고 비판적으로 활용할 수 있도록 돕는다. 이러한 관계 안에서 학습자는 자신의 잠재력을 인식하고 적극적인 학습자로 성장할 수 있다.

4) 성인학습 상담의 일반적 절차

성인학습 상담은 학습자의 자기주도성을 강화하고 학습 목표를 효과적으로 달성할 수 있도록 지원하는 과정이다. 상담자는 일정한 절차를 따라 학습자의 요구를 파악하고 그에 맞는 학습계획을 수립하며, 궁극적으로 학습자의 자기평가를 통해 학습성과를 점검하도록 돕는다. 일반적으로 성인학습 상담은 다음과 같은 절차를 따른다.

① 학습 활동에 대한 자기 분석과 자기주도성을 촉진할 수 있는 환경 조성

상담 초기에는 학습자가 자신의 학습 동기와 성향을 성찰할 수 있는 환경을 마련해야 한다. 이는 성찰을 기반으로 한 학습 준비 단계로, 학습자가 스스로를 분석하고 주도적으로 학습을 계획할 수 있는 토대를 제공하는 것이다.

② 면접, 검사 등을 통해 학습자의 요구 및 관심을 파악

학습자의 요구와 관심을 이해하기 위해 상담자는 다양한 방법(예 면담, 진단검사 등)을 활용한다. 이를 통해 학습자가 어떤 학습을 필요로 하는지, 어떤 방식의 지원이 효과적인지 파악할 수 있다.

③ 학습자의 학습 목표 설정

상담자는 학습자와 협력하여 명확하고 실현 가능한 학습 목표를 설정한다. 목표 설정은 학습 방향성을 제공하며, 이후 학습계획의 기준점이 된다.

④ 이용 가능한 학습 자원을 인식

학습자가 활용할 수 있는 자원을 탐색하고 이를 인식하게 함으로써, 다양한 학습 기회와 지원체계에 대한 정보를 제공한다. 여기에는 교육기관, 온라인 콘텐츠, 멘토링 등 다양한 자원이 포함될 수 있다.

⑤ 연속성 있는 학습 활동 및 계획을 수립

학습자가 설정한 목표를 효과적으로 달성할 수 있도록, 구체적이고 실천 가능한 학습 계획을 함께 수립한다. 이때 학습의 연속성과 현실성을 고려한 단계별 계획이 요구된다.

⑥ 학습 후 학습목표의 달성 정도를 학습자 스스로 평가

학습이 일정 기간 진행된 후에는, 학습자가 자신의 학습 목표에 얼마나 도달했는지를 스스로 평가하도록 한다. 자기평가 과정은 학습자의 자기이해를 심화시키며, 다음 단계의 학습으로의 전환을 도모하는 데 중요한 역할을 한다.

이러한 절차를 통해 성인학습 상담은 학습자의 자기주도성을 강화하고, 지속적인 학습참여와 성장을 유도하는 기제로 작용한다.

5) 성인학습 상담 시 고려해야 할 점

성인학습 상담은 단순한 정보 제공이나 진로 안내를 넘어서, 학습자의 삶의 맥락과 자기주도적 학습을 촉진하는 전문적 활동이다. 따라서 상담자는 다음과 같은 사항들을 충분히 고려하여 상담에 임해야 한다.

(1) 학습자의 사적 비밀 보호

성인학습 상담에서 가장 먼저 고려해야 할 점은 학습자의 사적 비밀을 철저히 보호하는 것이다. 학습자는 자신의 삶, 진로, 학습에 대한 민감한 정보를 상담자에게 제공하게 되므로, 이 정보가 외부로 유출된다면 학습자에게 심리적 불안을 유발할 수 있다. 또한 상담자에 대한 신뢰가 무너지게 되어 이후 상담 진행이 어려워질 수 있다. 따라서 상담자는 상담을 요구한 학습자의 사적 정보를 보호하며, 법적 · 윤리적 기준에 따라 이를 외부에 절대로 누설해서는 안 된다.

(2) 학습자의 자주적 학습 과정을 존중

성인학습은 성인이 자기주도적으로 자신의 학습 목표를 설정하고 계획을 수립하며 실천해 나가는 과정을 중심으로 이루어진다. 따라서 상담자는 학습자의 자율성과 자기결정권을 존중해야 한다. 상담자가 일방적으로 학습 계획을 제시하거나 지시하게 되면, 학습자는 상담에 대해 회의감을 갖게 되고, 학습 참여의 동기가 약화될 수 있다. 심한 경우에는 교수자나 상담자 등 외부의 권위에 지나치게 의존하는 태도를 유발하게 되어 학습의 효과성을 저해할 우려가 있다. 따라서 상담자는 학습자가 주체적으로 목표를 설정하고, 학습 동기를 유지하며 참여할 수 있도록 지원하는 역할을 수행해야 한다.

(3) 학습자의 상담내용에 맞는 방법 선택

상담자는 모든 상황에서 동일한 상담 방식을 사용하는 것이 아니라, 학습자의 성격, 가치관, 관심사, 학습 경력 등을 고려하여 적절한 방법을 선택해야 한다. 예를 들어, 면담 중심의 개별상담이 적합한 경우도 있지만, 그룹상담이나 온라인 상담, 워크숍 형태의 활동이 더 효과적일 수도 있다. 학습자의 상담 목적에 따라 적용 가능한 다양한 기법을 파악하고, 상황에 맞는 전략을 선택하는 전문성이 요구된다. 이는 상담의 효율성과 학습자의 만족도를 높이는 데 매우 중요한 요소이다.

(4) 학습자의 상담내용에 따른 전문적 상담처의 소개

상담자가 모든 학습자의 문제를 해결할 수 있는 것은 아니다. 학습자가 제시한 상담 내용이 심리적 위기, 정신건강 문제, 법적·경제적 문제 등 전문적 영역에 해당될 경우, 해당 분야의 전문 상담기관이나 자원으로 연계하는 것이 필요하다. 이는 단순한 전가가 아니라 학습자의 문제를 가장 적합한 방식으로 해결하고자 하는 전문적 판단이다. 다만, 상담자는 무조건적으로 타 기관에 의뢰하는 것이 아니라, 학습자의 상황을 충분히 이해하고 신중하게 판단하여 적절한 기관이나 전문가를 소개하는 것이 바람직하다.

이와 같이 성인학습 상담은 학습자의 권리와 자율성을 보호하면서, 적절한 상담 방법과 자원을 통합적으로 활용하여 학습자의 성장을 지원하는 전문적 활동임을 인식해야 한다.

3. 성인학습 상담의 방법

상담은 일반적으로 내담자의 문제를 대신 해결해 주는 것이 아니라, 내담자가 자신의 문제를 스스로 해결할 수 있도록 조력하는 과정이다. 그러나 내담자가 정보를 충분히 가지고 있지 않거나, 정보 부족으로 인해 학습 과정에서 어려움을 겪는 경우에는 직접적인 정보 제공이나 안내가 도움이 될 수 있다. 대부분의 상담은 상담자와 내담자가 직접 만나 진행되는 면담 형태였으나, 최근에는 전화, 이메일, 문서 등 다양한 매체를 활용한 상담 방식도 함께 확산되고 있다.

성인학습자는 미성년 학습자와 달리 자기주도성과 경험의 폭이 넓기 때문에 상담에 능동적으로 참여할 수 있으며, 상담의 효과 역시 이러한 참여 정도에 따라 크게 달라질 수 있다. 따라서 성인학습자의 특성과 상황을 고려한 적절한 상담 방법의 선택이 중요하다. 일반적으로 성인학습 상담에서 상담자가 제시하는 상담 방식은 크게 조언(advice), 지시(directives), 전략개방(strategy disclosure)의 세 가지 유형으로 분류된다.

1) 조언(Advice)

성인학습자는 자신의 문제를 해결할 수 있는 잠재력을 지니고 있으므로, 문제 해결을 위한 방향을 제시하거나 안내하는 조언은 매우 유용한 상담 형태이다. 특히 성인학습자의 시간 제약과 실천 중심의 특성을 고려할 때, 조언은 실질적인 해결책을 제시해 주는 역할을 한다. 상담자는 학습자의 자기결정권을 존중하면서도, 학습자의 입장에서 실질적인 도움이 되는 방향으로 조언을 제시해야 한다. 다만, 조언은 단순한 정보 전달이 아니라 학습자의 상황에 적합한 시기와 방법을 고려해 제공되어야 하며, 상담 기술적으로도 신중하게 접근해야 한다. 성급하거나 일방적인 조언은 오히려 학습자의 거부감이나 반감을 유발할 수 있다.

조언의 방식은 상담자의 전달 방식에 따라 학습자에게 미치는 영향이 달라질 수 있다. 이에 대해 발드윈과 칼드웰(Baldwin & Caldwell, 2003 재인용)은 다음과 같은 다섯 가지 원칙을 제시한다.

① 학습자의 문제에 대해 구체적이고 예비 절차를 거친 조언 제시

즉각적인 해결책보다 학습자의 반감을 줄이고 수용 가능성을 높이기 위해, 문제 맥락에 대한 사전 탐색이 필요하다.

② 학습자가 조언을 받아들일 준비가 되어 있는지 사전 확인

질문 등을 통해 학습자의 문제 인식 수준과 준비도를 파악하고 조언의 수용 가능성을 점검해야 한다.

③ 조언의 효과성 확인

조언을 제시한 후에는 학습자의 반응이나 피드백을 수렴하고, 조언이 적절하게 이해되었는지를 확인하는 과정이 필요하다.

④ 구체적이고 명확한 조언 제공

추상적 표현보다 구체적인 행동 지침을 제시함으로써 학습자의 실천 가능성을 높여야 한다.

⑤ 조언의 실천 여부 점검

조언이 실제로 이행되고 있는지를 확인하고, 실천이 어려운 경우에는 그 원인을 함께 탐색하며 추가적인 조력을 제공해야 한다.

이처럼 조언은 단순한 지식 전달이 아니라, 학습자의 자기 이해와 문제 해결을 촉진하는 도구로 기능한다. 상담자는 조언이 학습자의 학습 참여와 자기효능감 향상에 긍정적으로 작용할 수 있도록 시기, 표현, 구체성, 실행 점검 등의 측면을 모두 고려하여 조심스럽게 접근해야 한다.

2) 지시(Directives)

성인학습 상담에서 상담자는 때로 학습자에게 구체적인 행동을 지시해야 할 필요가 있다. 일반적으로 상담에서는 상담자의 직접적인 지시보다는 학습자의 자율적 선택을 중시하지만, 성인학습 상황에서는 상담자의 명확한 지시가 효과적인 경우도 존재한다.

상담자는 지시를 통해 학습자가 무엇을, 어떻게 해야 할지를 명확하게 전달할 수 있으며, 이는 특히 학습 초기 단계에서 유용하게 작용한다. 예를 들어, 학습자가 학습계획 수립이나 정보탐색에 익숙하지 않거나, 구체적인 방향 설정에 어려움을 겪는 경우, 상담자가 직접 행동 지침을 제시함으로써 학습자의 혼란을 줄이고 실행 가능성을 높일 수 있다.

그러나 지시는 학습자의 자기결정권을 침해하지 않도록 신중하게 이루어져야 한다. 지시가 일방적이고 권위적인 방식으로 전달되면, 학습자는 수동적 태도를 보이거나 상담에 대한 반감을 가질 수 있다. 따라서 상담자는 지시를 제공할 때 학습자의 상황과 준비도, 의사결정 과정에 대한 존중을 바탕으로, 설명과 공감을 동반한 방식으로 전달해야 한다. 또한 지시 이후에는 학습자가 해당 지시에 어떻게 반응하는지 확인하고, 필요한 경우 조율과 보완을 병행하는 것이 바람직하다.

3) 전략개방(Strategy Disclosure)

전략개방은 상담자가 자신의 경험과 시도했던 전략을 학습자에게 공유함으로써 학습자의 통찰을 돕고 학습 방향 설정에 실질적인 조언을 제공하는 방법이다. 이는 일종의 자기개방(self-disclosure)의 형태로, 상담자의 과거 학습 경험, 실패 사례, 극복 전략 등을 적절히 소개함으로써 학습자에게 공감과 동기를 유도할 수 있다. 전략개방은 특히 학습자가 목표 달성에 대한 불안이나 혼란을 겪고 있을 때 유용하게 작용한다. 상담자의 경험을 통해 학습자는 '나만 어려운 것이 아니구나'라는 인식을 하게 되고, 유사한 상황에서 어떻게 행동할 수 있을지 구체적인 그림을 그릴 수 있게 된다. 또한 전략개방은 단순한 정보 전달이 아니라, 학습자가 새로운 관점을 형성하고 자율적으로 계획을 조정할 수 있도록 도와주는 역할을 한다.

단, 전략개방은 신중하게 활용되어야 하며, 상담자의 감정이나 사적인 정보를 과도하게 드러내는 것은 피해야 한다. 개방의 목적은 학습자의 성장을 지원하는 데 있으며, 상담자의 자기노출 자체가 중심이 되어서는 안 된다. 따라서 상담자는 개방할 정보의 적절성과 시기, 전달 방식에 유의해야 하며, 학습자에게 실질적 도움이 될 수 있는 사례 중심의 전략을 선별적으로 제공해야 한다.

4. 성인학습 상담의 한계

성인학습 상담은 학습자의 자기주도성과 지속적인 학습 참여를 지원하는 중요한 수단이지만, 실제 운영 과정에서는 몇 가지 구조적 한계가 나타난다. 성인학습자는 개인적, 사회적, 경제적 상황이 다양하여 상담의 효과가 일정하지 않고, 상담에 대한 인식이나 참여 의지도 학습자에 따라 차이를 보인다.

특히 학습자의 문제 인식 부족이나 상담에 대한 부정적 태도는 상담 기회를 제한하고, 상담 효과를 약화시킬 수 있다. 더불어 전문 상담 인력 부족, 상담자의 역량 미흡, 학습 지원체계의 미비 등도 상담의 질과 지속성에 부정적 영향을 미친다. 일상생활의 제약으로 인해 지속적인 상담 참여가 어려운 점도 상담 중단과 효과 저하의 요인이 된다. 또한 성인학습 상담에서는 평가와 피드백 체계가 충분히 갖추어지지 않아 상담의 질을 점검하고 개선하기 어려운 현실적 한계가 존재한다.

이러한 문제를 해소하기 위해서는 전문성을 갖춘 상담 인력 확보, 학습자 맞춤형 상담 제공, 지속가능한 상담 운영체계 구축, 정기적 평가 및 피드백 강화 등의 노력이 필요하다.

1) 제한된 시간 및 자원

성인학습자는 직장, 가사, 육아 등 일상적 책임으로 학습에 충분한 시간을 확보하기 어렵고, 경제적 여건으로 인해 학습에 필요한 자원을 갖추지 못하는 경우가 많다. 이로 인해 학습계획 수립과 실행에 제약이 따르며, 학습 지속과 성과에도 부정적인 영향을 미칠 수 있다. 이러한 한계를 극복하기 위해서는 시간관리와 자원활용 역량을 높이는 것이 중요하다. 예를 들어, 시간표 작성과 우선순위 설정을 통해 일정을 효율적으로 조정하고, 가족이나 동료 등 주변인의 협조를 얻는 것이 효과적이다. 또한 온라인 학습 플랫폼이나 무료 교육 자원 등 접근 가능한 외부 자원을 적극 활용할 필요가 있다.

상담자는 학습자의 학습 동기를 강화하고 지속적인 학습을 유도하기 위해, 구체적인 목표 설정과 실행 계획 수립을 지원해야 한다. 아울러 피드백을 제공하고, 필요한 학습 정보와 자원을 적시에 안내함으로써 학습자가 능동적으로 참여할 수 있도록 도와야 한다. 이를 위해 교육기관, 지역사회 자원, 온라인 커뮤니티 등을 연계한 실질적 지원 체계를 마련하는 것이 중요하다.

2) 낙 인

성인학습자 중 일부는 상담에 대해 부정적인 인식을 가지고 있거나, 과거의 경험으로 인해 상담을 꺼리는 경향을 보인다. 예를 들어, 직장에서 승진이나 평가를 앞둔 상황에서 상담을 받는 것이 업무 능력 부족으로 비춰질까 우려하거나, 상담 사실이 동료나 상사에게 알려지는 것을 걱정하는 경우가 있다. 이러한 인식은 학습자가 필요한 지원을 받지 못하게 하며, 상담 참여를 주저하게 만든다.

또한 상담을 통해 개인적 문제나 약점을 드러내는 것을 두려워하거나, 상담 자체가 자존감을 해친다고 느끼는 경우도 있다. 이로 인해 학습자가 상담을 피하고, 상담 효과 역시 제한될 수 있다.

이러한 문제를 해결하기 위해서는 먼저 상담이 특정 집단만을 위한 것이 아니라, 누구에게나 열려 있는 성장 지원 도구임을 인식시킬 필요가 있다. 특히 상담자는 상담의 목적과 과정, 기대 효과를 명확히 설명하고, 학습자의 개인정보와 상담 내용이 외부로 유출되지 않도록 철저히 보호함으로써 신뢰를 형성해야 한다.

아울러 학습자가 상담을 자신의 성장과 발전의 기회로 인식하고, 자유롭게 의견을 표현할 수 있도록 심리적으로 안전한 상담 환경을 조성해야 한다. 이는 성인학습자의 자율성과 자기결정권을 존중하는 상담의 기본 전제이기도 하다.

3) 전문성 부족

성인학습 상담은 다양한 요구와 상황을 가진 성인을 이해하고 지원하는 전문적인 활동이다. 그러나 일부 상담자는 성인학습자에 대한 지식과 경험이 부족하여 효과적인 상담을 제공하지 못하는 경우가 있다. 예컨대, 상담자가 성인학습의 원리나 성인기의 발달 특성에 대한 이해가 부족하면 학습자의 요구를 정확히 파악하지 못하고, 실질적 도움이 되지 않는 조언을 제공할 수 있다.

또한 성인학습자는 학습뿐만 아니라 직장생활, 가족관계, 사회적 역할 등 복합적인 문제를 안고 있는 경우가 많다. 상담자가 이러한 맥락을 고려하지 않으면 학습자의 전반적인 상황을 이해하지 못해 적절한 지원을 제공하기 어렵고, 이는 학습자의 학습 동기를 저하시키거나 상담에 대한 만족도를 낮추는 원인이 된다.

전문성 부족 문제를 해소하기 위해서는 상담자에 대한 체계적인 교육과 훈련이 필요하다. 성인학습에 특화된 이론과 실제 상담 사례에 대한 지속적인 학습과 연습을 통해 상담 역량을 강화해야 하며, 상담자는 학습자와의 적극적인 소통을 통해 그들의 요구를 정확히 파악하고, 상황에 맞는 지원 전략을 설계할 수 있어야 한다.

이처럼 상담자가 전문성을 갖추고 명확한 이해를 바탕으로 상담에 임할 때, 성인학습자의 학습성과는 물론, 상담에 대한 신뢰와 만족도 또한 높아질 수 있다.

4) 피드백 체계의 미비

성인학습 상담은 학습자의 자기주도성과 지속적 학습 참여를 지원하기 위해 상담 전 과정에서 체계적인 피드백 제공이 필수적이다. 피드백은 상담자가 학습자의 이해도, 참여도, 목표 달성 수준을 점검하고, 이에 따라 학습자의 행동과 전략을 조정할 수 있도록 도와주는 과정이다. 그러나 실제 현장에서는 상담 초기에는 상담 계획이나 목표 설정에 집중하지만, 상담 후속 과정에서 정기적 피드백이 제공되지 않거나 체계가 부재한 경우가 많다.

상담 피드백이 미비할 경우, 학습자는 자신의 진전 상황을 구체적으로 인식하기 어렵고, 상담의 효과 또한 상담자와 학습자 모두가 판단하기 어려워진다. 특히 성인학습자는 다양한 역할과 상황 속에서 학습을 병행하기 때문에, 정기적인 점검과 피드백을 통해 학습 유지 동기를 강화할 수 있는 구조적 장치가 필요하다.

그러나 상담자 중 일부는 피드백을 단순한 사후 확인 또는 학습자의 문제

지적 정도로 인식하는 경향이 있으며, 상담 과정 전체를 모니터링하고 방향을 조정하기 위한 '과정 중심 피드백(process-oriented feedback)'의 중요성을 간과하는 경우도 있다.

이러한 한계를 극복하기 위해서는 다음과 같은 조건이 필요하다.

상담자는 정기적인 상담 일지 기록, 목표 점검, 결과 분석 등을 통해 상담의 진행 상태를 학습자와 공유해야 하며, 학습자는 스스로 학습 진전 상황을 점검할 수 있도록 자기평가 및 자기 피드백 능력을 기를 수 있는 기회를 제공받아야 한다.

이처럼 상담 피드백 체계는 단순한 결과 확인이 아니라 학습 유지와 방향 조정을 위한 필수 기제이며, 상담의 전문성과 지속성을 확보하기 위해 반드시 구축되어야 한다.

5) 평가 및 환류의 어려움

성인학습 상담의 효과성을 유지하고 개선하기 위해서는 상담 과정에 대한 평가와 결과의 환류(feedback)가 필수적이다. 그러나 실제 상담 현장에서는 체계적인 평가 도구나 방법이 부족하여, 상담의 결과를 객관적으로 분석하거나 학습자의 변화를 정량적으로 파악하기 어려운 경우가 많다.

평가는 단지 상담 종료 후의 성과를 확인하는 데 그치지 않고, 상담의 전체 과정을 진단하고 조정하는 데 핵심적 역할을 한다. 그러나 성인학습 상담에서는 평가가 상담의 일부로 체계화되어 있지 않거나, 상담자의 주관적 판단에 의존하는 경우가 많아 신뢰성과 타당성이 확보되지 않는 문제가 발생한다.

이러한 상황에서는 상담자의 피드백 제공이 일관되지 않거나 간헐적으로 이루어지며, 학습자도 자신의 변화 정도를 명확히 인식하지 못한 채 상담이 종결되기도 한다. 특히 학습자의 참여도나 자각 수준, 목표 달성 정도를 객관적으로 확인할 수 있는 기준이 부재할 경우, 상담의 실질적 효과를 일반화하거나 발전시키는 데 한계가 따른다.

따라서 성인학습 상담에서는 다음과 같은 점들이 요구된다.

- 상담 목적과 목표에 부합하는 평가 지표와 방법의 개발
- 상담 전·중·후에 걸쳐 실시할 수 있는 과정 중심의 평가 시스템 구축
- 학습자 스스로 학습 경험과 변화를 평가할 수 있는 자기평가(self-evaluation) 및 자기환류(self-feedback) 기회의 제공

이러한 평가와 환류 체계가 제대로 마련될 때, 상담은 단순한 일회성 조력 활동을 넘어 학습자의 성장과 지속적 발달을 지원하는 교육적 과정으로 자리매김할 수 있다.

참/고/문/헌

가영희 · 성낙돈 · 안병환 · 임성우(2013). **성인학습 및 상담**. 동문사.

권두승 · 김민희 · 김성경(2017). **성인학습 및 상담**. 학지사.

김정규 외(2009). **상담심리학의 이론과 실제**. 학지사.

나항진 · 김혜숙 · 정연우(2016). 성인학습자를 위한 상담과 조력. **평생교육 · HRD연구**, 12(2), 59–76.

윤성일 외(2005). 성인학습 상담의 정보제공 체계 : 국내 성인학습 상담 기반 마련 연구. 한국교육개발원.

한영수(2018). **평생교육상담론**. 교육과학사.

Baldwin, D. C., & Caldwell, D. F.(2003). Advice, feedback, and directive communication in adult learning. *Journal of Adult Learning, 45*(1), 24–39.

Brookfield, S. D.(1995). *Becoming a critically reflective teacher*. Jossey-Bass.

Knowles, M. S., Holton, E. F. III, & Swanson, R. A.(2020). *The adult learner : The definitive classic in adult education and human resource development*(6th ed.). Elsevier.

Lindeman, E. C.(1926). *The meaning of adult education*. New Republic.

Merriam, S. B., Caffarella, R. S., & Baumgartner, L. M.(2007). *Learning in adulthood : A comprehensive guide*(3rd ed.). Jossey-Bass.

Mezirow, J.(1991). *Transformative dimensions of adult learning*. Jossey-Bass.

CHAPTER

12

성인학습자의 주제별 상담

1. 진로상담
2. 심리 · 정서 상담
3. 가족상담
4. 다문화 · 장애인 성인학습 상담

12
CHAPTER

성인학습자의 주제별 상담

개 요

성인학습자는 생애주기와 삶의 맥락에 따라 다양한 상담 욕구를 지니며, 이에 따라 상담자는 개별적인 상황과 특성을 고려한 맞춤형 상담이 요구된다. 이 장에서는 성인학습자가 실제로 직면할 수 있는 대표적 상담 영역인 진로상담, 심리 · 정서 상담, 가족상담, 다문화 및 장애인 상담을 중심으로 상담의 목표와 접근방법을 살펴본다. 이를 통해 성인학습자 상담의 실천적 방향성과 상담자의 역할, 윤리적 고려사항 등을 이해하고, 현장에서 적용 가능한 전문 상담 역량을 함양하고자 한다.

학습목표

1. 성인학습자의 다양한 상담 영역(진로, 심리 · 정서, 가족, 다문화 · 장애)에 대한 개념과 필요성을 설명할 수 있다.
2. 각 상담 유형의 실제 과정과 단계별 접근 방법을 이해하고 설명할 수 있다.
3. 성인학습자의 상담에서 요구되는 상담자의 역할과 윤리적 태도를 실제 사례에 적용할 수 있다.

핵심어

진로상담, 심리 · 정서 상담, 가족상담, 다문화 상담, 장애인 상담, 상담과정, 자기결정권, 상담자의 윤리, 문화적 민감성, 사회적 지지

1. 진로상담

현대사회에서 '진로상담'과 '직업상담'은 혼용되어 사용되는 경우가 많다. 일반적으로 진로상담은 초·중·고교 및 대학교 교육 현장에서 이루어지고, 직업상담은 구직자와 재직자의 직업 적응 및 경력 전환을 지원하기 위한 훈련기관 등에서 제공되는 것이 일반적이다. 그러나 진로상담은 직업상담의 영역을 포괄하는 개념으로 이해할 수 있다. 미국진로개발협회(NCDA)는 진로상담자의 역할을 직무와 직업의 조언을 넘어서 생애설계와 직업 정체감 형성까지 아우르는 전문적 활동으로 제시한 바 있다(진로상담연구소, 2018). 따라서 진로상담은 진로 발달, 진로 선택, 진로 적응, 진로 전환 등 전 생애에 걸친 진로 관련 과정을 포함하는 개념으로 정의할 수 있다.

이러한 진로상담 개념은 성인학습자에게도 동일하게 적용되지만, 성인학습자는 일반적인 학생이나 청년층과는 다른 진로상담의 맥락을 가진다. 성인학습자의 진로상담은 전 생애에 걸친 진로 발달 과정 중 특히 중·장년기 이후의 진로 재설정, 경력 전환, 자기실현의 욕구를 반영하는 상담 형태이다. 일반적인 진로상담이 직업 선택과 준비 중심이라면, 성인학습자의 진로상담은 생애 경험을 기반으로 한 자기이해, 의미 탐색, 변화에 대한 심리적 수용까지 포괄해야 한다.

특히 학습을 통해 새로운 직업능력을 개발하고자 하는 성인에게는 교육과 진로의 연계, 현실적 제약조건 분석, 심리사회적 지지 제공이 핵심이다. 예를 들어, 40대 중반에 경력단절을 경험한 여성이 보건의료 직업군 재진입을 위해 관련 자격증 학습을 시작한 경우, 진로상담은 단순히 적성 검사를 제공하는 데서 그치지 않고, 가족의 지원 여부, 경제적 부담, 학습의 지속가능성, 본인의 자아정체감 등을 통합적으로 분석하고 조력하는 과정이어야 한다.

또한 성인 진로상담에서는 다음과 같은 특성이 강조된다.

- 생애사 기반 접근 : 기존 경력과 삶의 궤적을 반영한 진로설계
- 실용성과 현실성 중시 : 당면한 과제와 목표에 기반한 맞춤형 상담
- 심리 · 사회적 복합 요인 고려 : 스트레스, 가족 책임, 건강 상태 등 고려
- 학습 동기와 진로 동기의 통합 : 학습과 진로가 분리되지 않고 연결됨

따라서 성인 진로상담은 단순한 직업 정보 제공을 넘어, 삶의 방향성 탐색과 자아실현을 위한 '전 생애적 생애설계 상담'으로 이해되어야 한다. 이는 성인학습자 개인의 변화뿐만 아니라 사회적 통합, 지역사회 참여, 경제활동 활성화에도 기여할 수 있다.

사례 1 **40대 후반의 여성 A씨**

40대 후반의 여성 A씨는 경력단절 이후 평생교육센터에서 간호조무사 과정을 수강하고 있다. 슈퍼의 진로발달단계에 따르면 A씨는 '유지기'에서 새로운 직무 정체성을 형성하려는 '전환기'에 있으며, 동시에 자녀 양육, 배우자 역할, 노부모 부양이라는 복합적 생애역할을 수행하고 있다. 상담자는 생애진로무지개 모형을 활용해 그녀의 역할 갈등과 직업 정체성 재구성 문제를 통합적으로 상담하였다.

사례 2 **육아 후 10년 만에 복직을 준비 중인 C씨**

육아 후 10년 만에 복직을 준비 중인 C씨는 '내가 과연 다시 일을 잘할 수 있을까?'라는 의심으로 진로 결정을 미루고 있었다. 사회인지 진로이론에 근거해 상담자는 그녀의 자기효능감 수준을 측정하고, 과거 성공 경험을 회상하는 전략을 통해 자기효능감을 재구성하였다. 결과기대와 진로목표를 구체화함으로써 C씨는 직업 복귀를 현실적인 과제로 받아들이게 되었다.

2. 심리 · 정서 상담

성인기는 신체, 인지, 인간관계(결혼, 가족, 우정 등), 사회적 역할의 변화가 동시에 일어나는 복합적 삶의 전환기이다. 많은 성인들은 이 시기에 다양한 심리적 스트레스와 정서적 갈등을 경험하며, 이를 통해 보다 성숙한 인간으로 성장해 나간다.

베일란트(Vaillant, 1994; 2002)의 연구에 따르면, 성인이 중년기 이후에도 건강한 삶과 행복한 노후를 살아가기 위해서는 심리적 위기를 잘 극복하고, 성숙한 정서를 활용할 수 있는 자기 조절 능력이 중요하다. 이는 곧 자기주도성, 회복탄력성, 정서 조절 능력과 같은 자질을 의미한다.

그러나 만약 삶의 갈등이나 위기에 적절히 대응하지 못하면, 성인은 심리 · 정서적으로 위축되거나 우울, 불안 등 다양한 고통을 겪을 수 있다. 특히 가족 갈등, 자녀 문제, 실직 등 현실적인 어려움이 반복될 경우, 감정 조절 실패로 인해 더욱 고립될 위험이 크다.

이처럼 삶의 전환기에 처한 성인학습자는 심리적 혼란을 경험할 수 있으며, 이는 학습 지속에도 영향을 줄 수 있다. 따라서 평생교육 현장에서는 성인 학습자의 심리 · 정서적 문제에 대한 이해와 상담적 접근이 필요하다. 상담은 성인이 삶의 어려움을 현실적이고 자율적으로 해결할 수 있는 심리적 자원과 역량을 개발하도록 돕는 데 핵심적인 역할을 한다. 평생학습사회에서 상담의 역할과 필요성에 대한 논의가 평생학습 분야에서 점차 증가하고 있는 이 시점에서 성인학습자의 심리 · 정서적인 문제에 대해 어떻게 접근하여 도움을 줄 수 있을까? 다음의 절차에 따라서 현실적으로 성인학습자의 심리 · 정서적인 문제를 해결하는 데 도움을 줄 수 있을 것이다.

1) 심리 · 정서적 문제의 인식과 수용의 정도 파악

성인학습자의 심리적 어려움에 대해 상담자는 먼저 문제에 대한 자각과 수용 수준을 파악해야 한다. 이는 상담 초기 단계에서 공감적 태도와 질문 기법을 활용하여, 성인이 현재 겪고 있는 심리 · 정서적 어려움의 본질과 인식을 확인하는 과정이다. 예를 들어, 학습자가 학업에 방해가 되는 정서적 요인을 인정하지 않거나 이를 회피할 경우, 상담자는 보다 현실적인 이해와 조절 전략을 안내할 필요가 있다. 이때는 자기이해를 촉진하는 질문을 사용하거나, 상담의 흐름 속에서 심리적 갈등의 의미를 함께 탐색하는 방식이 효과적이다. 또한 학습자의 요구가 정신적 치료나 전문적 개입을 요할 경우에는 상담자가 직접 심리상담 과정이나 외부 자원 정보를 안내하는 역할도 수행할 수 있다. 단, 정서적 문제로 인해 학습과 일상생활 유지가 어려울 정도라면, 상담 전문기관에 연계하는 것이 필요하다.

수·업·활·동 **심리 · 정서적 상담 사례 다루기**

1. 다음 사례를 읽고, 평생교육사로서 다룰 수 있는 상담 사례와 전문기관에 의뢰해야 할 사례를 구분해 보자.

① 무엇을 위해 공부하는지도 모르겠고 집중이 되지 않습니다. 과거 신경쇠약으로 학습을 중단한 적이 있는데, 다시 시작해도 잘할 수 있을지 두렵습니다.

② 공부를 하려 해도 의욕이 생기지 않고 자꾸 위축됩니다. 늘 잘못하고 있다는 생각이 들고, 내일이 오는 게 부담스럽습니다.

③ 학업이 예전처럼 잘되지 않고 삶의 목표도 불분명합니다. 앞으로 무엇을 해야 할지 막막합니다.

④ 최근 우울한 기분이 계속되고 식욕도 없습니다. 자꾸 죽고 싶다는 생각이 들어서 상담을 신청했습니다.

⑤ 밤마다 불안해서 잠을 못 자고, 모든 것을 포기하고 싶다는 생각이 자주 듭니다. 가끔은 자해를 하고 싶은 충동도 느낍니다.

2. 위 사례 중, 평생교육사가 다룰 수 있는 심리 · 정서적 상담 사례는 무엇인지 조별로 토의해 보자.

3. 조별로 평생교육사가 개입 가능한 사례를 정하고, 어떻게 상담을 진행할 수 있을지 상담 계획을 구성해 보자.

4. 각 조별로 상담 계획을 발표하고, 심리 · 정서 문제에 대한 상담의 중요성과 유의할 점을 정리해 보자.

2) 전문적 상담 기관에의 의뢰

성인학습자가 자신의 심리적 불편감 때문에 학업이나 일상생활에까지 어려움을 겪고 있는 경우, 평생교육사는 이를 확인하고 전문 상담 기관에 의뢰할 필요가 있다. 심리적 문제의 심각성이 크다고 판단되면 전문 상담 기관의 개입이 요구된다. 이때 평생교육사는 해당 지역의 상담 기관에 대한 정보를 수집하여 성인학습자가 적절한 도움을 받을 수 있도록 안내하고 연계해야 한다. 예를 들어, 지역사회 내의 무료 또는 유료 상담 기관의 위치, 제공 서비스 등을 파악하고, 학습자의 정신건강 문제를 해결하는 데 도움을 줄 수 있도록 지원해야 한다.

성인을 위한 상담을 제공하는 대표적인 기관은 다음과 같다.

- 고용센터 : 심리적 · 정서적 상담이 가능한 직업상담 실시
- 건강가정지원센터 : 가족상담, 자녀양육 지원 등
- 정신건강복지센터 : 심리상담, 가족상담, 자살예방상담 등

이러한 기관은 대부분 자체 홈페이지를 운영하고 있으므로, 성인학습자는 자신의 거주지와 가까운 센터의 연락처 및 상담 가능 여부를 직접 확인할 수 있다.

3. 가족상담

1) 가족상담의 개념 및 필요성

성인학습자는 학습자이면서도 부모, 자녀, 배우자 등의 가족 역할을 동시에 수행하며, 이는 학습 동기나 스트레스 등에 영향을 미친다. 따라서 성인학습자를 효과적으로 상담하기 위해서는 그가 속한 가족체계에 대한 이해가 중요하다.

가족은 개인의 정서와 발달에 큰 영향을 미치는 일차적 사회집단이다. 부부갈등, 세대 간 소통 문제 등 가족 내 갈등은 성인학습자의 학습 집중력과 성취에 부정적인 영향을 미칠 수 있다. 특히 경제적 부담, 양육, 간병 등의 이중책임은 갈등을 심화시키기도 한다.

가족상담은 가족을 하나의 체계로 이해하고, 개인의 문제가 가족 간 상호작용과 규칙, 역할기대 등에서 기인함을 전제로 한다. 예를 들어, 자녀의 학습문제도 가족 역동 속에서 해석된다.

월런드 스키너(Walrond Skinner, 1978)는 가족상담이 필요한 세 가지 상황을 제시하였다.

① 가족 구성원의 증상이 가족 전체의 역기능과 관련된 경우
② 문제가 가족관계에서 비롯된 경우
③ 가족 간 단절로 상호작용이 어려운 경우

결국, 성인학습자의 학습을 지원하려면 가족과의 관계, 정서적 유대, 역할 균형을 함께 고려해야 하며, 상황에 따라 가족상담이 병행될 필요가 있다. 특히 재취업, 은퇴, 이혼 등 삶의 전환기를 겪는 성인의 경우 가족의 지지가 중요한 학습 자원이 된다.

2) 가족상담의 접근방법

가족상담은 가족문제의 원인이 어디에 있으며, 상담의 초점을 어디에 두어야 하는지에 따라 다양한 이론적 접근이 존재한다. 여기에서는 대표적인 세 가지 이론적 관점을 중심으로 간략히 소개하고자 한다(김용태, 2000; 천성문 외, 2009).

(1) 보웬의 가족상담

보웬(Murray Bowen)의 가족상담 이론은 가족을 하나의 정서적 단위로 보고, 개인의 심리적 증상이나 갈등은 가족체계 전체의 상호작용과 정서적 연결 속에서 비롯된다고 본다. 보웬은 개인의 문제를 가족 내 세대 간 정서 과정과 분화 수준의 문제로 이해하며, 가족 구성원 간의 정서적 융합이나 분리, 불안의 전이 등이 핵심 개념으로 제시된다.

보웬 이론은 특히 세대 간 전수(generation transmission), 분화 수준(differentiation of self), 가족 삼각관계(triangle) 등 가족 구성원 간 정서적 거리와 구조적 관계가 어떻게 심리적 증상에 영향을 주는지를 체계적으로 설명한다. 이러한 관점은 성인학습자의 학습 동기, 정서적 안정, 가족 갈등 문제를 이해하는 데 중요한 이론적 틀을 제공한다.

① 주요 개념

- 자아 분화(differentiation of self) : 개인이 자신의 생각과 감정을 구분하여 자율적으로 기능할 수 있는 능력을 말한다. 분화 수준이 낮을수록 가족의 정서에 쉽게 휘둘리고 독립적 판단이 어렵다.

- **삼각관계**(triangle) : 두 사람 간 긴장이 높아질 때 제3자를 개입시켜 갈등을 완화하려는 구조로, 예를 들어 부부 간 갈등이 자녀에게 전이되는 경우가 이에 해당한다.
- **세대 간 정서 전수**(generation transmission) : 부모 세대의 불안, 가치, 행동양식이 다음 세대로 반복 전이되는 과정을 의미하며, 가족 내 정서적 패턴이 지속되는 원인을 설명한다.
- **가족 투사 과정**(family projection process) : 부모가 자신의 불안을 자녀에게 전이함으로써 자녀의 심리적 문제가 형성되는 현상이다.
- **출생 순위와 가족 위치** : 형제간 출생 순서와 위치는 가족 내 역할과 정체감 형성에 영향을 주며, 특히 중년 이후의 성인학습자에게 그 의미가 재구성되기도 한다.

② 상담 목표 및 방법

보웬 가족상담의 주요 목표는 가족 구성원 각자가 자아분화 수준을 높이고, 삼각관계를 인식하여 해체하거나 건강하게 유지하도록 돕는 것이다. 이를 통해 내담자가 가족의 정서적 불안에서 벗어나 자율적이고 균형 잡힌 삶을 살아가도록 하는 것이 핵심이다.

상담에서는 내담자가 가족 내 상호작용 패턴을 인식하고, 자신의 반응 방식을 성찰하며, 가족 내 감정의 흐름을 명료하게 파악하도록 유도한다. 구체적으로는 가계도(genogram)를 활용하여 가족의 정서 흐름과 관계 구조를 시각적으로 분석하고, 가족 내 감정적 거리와 역할 분화를 탐색한다.

(2) 대화중심 가족상담

대화중심 가족상담은 고정된 진단이나 해석보다 가족 구성원 간의 열린 대화와 상호 이해를 통해 새로운 의미를 함께 형성해 가는 과정에 중점을 두는 상담 접근이다. 전통적인 치료 중심 모델과 달리, 이 접근은 문제를 '고쳐야 할 것'이 아닌 이해하고 공감해야 할 이야기로 바라보며, 정답이나 해결책보다는 관계 속에서 함께 살아 있는 대화를 만들어 가는 데 초점을 둔다. 이 이론은 사회구성주의적 관점과 언어의 상호작용성을 기반으로 하며, 대표적으로 앤더슨(Harlene Anderson), 굴리샨(Goolishian) 등이 실천 기반을 확립하였다. 이들은 상담자가 전문가의 지식을 내세워 해석하거나 지도하는 방식보다는, 내담자와 대등한 관계에서 '함께 이해를 만들어 가는 사람'으로 자리매김해야 한다고 강조한다.

① 주요 개념

- 열린 대화(open dialogue) : 누구의 말도 배제되지 않고, 모든 가족 구성원이 자신의 목소리를 낼 수 있는 분위기 속에서 의미를 공유하는 대화 구조를 지향한다.
- 함께 만들어 가는 의미(co-constructed meaning) : 의미는 개인이 혼자 해석하는 것이 아니라, 관계 속에서 서로의 이야기와 반응을 통해 함께 만들어지는 것으로 본다.
- 비지시적 태도(non-directive stance) : 상담자는 해결책을 제시하거나 진단을 내리는 권위자가 아니라, 대화를 촉진하고 구성원들이 서로의 입장을 이해할 수 있도록 돕는 수평적 대화 파트너이다.
- 존중과 경청의 자세(respectful listening) : 내담자의 말 뒤에 숨겨진 감정과 맥락에 주의를 기울이며, 구성원 간의 상호 존중을 상담의 핵심 가치로 삼는다.

② 상담 목표 및 방법

대화중심 가족상담의 목표는 가족 구성원들이 단절되거나 왜곡된 의사소통의 틀을 벗어나, 서로의 이야기를 안전하게 나눌 수 있는 환경을 조성하는 것이다. 이를 통해 가족 내 관계의 갈등과 오해를 해소하고, 상호 존중과 감정적 연결이 회복되도록 돕는다. 상담자는 특정 해결책을 제시하지 않으며, 대신 가족 구성원 스스로가 자신의 경험을 말하고, 다른 사람의 이야기를 들으며 새로운 해석과 관계 방식을 발견해 나가도록 유도한다. 상담 장면에서는 다음과 같은 방법이 활용된다.

- 각자의 이야기를 말할 수 있도록 순차적으로 발언 기회를 제공
- 감정 표현에 개입하거나 평가하지 않고, 있는 그대로의 느낌을 수용
- 동일한 사건에 대한 다양한 해석을 허용하며, '누가 옳은가'보다는 '왜 그렇게 느끼는가'를 중심에 둠
- 상담자가 아닌 구성원 간 상호 피드백을 장려하여 자기 이해를 심화

(3) 구조적 가족상담

구조적 가족상담은 미누친(Salvador Minuchin)에 의해 체계화된 가족상담 이론으로, 가족을 하나의 조직적 체계로 보고 가족 내 구조와 하위체계의 역동성을 중심으로 문제를 이해한다. 이 접근은 개인의 증상이 가족 전체의 구조적 불균형이나 경계 설정의 문제에서 비롯된다고 보며, 상담의 초점은 가족 내 관계 구조를 재조정하여 기능적인 상호작용을 회복하는 데 있다. 미누친은 가족 내에 부모-자녀, 부부, 형제 등 하위체계(subsystem)가 존재하며, 이들 간의 경계(boundary)가 지나치게 경직되거나 모호할 경우 문제가 발생한다고 보았다. 따라서 구조적 가족상담은 이러한 경계의 재설정, 가족 규칙의 재구성, 상호작용의 재조직화를 통해 가족의 기능을 회복시키고자 한다.

① 주요 개념

- **하위체계**(subsystems) : 가족 내 역할과 기능에 따라 나뉘는 소집단(예 부부체계, 부모체계, 형제체계 등)으로, 각 하위체계가 적절하게 기능할 때 가족 전체가 건강하게 작동할 수 있다.
- **경계**(boundaries) : 하위체계 간 심리적·기능적 구분을 의미하며, 지나치게 모호하면 역할 혼란이 발생하고, 반대로 지나치게 경직되면 소통이 단절된다.

- **위계질서**(hierarchy) : 가족 내 권력과 의사결정 구조를 의미하며, 부모가 자녀보다 책임과 권한을 갖는 건강한 위계가 중요하다.
- **연합과 차단**(alliances & coalitions) : 특정 가족 구성원 간의 비정상적인 연합이나 다른 구성원에 대한 배제는 가족 내 갈등과 증상의 원인이 될 수 있다.

② 상담 목표 및 방법

구조적 가족상담의 목표는 가족 내 하위체계 간 경계를 재정비하고, 역기능적 상호작용 패턴을 재구조화하여 가족의 조직적 균형을 회복하는 것이다. 이를 위해 상담자는 다음과 같은 전략을 활용한다.

- **가족도**(family map) **작성** : 가족 구성원 간 상호작용 구조를 도식화하여 문제의 원인을 시각화한다.
- **합류**(joining) : 상담자가 가족의 정서적 리듬에 맞춰 자연스럽게 참여하여 신뢰를 형성한다.
- **차단**(blockage) : 특정 비생산적 상호작용을 멈추게 하고, 새로운 방식으로 시도하도록 유도한다.
- **재정렬**(reframing & restructuring) : 가족 내 위계나 하위체계를 재조정하여 새로운 균형을 유도한다.

3) 가족상담의 과정

(1) 가족상담 운영지침의 수립

가족상담은 여러 명의 가족 구성원이 함께 참여하는 집단상담의 형태이기 때문에, 상담 전 명확한 운영지침을 마련하고 이를 공유하는 과정이 필수적이다. 이는 상담의 기본 틀을 제공하고, 상담 중 갈등이나 혼란을 예방하는 데 중요한 역할을 한다. 운영지침은 다음과 같은 다섯 가지 요소를 포함한다.

① **참가범위**

가족상담의 효과를 높이기 위해서는 가능한 한 모든 가족구성원이 상담에 참여하는 것이 바람직하다. 상담자는 가족 사정을 충분히 파악한 후 참여 인원을 조율하고, 불참 구성원이 있을 경우에도 간접적으로 의견이 반영되도록 지원한다. 부부상담이나 자녀 참여 여부 역시 초기 단계에서 신중히 결정해야 한다.

② **상담계약**

상담계약은 상담의 구조와 목표를 명확히 하여 상호 기대를 조율하고 책임 있는 참여를 이끄는 역할을 한다. 회기 수, 시간, 비용, 목표, 취소 규정 등을 포함하며, 가족이 문제 해결의 주체임을 인식하도록 안내하는 것이 중요하다.

③ **개인면담 수락 여부**

일부 가족 구성원이 개인면담을 요청할 경우, 상담자는 그 목적과 내용을 신중히 파악해야 한다. 개인면담은 유익할 수 있지만, 가족 내 신뢰를 저해할 수도 있으므로, 상담자는 전체 상담의 맥락에서 적절히 통합하고, 가족의 기능 향상을 위한 방향으로 연결해야 한다.

④ **비밀 유지**

가족상담에서는 개방적 대화가 원칙이나, 민감한 정보에 대한 비밀보장은 필수적이다. 상담계약서에 비밀유지 원칙과 예외사항을 명시하고, 상담자는 윤리적 기준에 따라 정보를 관리해야 한다.

⑤ **공동상담 및 기록**

공동상담은 다양한 시각에서 가족을 이해하는 데 도움을 줄 수 있지만, 상담자 간 역할 분담과 정보 공유가 명확히 이루어져야 한다. 상담 내용의 녹음·녹화는 구성원 동의가 필요하며, 자료는 안전하게 보관되어야 한다.

(2) 초기 상담의 과정

초기 상담은 가족상담의 방향성과 기초를 설정하는 핵심 단계로, 상담자는 이 시점에서 가족과의 신뢰를 형성하고, 상담 목표와 참여 구조를 명확히 해야 한다. 초기상담은 다음과 같은 절차로 구성된다.

① 접수 면접

상담자는 가족 중 신청자와의 면접을 통해 상담 동기, 주요 문제, 참여 의사를 확인한다. 가족의 갈등 구조와 의사결정 방식 등을 파악하며, 가족 구성원을 병리적으로 보기보다는 상호작용 체계로 이해하는 것이 중요하다.

② 문제의 명료화

가족 구성원마다 인식하는 문제가 다를 수 있기 때문에, 상담자는 질문기법을 활용해 각자의 입장과 감정을 탐색하고, 모두가 공감할 수 있는 상담 목표로 재구성한다.

③ 상담관계의 형성

초기 상담에서 상담자는 중립성과 공감 능력을 통해 가족과 신뢰 관계를 형성한다. 권위적 가족 내에서는 특정 인물에 치우치지 않도록 조율자의 역할을 수행하며, 정서적 안정감을 제공하는 것이 중요하다.

④ 상담 목표 설정

가족의 다양한 기대를 조율하여 현실적이고 실현 가능한 목표를 설정한다. SMART 원칙에 따라 구체적이고 측정 가능한 목표를 제시하며, 이는 상담의 방향성과 동기 유지에 도움이 된다.

⑤ 가족 사정

가족의 역사, 구조, 관계 양상 등을 종합적으로 파악하는 과정으로, 가계도, 생태도 등을 활용해 가족 내 기능과 문제의 맥락을 분석한다. 사정 결과는 가족과 공유되며, 상담 계획의 기초가 된다.

⑥ 초기 상담의 종료

상담자는 가족의 지속 참여 의사를 확인하고, 향후 회기 구성과 참여 범위를 조정한다. 핵심 당사자가 빠진 경우 추가 참여를 유도하며, 확대가족이 포함될 필요가 있을 경우 이를 안내한다. 초기 상담 종료는 상담 전환점으로서 다음 단계로의 연결을 준비하는 과정이다.

초기 상담 사례 **갈등 진단 및 가족 참여 조율**

부부 A씨 부부는 고등학생 자녀 문제로 상담을 의뢰하였다. 초기 면접을 통해 자녀 문제 이면에 부부 갈등이 깊게 자리 잡고 있음을 확인하였고, 상담자는 가족 전체가 참여하는 방향으로 전환을 유도하였다.

(3) 상담의 중기 과정

상담의 중기 과정은 본격적인 변화 촉진 단계로, 가족의 문제를 해결하기 위한 구체적인 개입이 이루어지는 시기이다. 이 시기에는 초기 상담에서 설정된 목표를 바탕으로 가족 간 상호작용을 점검하고, 부정적 의사소통 패턴을 수정하며, 가족 기능을 회복시키기 위한 전략이 집중적으로 실행된다.

상담자는 이 단계에서 가족의 역동을 주의 깊게 관찰하고, 문제 행동의 원인을 개인에게 돌리기보다는 관계적 맥락에서 이해하도록 돕는다. 특히 갈등을 유발하는 반복된 상호작용을 식별하고, 새로운 행동 선택지를 모색하는 과정을 촉진해야 한다. 이 과정에는 의사소통 훈련, 감정표현 연습, 역할극, 과제 부여 등 다양한 개입 기법이 활용될 수 있다.

중기 상담에서는 가족 구성원들의 감정 변화, 인식의 확장, 행동의 시도 등 실제적 변화를 유도해야 하며, 때로는 상담 목표의 재조정도 필요하다. 또한 저항이나 정체가 나타날 수 있는 시점이므로, 상담자는 유연성과 인내심을 가지고 상담을 조율해야 한다. 무엇보다 가족이 상담에 지속적으로 참여하고 있다는 경험을 갖도록, 긍정적 피드백과 동기 강화를 제공하는 것이 중요하다.

> **중기 상담 사례** **역할극을 통한 의사소통 패턴 수정**
>
> B씨 가족은 부모-자녀 간 반복되는 갈등으로 상담을 시작하였다. 중기 상담에서 상담자는 역할극 기법을 활용하여 서로의 입장을 바꾸어 표현해 보는 활동을 진행하였고, 이를 통해 가족 구성원 간 공감과 이해가 증진되었다.

(4) 종결 단계 및 평가

상담의 종결 단계는 가족이 상담을 통해 일정한 목표를 달성하고, 자율적으로 문제를 해결할 수 있는 준비가 되었는지를 확인하는 시기이다. 종결은 단순한 종료가 아니라, 상담의 성과를 되돌아보고 내면화하는 통합의 과정으로 이해해야 한다.

상담자는 이 단계에서 가족과 함께 상담 과정을 정리하고, 주요 변화와 성장을 되짚으며 상담 목표의 달성 정도를 평가한다. 이를 위해 사전·사후 평가, 가족의 자기보고, 상담자의 관찰 기록 등이 활용될 수 있다. 특히 구성원 각자가 느낀 변화나 남아 있는 과제에 대해 솔직하게 나눌 수 있는 분위기를 조성하는 것이 중요하다.

또한 종결 상담에서는 향후 문제 재발 시 대처 방법, 가족 내 자원 활용 방안, 필요한 경우 외부 자원 연계 등 실질적인 후속 전략을 안내해야 한다. 이와 함께, 가족이 변화된 기능을 상담 이후에도 유지할 수 있도록 자기점검 체크리스트나 후속 면담 계획을 제안할 수 있다.

종결은 상담자와 가족 간의 관계를 건강하게 마무리짓는 과정이기도 하다. 따라서 상담자는 감사의 표현과 함께 가족의 노력을 인정하고 격려함으로써, 가족이 상담의 긍정적 경험을 삶의 일부로 통합할 수 있도록 도와야 한다.

종결 상담 사례 **상담 종결 및 자원 연계**

상담 목표를 대부분 달성한 후, C씨 가족은 향후 발생 가능한 갈등에 대비한 대처전략을 함께 점검하였다. 상담자는 지역 부모교육 프로그램을 안내하고, 필요시 후속 면담을 제안함으로써 상담을 마무리하였다.

4. 다문화 · 장애인 성인학습 상담

1) 다문화 성인학습 상담

현대사회에서 상담자는 다양한 문화적 배경을 지닌 성인학습자와 마주하게 된다. 특히 진로상담이나 학습상담에서는 문화적 민감성(cultural sensitivity)이 필수적인 윤리적 태도로 요구된다. 상담자는 학습자의 문화적 규범, 가치관, 의사결정 방식이 진로 선택 및 학습 행동에 어떤 영향을 미치는지 이해해야 하며, 이를 상담 과정에 적절히 반영해야 한다.

문화적 차이를 인정하고 존중하는 태도는 상담의 관계 형성, 상담 동기 유발, 성과의 타당한 평가에 긍정적으로 작용한다. 상담자는 문화적 편견이나 고정관념 없이 학습자를 존중함으로써 보다 관련성 높고 실효성 있는 상담 서비스를 제공할 수 있다.

2) 다문화 성인학습 상담의 실제 과정

(1) 초기 단계 : 신뢰 형성과 정보 수집

초기 단계에서는 학습자의 자기소개, 관심사, 목표 등을 파악하고, 문화적 배경과 언어 능력을 고려한 개별화된 접근이 필요하다. 이 단계의 핵심은 신뢰 형성과 개인정보 보호다. 학습자의 문화에 따라 상담자에 대한 신뢰 형성과 감정 표현 방식이 다르므로, 개방적이고 수용적인 태도가 요구된다.

(2) 중기 단계 : 계획 수립과 학습 동기 강화

중기 단계에서는 학습 목표 달성을 위한 구체적 계획 수립과 학습 동기 향상에 초점을 둔다. 문화적 요인을 반영하여 현실적이고 실행 가능한 학습전략을 제시해야 한다. 특히 언어 능력, 교육 경험, 시간 자원 등의 차이를 고려한 개별 맞춤형 지원이 중요하다. 이 시기의 상담은 학습자의 자기조절력과 학습 지속력을 촉진하는 역할을 한다.

(3) 종결 단계 : 평가 및 향후 계획 안내

종결 단계에서는 학습 목표 달성 여부를 평가하고, 학습자의 경험과 성과를 정리한다. 상담자는 학습자의 자기평가를 존중하면서, 향후 학습계획을 구체화할 수 있도록 지원적 피드백을 제공해야 한다. 이 과정은 단지 상담의 마무리가 아니라, 지속적인 학습과 진로 탐색의 출발점이 될 수 있도록 설계되어야 한다.

3) 다문화 성인학습 상담의 윤리적 문제

다문화 성인학습 상담에서는 상담자와 학습자 간의 문화적 차이에 대한 인식 부족이 윤리적 문제를 초래할 수 있다. 상담자는 다양한 문화권에서 온 학습자들의 문화 규범, 가치, 신념 체계를 이해하고, 그 차이를 존중하는 태도를 바탕으로 상담에 임해야 한다. 이는 문화 간 오해나 편견으로부터 비롯되는 상담 관계의 왜곡을 방지하고, 학습자의 자기결정권을 보장하는 윤리적 실천의 핵심이다. 또한 언어 능력의 차이 역시 윤리적 고려가 필요한 요소이다. 상담자는 학습자의 언어적 표현이 제한되거나 의사소통이 어려울 경우, 이를 단순한 의지 부족으로 해석하지 않고 통역이나 번역 등의 보조수단을 적절히 활용하여 동등한 상담 접근 기회를 제공해야 한다.

개인정보 보호 또한 다문화 상담의 핵심 윤리 항목이다. 상담자는 학습자의 개인정보를 수집, 이용, 저장, 폐기하는 모든 과정에서 관련 법률과 윤리규정을 준수해야 하며, 학습자의 사전 동의 없이 개인정보나 상담 내용을 누설하거나 공개해서는 안 된다. 이를 위해 정보 보호 조치를 마련하고, 학습자의 프라이버시와 심리적 안전감을 확보하는 것이 필요하다. 마지막으로, 상담자는 문화적 배경이나 언어 능력, 외모, 종교, 출신 국가 등에 따라 학습자를 차별하거나 배제하지 않아야 하며, 모든 학습자를 공정하고 평등한 태도로 대우해야 한다. 이는 상담자의 비차별성 원칙(non-discrimination principle)에 해당하며, 다문화 환경에서의 전문성과 윤리성을 평가하는 중요한 기준이 된다.

4) 장애인 성인학습 상담과 윤리

(1) 장애인 성인학습 상담의 특징

장애인 성인학습 상담은 비장애인과는 다른 신체적, 정신적, 사회적 특성을 고려하여 진행되어야 하며, 장애에 대한 전문성과 윤리적 감수성을 바탕으로 접근해야 한다. 특히 상담자는 장애인의 자기결정권(self-determination)을 존중해야 하며, 학습자 스스로 학습 목표와 진로 선택에 주도적으로 참여할 수 있도록 의사결정 지원을 제공해야 한다. 또한 장애인 성인학습자는 장애 유형과 정도, 학습 경험이 매우 다양하므로, 상담은 개별 맞춤형(personalized approach)으로 진행되어야 한다. 이를 위해 상담자는 사전에 장애인의 특성과 요구를 면밀히 파악하고, 개별화된 상담 계획을 수립해야 한다. 장애인 학습자는 사회적 편견, 정보 접근 제한, 차별적 환경 등으로 인해 학습 참여에 어려움을 겪을 수 있다. 따라서 상담자는 단순한 학습 정보 제공을 넘어, 사회적 지지(social support)와 심리적 지지, 권리 기반 접근(right-based approach)을 통해 학습자의 사회적 통합과 참여를 촉진해야 한다.

(2) 장애인 성인학습 상담의 실제 과정

장애인 성인학습 상담은 학습자의 특성과 욕구에 기반한 단계적 상담 접근이 필요하다. 각 단계는 상담의 목적뿐만 아니라 학습자의 자기결정과 성장, 참여를 촉진하는 데 초점을 둔다.

① 초기 단계

상담자는 학습자의 장애 유형과 정도, 기존 학습 경험, 학습 목표를 파악하고, 이를 토대로 상담의 전반적 방향을 설정한다. 이 단계에서는 자기결정권을 존중하고, 장애로 인한 편견이나 차별을 예방하며, 학습자가 자신의 의사를 충분히 표현할 수 있도록 유도해야 한다.

② 중기 단계

학습 목표 달성을 위한 구체적인 계획 수립과 학습 동기 강화에 초점을 둔다. 상담자는 학습자의 능력과 자원을 고려하여 적절한 학습전략과 방법을 제시하고, 지속적인 자기주도적 학습을 유도한다.

③ 종결 단계

학습자의 성과와 변화 수준을 점검하고, 학습 경험을 정리하여 향후 학습 계획 수립을 지원한다. 이 과정은 단순한 마무리가 아닌, 학습자의 자기평가와 지속적 학습 동기 강화를 위한 기반이 된다.

(3) 장애인 성인학습 상담의 윤리적 문제

장애인 성인학습 상담에서는 다음과 같은 핵심 윤리 원칙이 실천되어야 한다.

① 자기결정권 존중

상담자는 학습자의 의사결정 주체성을 인정하고, 의사 표현을 존중해야 한다. 이는 「장애인권리협약(CRPD)」 제3조의 기본 원칙이며, 상담 전 과정에 적용된다.

② **차별과 편견 금지**

장애에 대한 사회적 인식 부족은 상담자의 무의식적 차별을 유발할 수 있다. 상담자는 장애에 대한 이해를 높이고, 비차별적 상담 태도를 실천해야 한다.

③ **개인정보 보호**

상담자는 학습자의 사생활을 보호하고, 법적 · 윤리적 기준에 따라 개인정보 수집 및 활용에 주의해야 한다. 학습자의 비밀보장은 신뢰 형성의 핵심 요소로, 모든 상담 기록은 보호 조치하에 관리되어야 한다.

④ **전문성 유지**

장애인 대상 상담은 전문적 지식과 민감성을 요한다. 상담자는 지속적인 교육과 훈련, 최신 이론과 연구에 대한 이해를 바탕으로 전문성을 유지해야 한다.

참/고/문/헌

강문희 외(2020). 가족상담의 이론과 실제. 교육과학사.

김병숙(2010). 진로상담의 이론과 실제. 학지사.

김영미 외(2021). 성인교육을 위한 성인학습 및 상담. 양서원.

김용태(2000). 가족치료의 이론과 실제. 학지사.

김유숙(2017). 가족상담. 학지사.

이영분(2018). 보웬 가족체계이론의 주요 개념에 대한 실제 적용 고찰. 한국가족치료학회지, 26(3), 1-24.

이정숙 외(2022). 성인학습 및 상담. 양서원.

정옥경(2012). 보웬 가족치료이론에 근거한 가족기능 향상 프로그램 개발 및 효과 분석. 청소년복지연구, 14(4), 55-78.

진로상담연구소(2018). 진로상담사 매뉴얼. 한국직업능력개발원.

천성문 · 김은영 · 황은혜(2009). 상담이론과 실제. 양서원.

통계청(2017). 한국표준직업분류(KSCO) 제7차 개정판. 통계청.

한영수(2018). 평생교육상담론. 교육과학사.

황경애(2012). 가족치료의 이론과 실제. 양서원.

황경자 · 양옥승 · 김선희 외(2019). 성인교육을 위한 성인학습 및 상담. 양서원.

황매향 · 김현진 · 정경은(2013). 진로상담. 학지사.

Anderson, H., & Goolishian, H.(1992). The client is the expert : A not-knowing approach to therapy. In S. McNamee & K. Gergen(Eds.), *Therapy as social construction.* Sage.

Bavelas, J. B., Coates, L., & Johnson, T.(2000). Listeners as co-narrators. *Journal of Personality and Social Psychology, 79*(6), 941-952.

Bowen, M.(1978). *Family therapy in clinical practice.* Jason Aronson.

Dawis, R. V., & Lofquist, L. H.(1984). *A psychological theory of work adjustment : An individual-differences model and its applications.* University of Minnesota Press.

Fitzgerald, L. F., & Rounds, J. B.(1989). Counseling psychology : A developmental approach. *Annual Review of Psychology, 40*(1), 693-725.

Goldenberg, H., & Goldenberg, I.(2013). *Family therapy : An overview*(8th ed.). Brooks/Cole.

Holland, J. L.(1997). *Making vocational choices : A theory of vocational personalities and work environments*(3rd ed.). Psychological Assessment Resources.

Kerr, M. E., & Bowen, M.(1988). *Family evaluation : An approach based on Bowen theory.* Norton.

Lent, R. W., Brown, S. D., & Hackett, G.(1994). Toward a unifying social cognitive theory of career and academic interest, choice, and performance. *Journal of Vocational Behavior, 45*(1), 79-122.

Minuchin, S.(1974). *Families and family therapy.* Harvard University Press.

Nichols, M. P.(2017). *The essentials of family therapy*(6th ed.). Pearson.

Savickas, M. L.(2005). The theory and practice of career construction. In S. D. Brown & R. W. Lent(Eds.), *Career development and counseling : Putting theory and research to work*(pp. 42-70). Wiley.

Segrin, C., & Flora, J.(2005). *Family communication.* Lawrence Erlbaum Associates.

Super, D. E.(1990). A life-span, life-space approach to career development. In D. Brown, L. Brooks, & Associates(Eds.), *Career choice and development*(2nd ed., pp. 197-261). Jossey-Bass.

Vaillant, G. E.(1994). *Ego mechanisms of defense : A guide for clinicians and researchers.* American Psychiatric Press.

____________(2002). *Aging well : Surprising guideposts to a happier life from the landmark Harvard study of adult development.* Little, Brown and Company.

Watzlawick, P., Beavin, J. H., & Jackson, D. D.(1967). *Pragmatics of human communication : A study of interactional patterns, pathologies, and paradoxes.* W. W. Norton.

저/자/약/력

■ **박주영**

동국대학교 대학원 사회복지학과 사회복지학박사
CANADA CHRISTIAN COLLEGE 상담학박사
현 영산대학교 사회복지정보학과 학과장

■ **한경옥**

동의대학교 대학원 평생교육학과 교육학박사
현 영산대학교 사회복지정보학과 외래교수

■ **강옥경**

경남대학교 대학원 교육학과 박사수료
현 창원평생교육연구소 대표

■ **이진경**

동아대학교 대학원 교육학과 박사수료
현 부산시 건강가정지원센터 전문집단상담사

■ **전진숙**

동아대학교 대학원 교육학과 박사수료
현 춘해보건대학교 겸임교수

성인학습 및 상담

|공저자| 박주영 · 한경옥 · 강옥경 · 이진경 · 전진숙

|1판 1쇄| 발행 2025년 8월 25일

|발행인| 김동훈

|발행처| 공 동 체

|주소| 경기도 고양시 일산동구 호수로 358-39, 동문타워 I 905호(백석동)
|전화| 031) 814-3000(대표)
|팩스| 031) 814-3100
|홈페이지| www.compub.co.kr
|전자우편| compub@naver.com
|출판등록| 2005년 10월 6일
|등록번호| 제396-2005-36호

|ISBN| 979-11-6725-973-8
정가 21,000원

저자와 협의하여 인지를 생략합니다.
무단전재와 복제를 금합니다.